ADAC
Reiseführer

Wien

von Lillian Schacherl

Intro

Unterwegs

Leserforum

Die Meinung unserer Leserinnen und Leser ist wichtig, daher freuen wir uns von Ihnen zu hören. Wenn Ihnen dieser Reiseführer gefällt, wenn Sie Hinweise zu den Inhalten haben – Ergänzungs- und Verbesserungsvorschläge, Tipps und Korrekturen –, dann kontaktieren Sie uns bitte:

Redaktion ADAC Reiseführer
ADAC Verlag GmbH
Hansastraße 19, 80686 München
Tel. 089/76 76 41 59
reisefuehrer@adac.de
www.adac.de/reisefuehrer

Wien Kaleidoskop

Karten und Pläne

Service

Wien Impressionen

Mehr mondän als mondsüchtig

Wien ist gewiss nicht die Einzige unter den Metropolen Europas, denen die Geschichte zu **Glanz und Gloria** verhalf. Doch fraglos ist sie die Einzige, deren Glanz und Gloria permanent zwischen Pros und Kontras zermartert wurde, wird und werden wird: von den Fremden zwischen kniefälligen und herablassenden Klischees, von seinen Einwohnern, zumal den literarisch-mundfertigen, zwischen bös funkelnder Beweihräucherung und gerührter Verachtung.

Freilich ist Wiens Ruhm schon geboren aus Widersprüchen. Rund 360 Jahre lang kaiserliche Hauptstadt, zeitweise Mittelpunkt eines Weltreichs, das große Teile Europas umfasste, mal gefährdeter Vorposten des Westens im Osten, mal aufnahmebereiter Zufluchtsort des Ostens im Westen, amalgamierte die **Donaumetropole** mehr als ein Dutzend Nationen und Kulturen deutscher, jüdischer, italienischer, slawischer, magyarischer Provenienz. Und wenn ihr die kaiserliche Regentschaft Kosmopolitismus und einzigartigen Kunstreichtum, freilich auch Klassenunterschiedliches und Kanzleirätliches eintrug, so erzeugte das Völkergemisch jene vielstöckig geschichtete Mentalität, die das »Versuchsmaterial für Sigmund Freud abgab«, wie *Wiener Selbsthasslust* lästert.

Pessimisten – und hier sind sie's alle – haben die funktionierenden Legenden Wiens längst totgesagt. Die Gegenwart indes sieht sie wieder munter Oberwasser gewinnen, wenn auch in nostalgieferner Form. Sei's, dass die Operette als Musical und das Burgtheater als Experimentierfeld wieder auferstanden sind, das Kaffeehaus ohne Literaten-Rudel und die Literatur ohne Kaffeehaus-Repräsentanz nicht gerade dahinsiecht, das *süße Mädel* mit Aktenköfferchen aufkreuzt.

Strahlend hergerichtet, lebendig, mondän, selbstbewusst und ungeheuer liebenswürdig ist Wien. Ihre Drehscheiben-Rolle zwischen Südost- und Westeuropa füllt die Stadt in idealer Weise aus. Als hätte der Eiserne Vorhang nie existiert, treffen sich hier Ungarn, Slowaken und Deutsche mit Österreichern, Kroaten und Polen. Dieser geschäftige Hintergrund betont noch die historische *Grandezza*.

Wenn in Oper oder Burgtheater livrierte Platzanweiser die Besucher mit der erlesenen Höflichkeit von Gastgebern empfangen, triumphiert gelassen die Tradition, die hier allenthalben anheimelnd oder skurril nistet.

Oben: *Meisterhafte Muster – farbig gedecktes Dach des Stephansdoms*

Links unten: *Kaffeehaus-Kult*

Unten: *Gut gediehen – goldblühende Pflanzen und goldblonde Frauen an der Linken Wienzeile 38*

Die ältesten Viertel

Der fürwahr ›innigste‹ Mittelpunkt und unfehlbarste Treffpunkt der Inneren Stadt ist der **Stephansdom**. Alle Teile von Ringstraße und Donaukanal, die den Ersten Bezirk umschließen, sind von hier aus in 10–20 Gehminuten radial zu erreichen.

Wer mit *Wiens Frühzeit* beginnen will, wird nach der Dombesichtigung jenes Altstadtterrain durchstreifen, unter dem das römische *Vindobona* zwischen Graben und Donauarm lag. Der Gang führt zum Platz der einstigen Babenbergerresidenz, zu den Römischen Ruinen, der ältesten sowie der gewiss graziösesten Kirche, einem faszinierenden **Uhrenmuseum**, einer versteckten **Synagoge** – und an den schillerndsten Auslagen vorbei.

Kunterbunt gehts im östlichen und südlichen Halbrund um den Dom zu. Im einstigen Händler-, Patrizier-, Kloster- und Universitätsquartier siedeln Barockatlanten, gestylte Galerien, schäbige Beisln, Krimskramsläden und Nobelherbergen nebeneinander. In diesem *mondsüchtigen Gewinkel* sollte man länger verweilen, zumal das **Winterpalais des Prinzen Eugen**, Jesuitenbarock und Maria-Theresia-Rokoko, aber auch mit dem **Postsparkassenamt** ein wegweisender Bau der klassischen Moderne warten.

le, der herz- und ohrenwärmendste die **Burgkapelle** bei der Messe mit den *Wiener Sängerknaben*. Ganz zu schweigen von den gehäuften Schätzen für jede Passion, vom Partherfries bis zu Haydns Cembalo, mit denen die auf den Sammlungen der Habsburger gründenden Museen aufwarten.

Das daran anschließende *Herrenviertel* buchstabiert ein Handbuch der Palastarchitektur, gegen die just das sündteuerste Haus an seinem Beginn, das schmucklose **Looshaus**, revoltierte.

Links oben: *Futuristisches Haas-Haus*
Rechts oben: *Willkommen in Wien – im mächtigen Halbrund der Hofburg*
Rechts Mitte: *Jeder Schritt ziseliert – Hohe Kunst in der Spanischen Hofreitschule*
Links unten: *Umstritten, aber immer wieder schön - der jährliche Wiener Opernball*
Rechts unten: *Im Palais Kinsky ist sogar das Treppenhaus eine Augenweide*

Imperiale und gründerzeitliche Szenerien

Nun aber wird es Zeit für die *Paukenschläge* der Habsburger-Szenerie mit ihrer gewaltigen Hofburg-Anlage mitsamt Plätzen und Parks, Kirchen und Museen. Unter ihren durchweg außergewöhnlichen Orten ist der goldschimmerndste die **Schatzkammer**, der düsterste die **Kaisergruft**, der majestätischste der Prunksaal der **Nationalbibliothek**, der eleganteste die **Spanische Hofreitschu-**

Ein Defilee historisch kostümierter Architekturen ist die **Ringstraße**, jenes fast rundum laufende Panorama der Repräsentation, dessen vier Kilometer durchaus kurzweilig abzuschreiten sind. Freilich vervielfältigen sie sich empfindlich, zählt man die (interessanten!) Führungen durch **Rathaus** oder **Parlament**, **Oper** oder **Burgtheater** hinzu, oder gar die Schritt-für-Schritt-Meilen in den Museen.

Vormittags-Tipp für Eilige: Bruegel im Kunsthistorischen Museum, Opern-Führung, Sachertorte im Café Sacher, Beethovenfries in der Secession, Barocktribut in der Karlskirche, Herzschlag vor dem Lehár-Monument im Stadtpark.

22 Bezirke für jede Neigung

Die übrigen 22 Wiener Bezirke umgeben die Innere Stadt als Innenbezirke (2.–9. Bezirk) zwischen den beiden Umgrenzungen von Ring und Gürtel sowie als Außenbezirke außerhalb des Gürtels (10.–23. Bezirk).

Die Nummerierung der Sehenswürdigkeiten folgt der Übersichtlichkeit halber der spiralförmig verlaufenden Anordnung der Bezirke.

Allen Ratschlägen voran steht hier das unbedingte Muss für alle Schönheitsdurstigen: **Schloss Belvedere** nahe dem Ring, ein Hort österreichischer Kunst aller Epochen, und **Schloss Schönbrunn** in Hietzing als Erlebnis eines Gesamtkunstwerks von Baukunst, Hofkunst und Gartenkunst.

Als neues kulturelles Highlight entstand aus den alten barocken Hofstallun-

gen am früheren Messeplatz das Aufsehen erregende **MuseumsQuartier Wien** mit dem weißen Bauwürfel des **Leopold Museums** und seinem dunklen ›Zwilling‹ auf der anderen Seite der Reithalle, dem **Museum Moderner Kunst**.

Architektur-Liebhaber werden von hier aus in die nähere Umgebung ausschwärmen, um allerlei Avantgardebauten von einst und heute mit den Höhepunkten der **Werkbundsiedlung**, **Wotrubas ›Sakralskulptur‹** und der **Kirche am Steinhof** zu studieren. Die vielfach kühnen Ge-

Links oben: *Kaum wird das Tor geöffnet, strömen die Besucher zum Oberen Belvedere*
Links Mitte: *Sitzt, passt und hat Luft – Einkaufsglück nach des Kunden Fasson*
Links unten: *Alt und Neu passen gut zusammen, zumindest im MuseumsQuartier*
Rechts: *Mit Vergnügen in die Luft gehen - das Prater-Riesenrad macht's möglich*

meindebauten – wie der **Karl-Marx-Hof** – können sie bei einer Rundfahrt durch die Stadt kennenlernen.

Psychofreaks pilgern wegen des **Sigmund-Freud-Museums** in die Berggasse 19, Mediziner wegen der beiden außergewöhnlichen Sammlungen des **Pathologisch-Anatomischen Bundesmuseums** und des **Medizinhistorischen Museums** in den 9. Bezirk. Wer mit Kindern zum **Prater** strebt, verweile unterwegs am märchenhaften **Hundertwasserhaus**. Und wer historischen Prominentenkult treibt, ist auf **Friedhöfen** voll beschäftigt.

Den souveränen Über- und Durchblick gewinnt man am luftigsten vom **Leopoldsberg** oder vom **Kahlenberg**, um ihn sich in den *Weindörfern* zu deren Füßen aufs Angenehmste wieder trüben lassen zu können.

Der Reiseführer

Dieser Band stellt *Wiener Wohlklänge* in allen Tonarten vor: Ein Capriccio zwischen Kunstüberfluss und Kaffeehausübermut, ein Menuett aus Museumszuckerln und Mozartschmankerln, eine Symphonie zwischen Strudelglückseligkeit und Stararchitektur. **Übersichtskarten, Pläne** und **Grundrisse** erleichtern die Orientierung. Besondere Empfehlungen zu Sehenswürdigkeiten, Hotels, Restaurants und Szenetreffs etc. bieten die **Top Tipps**. Abschließend enthält **Wien aktuell A bis Z** alphabetisch geordnet Nützliches von Anreise über Einkaufs- und Veranstaltungstipps bis hin zu Infos für Stadtbesichtigungen und Verkehrsmittel. Ein **Kaleidoskop** interessanter Kurzessays zu verschiedenen Wien-Themen rundet den Reiseführer ab.

Geschichte, Kunst, Kultur im Überblick

Glückliche Synthese von Kaiserglanz, Kunstgenuss und Kaffeehausseligkeit

15 v. Chr. Das Römische Imperium dehnt seine Grenzen bis zur Donau aus.

1.–5. Jh. n. Chr. Der Wiener Raum, vorher keltisch besiedelt, ist Teil der römischen Provinz Pannonien.

um 100 Römisches Militärlager ›Vindobona‹ mit 6000 Mann zum Schutz gegen Germanen ausgebaut, etwa zwischen den Punkten Maria am Gestade, Am Hof, Peters- und Ruprechtskirche. Die Zivilstadt mit 20 000 Einwohnern lag in der heutigen Belvedere-Gegend.

180 Tod des römischen Kaisers Marc Aurel vermutlich in Vindobona.

213 Die Zivilstadt erhält römisches Stadtrecht (Municipium).

280 Weinbau um Wien.

400–443 Zusammenbruch der Römerherrschaft in der Provinz Pannonien im Zuge der beginnenden Völkerwanderung.

5.–10. Jh. Hunnen, Ostgoten, Langobarden, Awaren, Franken, Magyaren im Raum von Wien.

881 Erste urkundliche Erwähnung von ›Wenia‹ in den Salzburger Annalen.

10.–13. Jh. Babenberger

976 Die wohl aus Franken stammenden Babenberger werden Markgrafen der Ostmark des Reiches.

996 Erste urkundliche Erwähnung Österreichs (›Ostarrichi‹, das ›abgegrenzte Gebiet‹).

um 1135 Markgraf Leopold III. der Heilige übernimmt Stadtherrschaft.

1137 Wien urkundlich als ›Stadt‹ (Civitas) bezeichnet.

1141–77 Herzog Heinrich II. Jasomirgott.

1156 Verlegung der Residenz von Klosterneuburg nach Wien ›Am Hof‹. Erhebung der Ostmark zum Herzogtum.

1192 Der englische König Richard Löwenherz wird bei seiner Rückkehr aus dem Heiligen Land wegen Missachtung der Herzogszeichen gefangen genommen. Das Lösegeld für ihn finanziert die Erweiterung und Befestigung Wiens.

1198–1230 Herzog Leopold VI. der Glorreiche: Wirtschaftlicher und kultureller Aufschwung, Minnesang bei Hof. Walther von der Vogelweide hält sich in Wien auf (1194–98).

1221 Wien bekommt Stadt- und Stapelrecht.

1246 Der letzte Babenberger, Herzog Friedrich II. der Streitbare, fällt im Kampf gegen die Magyaren.

1251–78 Böhmenkönig Ottokar II. unterwirft Wien und wird Landesfürst. Er fällt 1278 in der Schlacht auf dem Marchfeld gegen den deutschen König Rudolf I. von Habsburg.

1278–1918 Habsburger

1278–82 König Rudolf I.

1282 Durch die Belehnung seiner Söhne mit Österreich und Steiermark gründet Rudolf I. die Hausmacht der Habsburger. Erster Bürgermeister eingesetzt.

1282–1308 Herzog Albrecht I. (dt. König ab 1298).

um 1320 40 000 Einwohner. Später durch Brände und Pest stark dezimiert.

Türmereich und stolz zeigt der Holzschnitt von Hartmann Schedel die Stadt Wien im Jahr 1493

In der Schlacht am Kahlenberg 1683 befreit der polnische König Jan III. Sobieski (vorn, zu Pferde) Wien von der türkischen Belagerung

1358–65 Herzog Rudolf IV. der Stifter. Titel Erzherzog aufgrund gefälschter Urkunden angenommen. Wirtschaftlicher und kultureller Aufschwung Wiens. Blüte der Gotik. Wiener Bauhütte.
1365 Universität Wien gegründet.
1421 Grausame Vertreibung der Juden aus ihrem Getto um den heutigen Judenplatz: ›Wiener Geserah‹.
1438 Wien wird Residenzstadt des Heiligen Römischen Reiches Deutscher Nation (bis 1806).
1453 Erzherzogstitel für Prinzen und Prinzessinnen des Hauses Österreich anerkannt.
1469 Wien wird Bischofssitz.
1493 Vertreibung der Ungarn, die seit 1485 unter König Matthias Corvinus Wien belagern.
1493–1519 Kaiser Maximilian I.: Erweiterung der Hausmacht durch die Heiratspolitik mit Spanien, Böhmen, Ungarn. Wien ist Zentrum des Humanismus: Celtis, Cuspinian, Hutten, Zwingli, Cranach.
1497 Erste Wiener Akademie der Wissenschaften.
1498 Wiener Hofmusikkapelle (Knabenchor).
1515 Beim Fürstentag in der Burg unterzeichnen Polenkönig Sigismund und Böhmenkönig Wladislaw Erbverträge, die später zur Donaumonarchie führen.
1521–64 Erzherzog Ferdinand I. (deutscher Kaiser ab 1556). Wien ist Kaiserstadt mit internationaler Hofhaltung und breiter Beamtenschicht. Böhmen und Ungarn gehören seit 1526 zum Habsburgerreich.
1526 Die neue Stadtordnung unterwirft die städtische Selbstverwaltung dem landesfürstlichen Absolutismus.
1529 Die erste Türkenbelagerung mit 200 000 Mann unter Sultan Soliman II. scheitert. Danach Ausbau des Befestigungsgürtels mit Basteien und einem Vorfeld, dem Glacis.
1546 Erste Stadtgeschichte von Lazius und erster Stadtplan von Hirschvogel.
1551 Jesuiten kommen nach Wien. Gründung einer Lateinschule.
1571 Kaiser Maximilian II. gewährt freie Religionsausübung. Bevölkerung zu 80 Prozent lutherisch.
1576–1612 Kaiser Rudolf II. Er verlegt 1583 seine Residenz nach Prag.
1612 Rückkehr des Hofes unter Kaiser Matthias nach Wien. Höhepunkt der Gegenreformation unter Kardinal Melchior Khlesl: Kirchen- und Klostergründungen, sog. Klosteroffensive. Römischer Frühbarock-Auftakt: Tencala, Burnacini, Pozzo, A. Canevale u. a.
1624 Den Juden wird die Leopoldstadt als Getto zugewiesen. 1671 wieder Vertreibung.
1679 Große Pestepidemie: mind. 30 000 Tote.
1683 Zweite Türkenbelagerung mit 100 000 Mann unter Großwesir Kara Mustafa. Verteidigung: 18 000 Soldaten und Bürger. Befreiung nach 62 Tagen durch Entsatzheer unter Polenkönig Johann Sobieski und Herzog Karl von Lothringen. Prinz Eugen von Savoyen (1663–1736) tritt als Feldherr in kaiserliche Dienste und erringt für Österreich die Großmachtstellung.
1683–1740 ›Vienna gloriosa‹ unter den Kaisern Leopold I. (1658–1705), Joseph I. (1705–11) und Karl VI. (1711–40). Wirtschaftliche und kulturelle Hochblüte. Glanzvolle Architektur, Freskenkunst, Bildhauerei des einheimischen Hochbarock (Reichsstil): Fischer von Erlach Vater und Sohn, Hildebrandt, Gran, Rottmayr, Maulpertsch, Mattielli, Donner u. a.
1685 Der Armenier Johannes Diodato eröffnet das erste Wiener Kaffeehaus.
1723 Wien wird zum Erzbistum.
1740–80 Regentschaft Maria Theresias: Zentralisierung der gesamten Staatsverwaltung in Wien. Blüte von Spätbarock und Rokoko. Großes Musikleben: Gluck, Haydn, Dittersdorf, Salieri.

Erzherzogin Maria Theresia (re.) und ihr Gemahl, Kaiser Franz I. (li.), im Kreise einiger ihrer insgesamt 16 gemeinsamen Kinder um 1750 auf der Terrasse von Schloss Schönbrunn (Gemälde von Martin van Meytens)

1754 175 000 Einwohner (1. Volkszählung).

1780–90 Kaiser Joseph II. Reformen: Abschaffung von Folter, Leibeigenschaft, Zunftzwang, Pressezensur. Kloster-Aufhebung. Förderung von Wissenschaft, Technik, Erziehung. ›Wiener Klassik‹: Haydn, Mozart, Beethoven.

1781 Toleranzpatent: Freie Religionsausübung. Mehr Freiheiten für Juden.

1781–91 Mozart in Wien: ›Entführung‹, ›Figaro‹, ›Don Giovanni‹, ›Così fan tutte‹, ›Zauberflöte‹.

1784 Allgemeines Krankenhaus gegründet. Zentrum der Wiener Medizinischen Schule.

1792–1835 Kaiser Franz II. (I.). Bürgerliche Biedermeierkultur: Waldmüller, Amerling, Raimund, Nestroy, Stifter, Beethoven, Schubert, Strauß, Lanner.

1804 Franz II. nimmt als Franz I. den Titel Kaiser von Österreich an und legt 1806 die römisch-deutsche Kaiserkrone nieder.

1805 und 1809 Napoleon besetzt Wien.

1811 Staatsbankrott wegen Besatzungskosten.

1814/15 Wiener Kongress unter Vorsitz des Staatskanzlers Metternich: Neuordnung Europas nach Napoleons Fall.

1829 Donaudampfschifffahrtsgesellschaft gegründet.

1842 Wiener Philharmoniker gegründet.

1843 Einführung der Gasbeleuchtung.

1848 Märzrevolution. Metternichs Rücktritt.

1848–1916 Kaiser Franz Joseph I. Entwicklung zur modernen Großstadt: Historismus und Secessionismus. Um die Jahrhundertwende Kunst und Wissenschaft von Weltformat.

1857 Auf den Abriss aller Befestigungsanlagen folgt der Bau der Ringstraße.

1861 Städtische Selbstverwaltung zuerkannt. Gemeinderat.

1867 Selbstständigkeit Ungarns (›Ausgleich‹): Doppelmonarchie Österreich-Ungarn. Franz Joseph: Kaiser von Österreich und König von Ungarn.

1869 Beginn der Donauregulierung.

1873 Weltausstellung in Wien.

1888 Eröffnung des neuen Burgtheaters.

1890 Eingemeindung der Vororte: Groß-Wien entsteht.

1897–1910 Bürgermeister Dr. Karl Lueger: Soziale Einrichtungen, Straßenbahn-Elektrifizierung, Anlage der Stadteisenbahn u. a.

1914 Das Attentat von Sarajevo, dem der Thronfolger Franz Ferdinand zum Opfer fällt, löst die sogenannte Ju-

Illustre Runde – beim Wiener Kongress 1814/15 beraten Vertreter der acht am Pariser Frieden beteiligten Mächte über die Zukunft Europas (Kupferstich von Jean Godefroy, 1819)

Unterzeichnung des Staatsvertrags 1955 zwischen Österreich (Figl, Mitte; Raab, 2. v. rechts) und USA (Dulles, 4. v. links), Großbritannien (Macmillan, 2. v. links), Frankreich (Pinay, 5. v. links), UdSSR (Molotow, 3. v. rechts)

li-Krise aus. Deren Eskalation treibt Europa in den Ersten Weltkrieg.

1918 Der Krieg endet für Österreich-Ungarn in der völligen Niederlage. Kaiser Karl I. verzichtet auf die Krone. Ausrufung der Republik.

1918–34 ›Rotes Wien‹: Sozialdemokratische Verwaltung.

1922 Wien wird eigenes Bundesland.

1934 Bürgerkrieg zwischen christlich-sozialer Regierung und Linken. Sozialdemokratische Partei aufgelöst. Nazis ermorden Bundeskanzler Dollfuß.

1938 Einmarsch Hitlers. Wien jetzt ›Reichsgau‹.

1945 Befreiung Wiens durch die Rote Armee. Aufteilung in vier Besatzungszonen. Ausrufung der Zweiten Republik.

1955 Unterzeichnung des Österreichischen Staatsvertrags zwischen Österreich und den vier Besatzungsmächten in Schloss Belvedere: Souveränität und immerwährende Neutralität.

1956 Wien wird Sitz der Internationalen Atomenergiebehörde.

1961 Gipfeltreffen der Weltmächte (Kennedy – Chruschtschow).

1969 Baubeginn der Wiener U-Bahn.

1979 UNO-City in Wien eröffnet.

1990 Fall des Eisernen Vorhangs; Wien rückt wieder ins Zentrum Mitteleuropas.

1995 Österreich tritt der Europäischen Union bei.

1999 Der mit 202 m höchste Wolkenkratzer Wiens, der Millennium-Tower, wird fertiggestellt.

2008 Nach der Nationalratswahl einigen sich SPÖ und ÖVP auf eine Fortsetzung der Großen Koalition. Werner Faymann (SPÖ) wird als Bundeskanzler vereidigt.

2010 Bei den Gemeinderatswahlen verliert die SPÖ ihre absolute Mehrheit.Erstmals muss die Partei die Macht im ›Roten Wien‹ mit den Grünen teilen.

2011 Die großen Banken Wiens, die seit den 1990er-Jahren massiv nach Osteuropa expandiert hatten, leiden unter der Finanzkrise.

2012 Ende des Jahres soll der neue Hauptbahnhof seinen Betieb aufnehmen.

Seit dem Jahr 2000 erhebt sich auf dem Judenplatz das Holocaust-Mahnmal

2004: Staatsbegräbnis für Dr. Thomas Klestil, Bundespräsident von 1992 bis 2004

Pallas Athene, die wehrhafte griechische Göttin der Weisheit, wacht vor dem Parlament und dem Rathausturm.

Unterwegs

Innere Stadt und Ringstraße – Kapriolen zwischen Kunst und Kaffeehaus

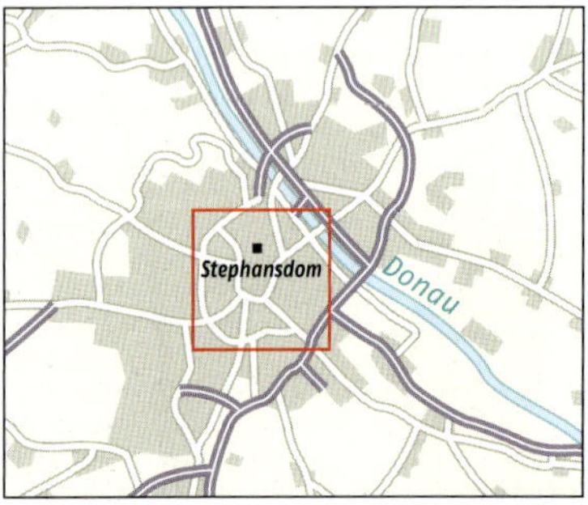

Wiens Anlage in **drei Zonen** ist bestechend klar: Der runde Kern der *Inneren Stadt* ist von einem Kranz von *Innenbezirken* umgeben und diese sind nochmals von breit gelagerten *Außenbezirken* umschlossen. Die einst trennenden Freiflächen-Gürtel dazwischen sind mittlerweile verschwunden, ihre Akzentsetzungen aber sichtbar geblieben.

Beim Umherstreifen kann man die **historische Entwicklung** der Innenstadt gut verfolgen: Römerterrain, Babenbergerhof, Judenplatz, Habsburgerbezirk, Herrenviertel. Anstelle der geschleiften Basteien wurde in der zweiten Hälfte des 19. Jh. die Ringstraße hufeisenförmig um die Stadt gelegt, das fehlende Stück im Nordosten schließt der Donaukanal. Einst ein übervölkertes Wohngebiet, ist der *Erste Bezirk* heute ein **verkehrsberuhigtes Dorado** für Freunde des Flanierens, mit Korsos und malerischen Gässchen, Repräsentationsbauten, Theatern, Geschäftshäusern, Kaffeehäusern, Restaurants, Vergnügungsstätten, Nobelläden und Galerien.

1 Stephansdom

TOP TIPP

Bedeutendstes gotisches Bauwerk Österreichs mit dem wohl schönsten Kirchturm der deutschen Gotik und mächtigem Satteldach aus bunt glasierten Ziegeln.

1., Stephansplatz
Tel. 01/515 52 35 26
www.stephanskirche.at
Mo–Sa 6–22, So 7–22 Uhr
Domführung: Mo–Sa 10.30 und 15, So 15 Uhr, Abendführung: mit Dachrundgang Juni–Sept. Sa 19 Uhr
Turmbesteigung: tgl. 9–17.30 Uhr
U-Bahn Stephansplatz (U1, U3)

Der berühmte, besungene und bedichtete **Stephansturm** (343 Stufen) im Süden des Doms ist die Mitte Wiens und für viele Wiener die Spitze der Welt. Wenn sie ihn zärtlich ›Steffl‹ personalisieren, dann gewiss, um seine vollendete Schönheit ein wenig fassbarer zu machen. Seine filigran gemeißelte, unaufhaltsam zur Spitze emporstrebende Pyramide ist streng mathematisch aus Viereck, Oktogon und Dreieck gebildet – und wirkt dennoch wie ein geheimnisvolles Gewächs. Dass sein nördliches Pendant unvollendet blieb, ist kaum zu beklagen: War denn der Unnachahmliche zu verdoppeln?

St. Stephan begann als Pfarrkirche des Bistums Passau, aber seine Ausmaße – mit 107 m Länge und knapp 39 m Breite dem Salzburger Dom ebenbürtig – verrieten von vornherein Dom-Ambitionen. Nicht zuletzt vermittels der Diplomatie wurde Wien 1469 Bistum. Die **Baugeschichte** ist sehr geradlinig: Die erste Anlage war romanisch (1137–47), die zweite auf demselben Grundriss spätromanisch (1230–63). Von ihr blieben Teile des *Westwerks* erhalten. Der dritte, gotische Bau wurde 1304 mit dem *Hallenchor* begonnen, 1359 im *Langhaus* fortgesetzt und gipfelte 1433 in der Vollendung des 136,5 m hohen *Südturms* (Stephansturm, s. o.) durch Hans von Prachatitz. Dombaumeister Hans Puchsbaum, ›Wegbereiter der Spätgotik‹, stellte 1455 das *Langhaus* fertig, legte die *Dachkonstruktion* an und begann mit dem – Fragment gebliebenen – *Nordturm*. Geldmangel verhinderte seine Vollendung.

Westwerk und Innenraum

Spätromanik prägt das **Westwerk** mit dem *Riesentor* (von ›Riestür‹ = Fallgitter) und den beiden minarettartigen *Heiden-*

Café mit Aussicht – vom modernen Haas-Haus sieht man auf den ehrwürdigen Stephansdom

türmen. Die Eckkapellen, das Spitzbogenfenster über dem Portal, die Galerie und die Turmhelme hat die Gotik hinzugefügt. An der äußeren *Portalwand* in den Nischen links der Hausheilige Stephanus und ein sitzender Richter (vor dem Tor wurde Gericht gehalten), rechts Löwenbezwinger Samson. Dahinter tut sich das **Hauptportal** auf, dessen figurale Erzählkunst zu den Meisterleistungen der Zeit um 1250 gehört. Zwischen kostbar ornamentierten Säulen und Apostel-Halbfiguren ein Fries der Dämonenbeschwörung: Löwen, Greifen, Masken, Teufel, Narren. Im Tympanon dann Christus als Weltenrichter in der Mandorla.

Den im Langschiff 28 m hohen **Innenraum**, so emporstrebend wie weit atmend, nannte Loos »den weihevollsten Kirchenraum der Welt«. Im *Langhaus* überragt die sog. Staffelhalle des Mittelschiffs die Seitenschiffe ohne Fensterzone: Das erzeugt feines Dämmerlicht unter den Netzgewölben, die von reich profilierten Pfeilern mit hervorragenden Baldachinfiguren (1435–80) getragen werden. Das nur wenig trennende Querschiff leitet über zum *Albertinischen Hallenchor*, so genannt nach seinem Gründer Herzog Albrecht II. Die drei kreuzrippengewölbten Chorschiffe sind der Jungfrau Maria (Frauenchor, links), dem hl. Stephanus

(Mittelchor) und den Zwölf Aposteln (Apostelchor, rechts) geweiht. Auch hier bedeutende gotische, vielfach aber erneuerte Pfeilerplastiken.

Aus der Fülle der **Ausstattung** nur die Glanzpunkte: Aus dem kunstvollen Geäst der **Kanzel** [1] schauen die ungemein veristischen Physiognomien der Vier Kirchenväter heraus. Unter der Treppe verewigte sich der unbekannte Schöpfer der Kanzel als ›Fenstergucker‹ (1514). Am **Orgelfuß** [2] hat sich der Dombaumeister Anton Pilgram als Atlant der von elegant gekurvten Rippen getragenen Orgelbühne abgebildet und das virtuose Werk mit Monogramm und Jahreszahl 1513 signiert. Vor dem südlichen Seitenschiff die **Dienstbotenmadonna** [3], so genannt, weil sie einer ungerecht des Diebstahls bezichtigten Magd half: eine Figur von schmelzender Noblesse (um 1325). Von Rang auch gegenüber im Norden der volkstümlich so bezeichnete **Zahnwehherrgott** [4], eine Halbfigur des Schmerzensmannes (1410–20), der der Sage nach Spötter mit Zahnweh strafte und sie nach Abbitte wieder davon heilte, sowie am Chorpfeiler der **Christophorus** [5] aus Gerhaert von Leydens Schule (um 1470). Er war der Lieblingsheilige Kaiser Friedrichs III., der den **Wiener Neustädter Altar** [6] 1447 stiftete, ein reich geschnitzter Flügelaltar mit Marienszenen und der eingeritzten Devise des Kaisers AEIOU (vielleicht: Austria erit in orbe ultima – Österreich wird bis ans Weltende bestehen). Das monumentale **Hochgrab Friedrichs III.** [7] aus Rotmarmor mit fast freiplastisch ausgearbeiteter Liegefigur und reichem heraldischen Schmuck entwarf 1467 der große Bildhauer Nikolaus Gerhaert von Leyden, den der Kaiser nach Wiener Neustadt berief und der dort 1473 starb. Erst 1513 wurde das grandiose Werk vollendet. Dazwischen Barockattitüde: der **Hochaltar** [8] mit Statuen von Johann Jakob Pock und dem Altarbild der Stephanus-Marter von Tobias Pock (1640).

In der **Katharinenkapelle** [9] entzückt die Geometrie des *Sterngewölbes* und verblüfft der verwegen 4 m herabhängende *Schlussstein* mit Katharinenfigur (1396). Außerordentlich auch der spätgotische *Marmortaufstein* mit Reliefs von Auer (1481). In der **Eligiuskapelle** [10] oder

Stephansdom 1

1 Kanzel
2 Orgelfuß
3 Dienstbotenmadonna
4 Zahnwehherrgott
5 Christophorus
6 Wiener Neustädter Altar
7 Hochgrab Friedrichs III.
8 Hochaltar
9 Katharinenkapelle
10 Eligiuskapelle
11 Kreuzkapelle
12 Singertor
13 Bischofstor
14 Lichtsäule
15 Primglöckleintor
16 Mesnerhaus
17 Grabrelief der Familie Straub
18 Lacknersches Epitaph
19 Kopie des Zahnwehherrgotts
20 Capistrankanzel
21 Gruftkapelle

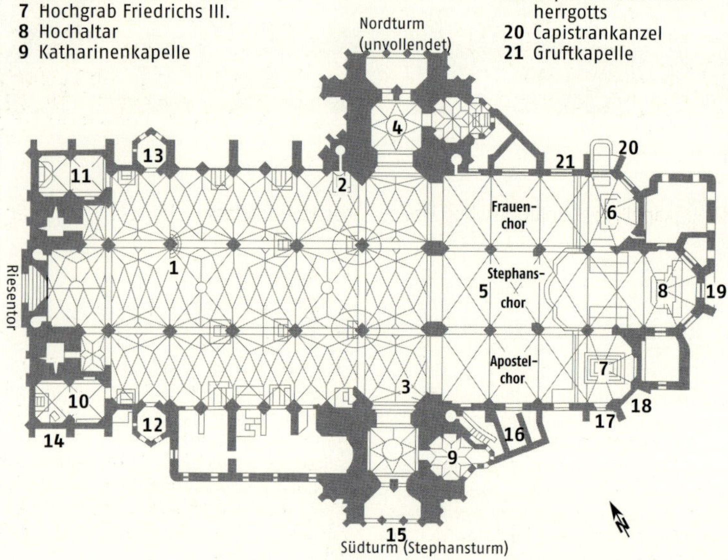

Erhabene Pracht – Blick ins Mittelschiff des Stephansdoms

Herzogkapelle ein spätgotischer *Valentinsaltar* wohl von Paul Kriechbaum (1507), Sohn des Kefermarkter Meisters. Nur durch ein Barockgitter kann man *Prinz Eugens Grabmal* in der **Kreuzkapelle [11]** sehen: einen Marmorobelisk mit Bronzeplastiken (1754).

Die beiden Seitenportale mit erlesener Figuralplastik sind nur von innen zugänglich: Im **Singertor** [12] ein dramatischer *Saulussturz* im Tympanon und die bewegten *Stifterfiguren* Rudolfs IV. und Katharinas von Böhmen im Portalgewände (1450), im **Bischofstor** [13] entsprechend *Marientod* und *-verklärung* sowie – realistischer aufgefasst – *Albrecht III.* und *Elisabeth* (1515).

Außenrundgang

Spätere Veränderungen haben dem mächtigen Bau (107 m lang, 70 m breit, im Langschiff 28 m hoch) nichts von seinem geschlossenen Bild genommen, es im Gegenteil ergänzt. So ist nur der erste **Maßwerkgiebel** an der Südseite original (1440), die drei anderen, mit vorher nur aufgemaltem Maßwerk, wurden erst 1855 vollendet. Die **Grabsteine** an den Außenwänden stammen von dem vor 1792 aufgelassenen Friedhof um den Dom. Das

Spiegelreflex – im Haas-Haus (Hans Hollein, 1990) kehrt der Domturm bizarr wieder

eingeritzte *Zeichen O5* unter dem ersten Epitaph rechts des Portals war das Symbol der österreichischen Widerstandsbewegung im Zweiten Weltkrieg: Die 5 steht für e, daraus ergibt sich: Oe(sterreich).

An der Südfront-Ecke Kopie einer spätgotischen **Lichtsäule** [**14**], wie reiche Bürger sie als Totenleuchte bauen ließen. Das *Singertor* (siehe Innenraum) war einst Eingang für männliche Besucher.

Unter dem **Stephansturm** (siehe S. 18) das **Primglöckleintor** [**15**] mit Sitzfiguren der Evangelisten und Madonnenstatue von 1400. Im **Mesnerhaus** [**16**] beginnt die *Turmtreppe*, die mit 343 Stufen zu einer herrlichen Aussicht in 72 m Höhe führt: Karpatenausläufer im Osten, Semmering im Südwesten, Mähren im Norden.

Am **Chorbau** sieht man das **Grabrelief der Familie Straub** [**17**] von 1520 im Renaissancestil sowie das spätgotische **Lacknersche Epitaph** [**18**] von 1502. Außerdem im Chor eine **Kopie des Zahnwehherrgotts** [**19**;], die um 1430 geschaffene **Capistrankanzel** [**20**], von der aus der Franziskanermönch Johannes Capestrano 1451 zum Kreuzzug gegen die Türken aufrief, und die **Gruftkapelle** [**21**], in der Mozarts Leichnam am 6. Dezember 1791 aufgebahrt wurde.

Im unvollendeten **Nordturm** (Lift Jan.–Juni, Sept.–Dez. tgl. 8.15–16.30, Juli/Aug. tgl. 8.15–18 Uhr) oder Adlerturm, 60 m hoch, hängt die berühmte **Pummerin**, eine der größten Glocken der Welt. Die alte Pummerin im Südturm, 1711 von Johann Achamer aus türkischen Beutekanonen gegossen, stürzte 1945 herab und zerbarst. Die aus ihren Trümmern neu gegossene Glocke, 21 t schwer und 3 m hoch, ist seit 1951 im Nordturm.

Unter dem Turm liegt der zweite Eingang zu den **Katakomben** (halbstündige Führung Mo–Sa 10–11.30 und 13.30–16.30, So 13.30–16.30 Uhr), den weitläufigen Gruftanlagen mit 15 *Sarkophagen* der frühen Habsburger und 56 *Urnen* mit den Eingeweiden der späteren Habsburger. Seit 1953 ist hier die *Begräbnisstätte* der Wiener Erzbischöfe. Als Pendant zum Singertor war das *Bischofstor* Eingang für die weiblichen Besucher.

2 Stephansplatz und Stock-im-Eisen-Platz

Das Herz der Altstadt zwischen ältester und neuester Architektur.

U-Bahn Stephansplatz (U1, U3)

Stephansplatz, Stock-im-Eisen-Platz und Graben waren ursprünglich drei Plätze. An der Stelle des Stephansplatzes lag jahrhundertelang ein Friedhof. Die Pestepidemie lehrte Hygiene, man ließ ihn auf, riss die Häuser rundum ab und regulierte das Terrain von 1792 an zum Platz, der mit dem südlich anschließenden Stock-im-Eisen-Platz verschmolz. Hans Holleins **Haas-Haus** setzte 1990 wieder einen Beistrich zwischen beide, besser gesagt: einen supergestylten Donnerkeil.

Taufpate des **Stock-im-Eisen-Platzes** war jener nagelbeschlagene, knorrige, mit einem breiten Eisenband in der Nische eingeschlossene Baumstumpf am Eckhaus Graben/Kärntner Straße, der schon 1533 erwähnt wird und zu allerlei Sagen Anlass gab. Das geheimnisvoll ›unaufsperrbare‹ Schloss am Eisenband sei, so heißt es, das Meisterstück eines Schlossergesellen gewesen, der mit dem Teufel im Bunde stand und ihm zum Opfer fiel. Von da an zollte jeder wandernde Schlosser dem *Stock im Eisen* abergläubisch Nagel- und Gebetstribut. Dass sich das Schloss schließlich als pure Attrappe erwies, wird die Sage nicht ausrotten, wohl aber die hässliche Glashülle die Freude an der ›Nagelplastik‹. Sie steht am *Equitable-Palais*, einem vornehmen ›Zinshaus‹ der Ringstraßenära (1891). Bemerkenswert sind die *Bronzereliefs* der Türflügel von Rudolf Weyr, die die Schlosser-Sage und den Dombau darstellen.

Bei Grabungsarbeiten für die U-Bahn-Station **Stephansplatz** legte man 1973 die Überreste der gotischen *St.-Magdalens-Kapelle* frei. Sie war bereits 1330 urkundlich erwähnt worden und 1781 abgebrannt (der Grundriss ist im Pflaster des Stephansplatzes rot markiert!). Erhalten geblieben ist der gotische Innenraum ihrer Krypta, die romanische **Virgilkapelle** (www.wienmuseum.at). Sie muss um 1230 entstanden sein und diente später einer Familie als Grabstelle. Durch ein Fenster im Zwischengeschoss der U-Bahnstation nahe dem Ausgang zum Stephansplatz kann man einen Blick in ihr Inneres werfen.

3 Dom- und Diözesanmuseum

Erlesene Sammlung sakraler Skulpturen, Tafelbilder und Goldschmiedearbeiten im Erzbischöflichen Palais.

1., Rotenturmstraße 2/
Stephansplatz 6
Tel. 01/515 52 36 89
www.dommuseum.at
Di–Sa 10–17 Uhr
U-Bahn Stephansplatz (U1, U3)

Der Pfarrhof von St. Stephan aus dem 13. Jh. wurde 1469 Sitz der Wiener Bischöfe, 1723 der Erzbischöfe. Seine heutige Gestalt gab ihm vermutlich der Florentiner Giovanni Coccapani 1632–41: ein Barockpalais in italienischen Formen mit Innenhoflauben.

In den Repräsentationsräumen des Erzbischöflichen Palais ist das Dom- und Diözesanmuseum untergebracht. Ihr bescheiden erscheinendes, dennoch kostbares Zentralstück ist das *Bildnis Herzog Rudolfs IV. des Stifters* (1339 – 1365). Er ließ sein geliebtes Wien aufblühen, setzte den Dombau fort, gründete die Universität, beschnitt ausbeuterische Grundherrenrechte – und dies in einem nur 26 Jahre währenden Leben, das in Mailand an Typhus endete. Ein Meister der Böhmischen Schule fertigte 1365 ein Bildnis von ihm, das als eines der frühesten Porträts der Malerei nördlich der Alpen gilt.

Höchst qualitätvoll sind insbesondere die **Skulpturen**, so die *Erlacher Madonna* als Hauptwerk niederösterreichischer Gotik (um 1330), die wundervollen *Maria- und Johannesfiguren* aus dem Dom (1420), der realistische *Antwerpener Altar* aus der Votivkirche (um 1460), der *Schmerzensmann* von Cranach, die *Anna Selbdritt* von Veit Stoß (um 1505). Auch der Barock glänzt mit außergewöhnlicher Plastik, dazu Gemälden von Rottmayr, Maulpertsch, Troger, ›Kremser Schmidt‹. Schnorr von Carolsfeld, Führich und Kupelwieser vertreten die Nazarener Wiens.

Atemraubend ist das **Kunsthandwerk**. Älteste Stücke: ein karolingisches *Evangeliar* (9. Jh.) oder die expressiven *Maastalischen Emailtafeln* von 1160/70. Raffinierteste Arbeiten: die barocke *Wurzel-Jesse-Monstranz* oder die klassizistische *Neun-Engelchöre-Monstranz*. Fremdartigste Gegenstände: zwei emaillierte und vergoldete syrische *Glasflaschen* mit islamischen Motiven aus der Zeit um 1300.

4 Graben

Wiens Flaniermeile für Nobel-Shopping.

U-Bahn Stephansplatz (U1, U3)

Am Graben lässt sich der Einkaufsbummel trefflich mit einem Rundgang durch die Baugeschichte kombinieren.

Die Platzgestalt ist römisches Erbe und geht zurück auf den zugeschütteten westlichen Festungsgraben des Römerlagers. Englische Soldaten im Gefolge ihres gefangenen Königs Richard Löwenherz haben ihn planiert. Später wurde der Graben Markt für Brot, Fleisch, Gemüse – und die lockeren ›Grabennymphen‹. Im Barock mauserte er sich mit Palais, Kaffeehäusern, Festen zum urbanen Mittelpunkt. Davon zeugt nur noch das **Palais Bartolotti-Partenfeld** (Nr. 11), ein Barockbau von Johann Lukas von Hildebrandt, in dem das Modelabel *Paul & Shark* Jacken verkauft. Bei seiner Fertigstellung 1720 war es das erste Mietshaus der Straße. Im **Trattnerhof** gegenüber (heute umgebaut, Nr. 29) lebte der steinreiche

Blickpunkt – der Graben mit der großartigen monumentalen Pestsäule

Verleger Edler von Trattner, der Mozart 1784 beherbergte und hier konzertieren ließ. Das **Ankerhaus** (Nr. 10) ist ein Otto-Wagner-Bau (1894) mit bekrönendem Dachatelier, in dem der Maler Friedensreich Hundertwasser arbeitete, wenn er in Wien war. Das Erdgeschoss haben die Kaffeeröster von *Nespresso* mit ihren Alukapseln vereinnahmt.

Am Graben ist der Gang in die **Öffentliche Toilette** ein Muss, denn Wilhelm Beetz richtete dieses exquisite Etablissement mit Nussbaum und venezianischem Glas gar sehenswert secessionistisch ein (1904).

Blickpunkt des Grabens ist die hochbarocke Architekturplastik der **Pestsäule**, von Kaiser Leopold I. während der Pestepidemie 1679 gestiftet: eine über einem Sockelaufbau aufsteigende Pyramide, von weißem Wolkengetürm mit großen Engeln und schwebenden Putti umgeben und einer Dreifaltigkeitsgruppe gekrönt. Den *Wolkenobelisk* schuf Theateringenieur Lodovico Burnacini, die *Sockelreliefs* Johann Bernhard Fischer von Erlach, die *Skulpturen* Paul Strudel (1682–93). Ergreifend die Gruppe *Der Glaube besiegt die Pest* und der *Betende Kaiser* vor der Sockel-Südseite.

Die Adresse für Feinschmecker am Platz ist das Delikatessengeschäft **Julius Meinl am Graben** (Nr. 19, s. S. 164). Auf drei Etagen werden hier Köstlichkeiten aus aller Welt angeboten, gekonnt zubereitet kommen sie im angeschlossenen Restaurant und Café auf den Tisch.

5 Peterskirche

Zweitälteste Kirchenstiftung Wiens. Hochbarockes Gesamtkunstwerk.

1., Petersplatz
Tel. 01/533 64 33
www.peterskirche.at
Mo–Fr 7–19, Sa/So 9–19 Uhr
U-Bahn Stephansplatz (U1, U3)

Von den Platzfronten eng umschlossen, ruht die Kirche wie eine Barockperle in der Muschel: ein überkuppelter **Zentralbau** mit schräg gestellten Türmen und geschwungenem Mittelteil, höchst plastisch dem Blick vom Graben her dargeboten. Von dem Italiener Gabriele Montani 1703 begonnen, doch von Lukas von Hildebrandt bis 1733 vollendet, geht auch sie auf Kaiser Leopolds Pestgelübde zurück. Ihre Ursprünge freilich sucht die Legende schon bei Karl dem Großen (792), die Wissenschaft sogar noch früher in spätrömischer Zeit.

Rom ist weit – doch ist auch die Barockpracht der Wiener Peterskirche einen Besuch wert

Die Figuren von Glaube, Liebe, Hoffnung des Donner-Schülers Franz Kohl auf dem *Portalbau* weisen ins **Innere**: ein würdig auf Gold-Ocker gestimmter Ovalraum unter Michael Rottmayrs **Kuppelfresko** der Himmelfahrt Mariens (1713/14). Die Evangelisten und Kirchenväter in den Zwickeln malte Johann Georg Schmidt. Den Chor ›inszenierte‹ der italienische Theateringenieur Antonio Galli-Bibiena: Durch virtuos gemalte Scheinarchitekturen erhöhte er die *Chorkuppel* und entwarf einen effektvollen *Hochaltaraufbau*. Ein Künstler Prinz Eugens, Martino Altomonte, schuf das *Altarblatt* ›Petrus und Johannes heilen einen Lahmen‹. Das *Immaculata-Bild* davor stammt von dem Nazarener Leopold Kupelwieser (1836).

Die **Kanzel** von Matthias Steindl (1716) zeigt den *12-jährigen Jesus im Tempel* auf der Brüstung und die *Dreifaltigkeit* auf dem Schalldeckel. Ein glanzvolles Gegenüber ist der *Johannes von Nepomuk-Altar*, der 1729 anlässlich der Heiligsprechung des Märtyrers errichtet wurde. Es zeigt den dramatischen *Moldausturz* des hl. Johannes Nepomuk: ein Werk Lorenzo Mattiellis, von dem zudem die *Petrus- und Michael-Gestalten* an der Außenseite des Chors stammen.

6 Naglergasse

Altwiener Häuserzeile von bürgerlich-barocker Urbanität.

U-Bahn Herrengasse (U3)

In der engen Naglergasse setzen sich die feinen Auslagen vom Graben fort. Doch sollte man die Augen hier ausgiebig über die Auslagen emporgleiten lassen, denn die **Fassaden** der im Baukern meist aus dem 16./17. Jh. stammenden Häuser in der Naglergasse sind sehenswert, besonders auf der linken Seite.

Nr. 7: Klassizistische Fassade, Ende 18. Jh.; in der *Körblergasse 2* Barockportal. *Nr. 9:* Klassizistische Fassade, Anfang 19. Jh., mit edler Bänderung und schöner Fensterrahmung.

Nr. 13: Renaissancefassade mit Giebel, Mitte 17. Jh., Hauszeichen ›Krönung Mariens‹ aus der 1. Hälfte des 18. Jh. *Nr. 17:* Giebelhaus mit reicher Barockfassade mit Pflanzendekor in den Fenstergiebeln (1705). *Nr. 19:* Giebelhaus mit Renaissance-Erker, Puttorelief und Nischenfigur. *Nr. 21:* Barockfassade mit Hauszeichen ›Maria Immaculata‹ (um 1720). *Nr. 27:* Klassizistische Fassade von Lorenz Lechner, 1790.

Im Haus Nr. 6 residiert der **Verbund**, der größte Stromanbieter Österreichs. Er ließ die Fassade seiner Zentrale von dem isländischen Künstler Olafur Eliasson mit der Installation *Yellow Fog* verschönern: Allabendlich während der Dämmerung steigt gelber Nebel an ihr empor.

7 Am Hof

Prächtiges barockes Platzgefüge, am Abend überstrahlt von einer markanten Lichtinstallation.

U-Bahn Stephansplatz (U1, U3), Schottentor (U2); Bus 1A, 2A, 3A
Tram 1, 2, D

Beides, der Begriff ›Hof‹ als **Residenz** wie als **Platz**, standen hier Pate: Denn zwischen 1155 und etwa 1280 lag hier der Hof der Babenberger, und der wiederum bildete einen Häuserkomplex um einen Hof. Der Turnier- und spätere Marktplatz sah glänzende Feste und blutige Auseinandersetzungen: die Turniere bei Kaiser Barbarossas Besuch auf dem dritten Kreuzzug, 1189, die Minnesang-Wettstreite mit Reinmar von Hagenau und Walther von der Vogelweide, die habsburgisch-jagellonische Doppelhochzeit unter Kaiser Maximilian I., 1515, die geistlichen Spiele der Jesuiten vor ihrer Kirche. Ihr Kloster wurde 1773 Hofkriegskanzlei, und bei den Kämpfen der 1848er-Revolution zerrte man Kriegsminister Graf Latour aus dem Gebäude und knüpfte ihn an einer Laterne auf.

Aus dem Barock stammt das *Märkleinsche Haus* (Nr. 7), das Hildebrandt 1727 als Kombination von Palast und Bürgerhaus entwarf. Wer sich für die Geschichte der Feuerwehr interessiert, kann hier ab Ende 2012 wieder das **Feuerwehrmuseum** (Tel. 01/53 19 90) besuchen.

Im *Unterkammeramtsgebäude*, Haus Nr. 9, wohnten über dem prachtvollen Engel mit Doppeladlerschild und Kaiserkrone etliche Bürgermeister, nichts ahnend von den **Römischen Bauresten Am Hof** im Keller, die allerdings derzeit wegen Konservierung geschlossen sind. Das *Urbani-Haus* (Nr. 12) mit dem Gasthausschild des Urbani-Kellers ist das Werk eines Hildebrandt-Schülers; im ebenfalls barocken *Collalto-Palais* (Nr. 13) musizierte 1762 der sechsjährige Mozart im Rahmen seiner ›Europatournee‹.

Seit Ende des Dreißigjährigen Krieges (1618–48) akzentuiert die **Mariensäule** die Mitte des Platzes. Die Bronzefigur der Maria Immaculata erhebt sich über einem quadratischen Sockel, an dessen Enden vier gewappnete Putti siegreich gegen den Drachen (Hunger), den Löwen (Krieg), die Schlange (Unglauben) und den Basilisken (Pest) fechten. 1645 zur Erinnerung an die Schwedengefahr von Kaiser Ferdinand III. gestiftet, wurde sie 1667 von C. M. Carlone und Carlo Canevale geschaffen, nachdem eine frühere Säule abgetragen worden war. Für beide war das Vorbild der Münchner Mariensäule von 1638 prägend.

8 Ehem. Bürgerliches Zeughaus

Feuerwehrzentrale

Weltkugelgekrönte Festfassade.

1., Am Hof 10
U-Bahn Stephansplatz (U1, U3), Schottentor (U2); Bus 1A, 2A, 3A;
Tram 1, 2, D

Die prominent hervortretende **Fassade** Am Hof gehört dem früheren Zeughaus, einem Bau von 1530, den Anton Ospel 1730 großzügig umgestaltete. Dabei versah er die Schauseite mit einem attraktiven *Dreiecksgiebel* mit Wappen und Trophäen und einer hohen Attika darüber, spanischen und französischen Vorbildern folgend. Mattielli schuf die Allegorien von Beharrlichkeit und Stärke, die eine Weltkugel tragen.

9 Kirche Am Hof

Erste Jesuitenkirche Wiens, an römische Vorbilder angelehnt. Effektvolle Fassade.

1., Am Hof
U-Bahn Stephansplatz (U1, U3), Schottentor (U2); Bus 1A, 2A, 3A; Tram 1, 2, D

›Zu den Neun Chören der Engel‹, diesen seltenen Namen der Kirche illustriert die schöne *Giebelgruppe*: Maria als Königin der durch Engelsgestalten imaginierten Chöre. Nicht minder selten das Architekturelement der **Altane** zwischen palastartig vorgeschobenen Seitenflügeln: eine raumausgreifende Inszenierung für die Jesuiten, unsicher, ob von einem römischen Architekten oder dem später als Stiftsbaumeister Österreichs berühmt gewordenen Carlo Antonio Carlone geschaffen, 1662. Die Jesuiten besaßen das Areal schon seit 1554, auf dem im 13. Jh. die Hofkapelle im Münzhof, im 14. Jh. eine gotische Hallenkirche der Karmeliter stand, die 1607 innen barockisiert wurde.

Von der Terrasse der Kirche verkündete am 6. August 1806 Franz II. die Auflösung des Heiligen Römischen Reiches Deutscher Nation und die Niederlegung der Kaiserkrone.

Die große Geste der Fassade geht im **Inneren** verloren, das zwischen gotischen, barocken und klassizistischen Stilelementen changiert. Bemerkenswerte Einzelheiten: Unter dem prunkenden Orgelchor *Nischenfiguren* der hll. Rochus und Sebastian, davor *Pfeilerstatuen* von Maria Immaculata und Johannes Nepomuk (18. Jh.). In der 2. Kapelle links **Deckenfresko** von Maulpertsch ›Verherrlichung des hl. Franz von Regis‹ (1753), in der 3. Kapelle links *Kreuzigungsbild* mi t Porträts Kaiser Leopolds I. und seiner Familie von Franz Leuyx (Ende 17. Jh.). Das *Hochaltarblatt* stammt von Johann Georg Däringer, 1798. *Gemälde* findet man vom europaweit wirkenden Barockmaler Joachim von Sandrart (3. Kapelle links und 2. und 3. rechts) sowie vom ›Kremser Schmidt‹ (4. links).

Verborgene Schönheit zwischen Häuserzeilen – Blick auf Westfassade und filigranen Turmhelm der Kirche Maria am Gestade

10 Maria am Gestade

Schatzkästlein der Gotik, durch prominente Lage und ungewöhnlichen Turmhelm Apostroph der Altstadt.

1., Salvatorgasse
U-Bahn Schwedenplatz (U1, U4); Bus 3A

Mag sie auch heute von Häusern bedrängt sein – ihre gertenschlank über steiler Stiege aufsteigende **Front**, überhöht durch den zauberhaften **Turmhelm**, triumphiert mit unwiderstehlicher Grazie darüber. Dass sie einst hoch über einem Donauarm am Steilhang der Stadt lag, erklärt ihren poetischen Namen, der ursprünglich nüchterner nach der Holzfällerlände unten ›Maria an der G'stetten‹ hieß. Vorgängerbauten waren ein römisches Ceres-Heiligtum und eine romanische Kirche (1158 genannt). Dann folgte der gotische Bau, 1330 mit dem Chor begonnen, 1414 mit dem siebeneckigen Turm samt filigraner Bischofsmütze beendet. Dessen Baumeister waren Michael Knab und Konrad Ramperstorffer.

Das unebene Gelände auf römischen Grundmauern diktierte einen Achsenknick, der im **Inneren** reizvolle Kontraste erzeugt: schmales, dunkles *Langhaus* – heller, weiter *Chor*. Dass vieles um 1820, nach der Profanierung durch die Franzosen, neugotisch wieder hergestellt wurde, stört die gotische Stimmung kaum: Zartes Maßwerk und hängende Schlusssteine an der *Orgelempore* (1515), zwei niederländisch beeinflusste *Tafelgemälde* der Krönung und Verklärung Mariens als Reste eines gotischen Hochaltars (um 1460) in der Hofbauer-Kapelle, gotische und barocke Figuren im Langhaus. Am neugotischen *Hochaltar* Madonna und Kruzifix barock. In der Perger-Kapelle am Chor links *Renaissance-Altar* (1520).

Maria am Gestade, 1820 den Redemptoristen übergeben, birgt die *Reliquien* des Stadtpatrons von Wien, des hl. Klemens Maria Hofbauer (1751–1820), der dem Orden weite Verbreitung verschaffte. Seine Predigten zogen die (vielfach konvertierten) Romantiker her, darunter Schlegel, Brentano, Eichendorff, Overbeck oder Führich. Heute ist das Gotteshaus tschechische Nationalkirche.

Der **Hannakenbrunnen** am Treppenfuß erzählt von einem Bader aus der Hannakei in Mähren, der hier Passanten überfiel und verletzte, um an Patienten zu kommen (Rudolf Schmidt, 1937).

11 Altes Rathaus

Reiche Barockfassade; im Hof herrlicher Brunnen, zur Salvatorgasse rares Renaissanceportal.

1., Wipplingerstraße 8
www.bezirksmuseum.at
Tel. 01/400 00 11 27
Mi/Fr 15–17 Uhr, Sommerferien geschl.
U-Bahn Stephansplatz (U1, U3), Schwedenplatz (U1, U4)

Die durch opulente Portale auffallende **Fassade** des Alten Rathauses antwortet der gegenüberliegenden Böhmischen Hofkanzlei: Der unbekannte Baumeister der Westhälfte hat sich ohne Zweifel an Fischer von Erlach orientiert (1699–1706), der Architekt der Ost-Erweiterung, Theodor Valery, sich wiederum ihm angelehnt (1780). Die *Portalplastiken* verkörpern Gerechtigkeit und Güte (Westportal, 1706) sowie Öffentliches Vertrauen und Frömmigkeit (Ostportal, Johann Martin Fischer, 1781). Die *Engelsskulptur* an der Ecke ist ein spätgotisches Werk von 1450/60.

Dieses zweitälteste Rathaus stand zunächst bescheiden neben dem Anwesen des Stadtrichters Hymo, der sich 1309 mit anderen Bürgern gegen die noch neuen Habsburger-Regenten verschwor. Zur Strafe wurde sein Haus für die Gemeinde konfisziert – wie praktisch, nun konnte das Rathaus erweitert werden. Repräsentativ gestaltet wurde das Gebäude aber erst nach der zweiten Türkenbelagerung von 1683. Der *Barockstuck* von Albert Camesina vor allem im **Großen Rathaussaal** (1713) ist beachtenswert, ebenso die historische Innenarchitektur des **Alten Gemeindesitzungssaals** (1853), die beide allerdings nur selten zugänglich sind.

Der westliche Hof birgt unter puttengetragenem Barockbalkon das letzte Werk des großen Georg Raphael Donner (1693–1741), den **Andromeda-Brunnen** von 1741. Furios, wie auf dessen Bleirelief Perseus heransprengt, um Andromeda vom Meerungeheuer zu befreien – die schöne Königstochter hebt sich fast als Vollplastik heraus, von raffiniert zarten Gewandfetzen umspielt. Über diesen Hof gelangt man ins *Bezirksmuseum* mit seiner kleinen Sammlung zur Geschichte der Wiener Altstadt.

Die in den östlichen Hof hineinragende **Salvatorkapelle** ist eines der wenigen Zeugnisse der Renaissancebaukunst in Wien. In seinen mit Kriegshandwerksemblemen ornamentierten Säulen, dem doppelten Architrav, den Halbfiguren Christi und Mariens im Tympanon und den Schildträgern zu Seiten ist es noch gotisch bestimmt, in Rahmung und Ornamentierung von oberitalienischer Frührenaissance beeinflusst.

12 Ehem. Böhmische Hofkanzlei

Verfassungs- und Verwaltungsgerichtshof

Feiner Fischer-von-Erlach-Bau.

1., Wipplingerstraße 7/Judenplatz 11
U-Bahn Schwedenplatz (U1, U4)

Von der Böhmischen Hofkanzlei aus wurden einst die Geschicke der böhmischen

Schauplatz von Kultur und Barbarei – Judenplatz mit Lessing-Denkmal und Holocaust-Mahnmal

Länder dirigiert – freilich aus allzu zentralistischer und landfremder Distanz. Jedenfalls für Wien wichtig genug, den Oberhofingenieur Fischer von Erlach mit einem aufwendigen Bau zu betrauen (1708–14), der dann 1751–54 von Matthias Gerl als neuer Sitz des Innenministeriums erweitert wurde und seither einen ganzen Block zwischen Wipplingerstraße, Jordangasse, Judenplatz und Füttterergasse bildet.

Dominant blieb Fischer von Erlachs Stil vor allem an der **Fassade** Wipplingerstraße. Die linke Hälfte mit dreiachsigem Mittelrisalit, Hermenportal, frei stehenden Balustradenstatuen und reichen Fensterädikulen ist eine meisterliche lebendige Durchgliederung ruhiger Stereometrien. Gerl schmiegte die rechte Hälfte ganz daran an, wagte Selbstständiges mit anderen Elementen nur an der **Fassade** zum Judenplatz. Hier wie dort schuf Mattielli die kraftvollen *Skulpturen*.

Der Umbau nach dem Krieg brach einem mit schicken Läden bestückten Fußgängerdurchgang *im* Gebäude an der Wipplingerstraße Bahn, bequem, wenn auch die architektonische Konzeption störend.

13 Judenplatz

Erinnerungen ans Judenviertel.

U-Bahn Schwedenplatz (U1, U4)

Der entrückte Judenplatz zwischen verwinkelten Gassen, mögen ihn auch heute Boutiquen à jour bringen, bildete seit dem ausgehenden 13. Jh. mit Synagoge, Schule und Spital das Zentrum des Judenviertels rundum. Um 1400 lebten hier 800 Einwohner: Händler, ›Bankiers‹, Gelehrte. Volkswut, genährt aus Konkurrenzangst, und religiöser Fanatismus wurde ihnen 1420/21 zum Verhängnis: Einige töteten sich selbst, um der befürchteten Zwangstaufe zu entgehen, 210 Menschen wurden grausam bei lebendigem Leib verbrannt (›Wiener Geserah‹). Daran erinnert das **Haus ›Zum großen Jordan‹** (Nr. 2) mit seinem spätgotischen Hauszeichen der Taufe Christi und der berüchtigten Inschrift gegen die »hebräischen Hunde« (15. Jh.). Die im endenden 16. Jh. wieder erstandene jüdische Gemeinde wurde 1624 von Ferdinand II. in die Leopoldstadt verwiesen. Das **Lessing-Denkmal** Siegfried Charouxs (1896–1967) von 1935 wurde 1938 zerstört; 1963 schuf der Künstler dieses neue.

Die komplette Neugestaltung des Platzes und seine Umwandlung zur Fußgängerzone wurde im Herbst 2000 mit der Einweihung des **Holocaust-Mahnmals** von Rachel Whiteread (*1963) abgeschlossen. Mit der Verwirklichung der Idee des KZ-Überlebenden und Publizisten Simon Wiesenthal, ein Mahnmal für die österreichischen Opfer der Schoa zu errichten, ist der Judenplatz so zu einem Ort der Erinnerung geworden. Die britische Künstlerin Whiteread schuf einen 10 m x 7 m großen und 3,8 m hohen Gussbetonquader, dessen vier Seiten als Negativabdruck von Bibliothekswänden gestaltet wurden. Die Bücher sind so angeordnet, als stünden sie in hohen Regalen, doch ist kein Buchrücken lesbar, denn sie zeigen alle nach innen. Obwohl diese ›namenlose‹ Bibliothek ein symbolisches Tor hat, ist sie nicht zugänglich. Auf diese Weise wird eindrucksvoll dargestellt, dass viele der potenziellen Nutzer dieser Bibliothek den Holocaust nicht überlebt haben. Auf *Bodenplatten* rund um den Quader sind die Namen von 41 Orten festgehalten, an denen österreichische Juden während des NS-Regimes ermordet wurden.

Das Mahnmal steht in engem inhaltlichen Zusammenhang mit der *Ausstellung zur Schoa*, die das Dokumentationsarchiv des österreichischen Widerstandes im **Misrachi-Haus** (Judenplatz 8) einrichtete. Sie dokumentiert die Namen und Daten der 65 459 ermordeten österreichischen Juden und erläutert die politischen Umstände, die zu ihrer Verfolgung und Ermordung geführt haben.

Die Ausstellung ist Teil des **Museum Judenplatz** (Tel. 01/535 04 31, www.jmw.at, So–Do 10–18, Fr 10–14 Uhr), einer Außenstelle des Jüdischen Museums Wien [Nr. 47] im Palais Eskeles in der Dorotheergasse. Es dokumentiert mittels modernster multimedialer Techniken das religiöse, kulturelle und soziale Leben der Wiener Juden bis zu ihrer Vertreibung und Vernichtung 1420/21. Von den Schauräumen gelangt man zu den *Ausgrabungen der ersten Synagoge* im Keller. Die erhaltenen Fundamente und Fußböden wurden in den Jahren 1995–98 von der Stadtarchäologie Wien freigelegt. Es handelt sich um Baureste der ›Männerschul‹, dem zentralen Lehr- und Betraum der männlichen Gemeindemitglieder, sowie einem kleineren, vielleicht für die Frauen gedachten Raum.

In der Mitte des Hauptraums liegen die Fundamente der sechseckigen *Bima*, einer Art Kanzel, von der aus der Tora vorgelesen wurde.

14 Stanislaus-Kostka-Kapelle

Intimes Kabinettstück spätbarocker Ausstattung.

1., Kurrentgasse 2
Tel. 01/533 82 51
Besichtigung nach tel. Voranmeldung sowie 13.–20. Nov.
U-Bahn Stephansplatz (U1, U3); Bus 2A

Dieses Kleinod verbirgt sich in einem Zimmer im 1. Stock, in dem der 1726 kanonisierte polnische Heilige 1564–67 gewohnt hat, von seinen Eltern am Eintritt in den Jesuitenorden gehindert, vom Bruder argwöhnisch bewacht, krank und nach der Kommunion schmachtend. Die bereits 1582 zu seinem Andenken eingerichtete Kapelle wurde 1742 umgestaltet und mit reizvollem Stuck, 1840 mit einem **Altarbild** von Franz Anton Stecher ›Die Engelskommunion des hl. Stanislaus Kostka‹ versehen. Die **Blumenbilder** an den Wandschränken stammen wahrscheinlich von Joachim von Sandrart (17. Jh.). Ablass für Gläubige jedes Jahr am 13. November.

15 Uhrenmuseum

TOP TIPP

Tausende von Uhren von Gotik bis Gegenwart – faszinierende Sammlung und eine der größten in Europa.

1., Schulhof 2
Tel. 01/533 22 65
www.wienmuseum.at
Di–So/Fei 10–18 Uhr
U-Bahn Stephansplatz (U1, U3); Bus 1A

Reizender konnte man diese **Sammlung** nicht unterbringen als in dem frühbarocken, von 1690 stammenden Giebel-Palais des damaligen Stadtgarde-Kommandanten Marchese Obizzi, das schmal ins Gassengegabel hinter der Kirche Am Hof vorstößt. Zur vollen Stunde geht ein vielstimmiges Gebimmel und Gebammel durch die drei Stockwerke. Unerschöpflich war einst die Fantasie, die vergehende Zeit zu messen: überzeugend einfach zum Beispiel durch **Kerzenuhren**, die beim Abbrennen jede Stunde eine Bleikugel abwarfen, oder durch *Taschensonnenuhren* mit Kompass, hochkompliziert später etwa mit dem *Astronomisch-Chronologischen Mechanismus* des Michael Krofitsch (1810) oder der großen *Kunstuhr*

Zeit mag kostbar sein, die Mittel zu ihrer Messung aber auch, wie das Uhrenmuseum zeigt

von Franz Zajizek (1873). Aber schon die Augsburger **Monstranzuhr** von 1680 zeigte Mondphasen, Tierkreiszeichen, Monate, Datum und Uhrzeit an. Ehrfurcht gebietend das gewaltige, 700 Kilo schwere **Turmuhrwerk** von St. Stephan (1699), kurios die *Kugeluhr* fürs Himmelbett, bei der ein gebogener Zeiger die Ziffern am Äquator der Kugel abfährt, graziös die frühen *Zwiebeluhren*, eine Kollektion aus ganz Europa, einfallsreich die *Kleinuhren* des 18. und 19. Jh. in Apfel-, Birnen-, Violinenformen, elegant die *Wand- und Standuhren* des Biedermeier, lustig die **Bilderuhren** mit Wiener Motiven oder die *Figurenuhren* mit beweglicher Augenautomatik, erschreckend die historistischen *Bodenstanduhren*, ehern wie Denkmäler, stocknüchtern die neuzeitlichen *Quarzchronometer*.

16 Neidhart-Fresken-Haus

Früheste Profanfresken Österreichs.

1., Tuchlauben 19, 1. Stock
Tel. 01/535 90 65
www.wienmuseum.at
Di–So 10–13 und 14–18 Uhr
U-Bahn Stephansplatz (U1, U3);
Bus 1A, 2A, 3A

Der reiche Tuchmacher, der den Festsaal in seinem Haus 1398 opulent ausmalen ließ, hieß vergnüglicherweise Michel Mondschein (Menschein). Und vergnüglich waren auch die Motive der **Fresken** aus den damals so populären Liedern des Minnesängers Neidhart von Reuenthal, des drastischen Schilderers von Hof- und Bauernleben, der bis 1240 in Hofdiensten stand. Eines der Motive ist der bekannte Veilchenschwank: Der Sänger findet ein Veilchen, bedeckt's mit dem Hut, will's dem Herzog zeigen. Doch als er den Hut lüpft, liegt ein Kothaufen darunter, den ihm ein Bauernbubenstreich gepflanzt hat. Mahl und Tanz, Ballspiel oder Schneeballschlacht sind die anderen Motive. Auch handfester Sex: Ein Bauer vergreift sich an des Sängers Geliebten und entreißt ihr den (vieldeutigen) Spiegel. Der Freskant hatte bei all dem soviel höfischen Charme, dass sein Stil der Prager Wenzelswerkstatt nahe gerückt wird.

Das gotische **Haus** ist 1716 barock überbaut worden, wie viele Gebäude dieser wohlhabenden Zeile. Bei einem Umbau 1979 wurden die Fresken entdeckt, 15 m der ursprünglich wohl 30 m freigelegt und der Öffentlichkeit museal zugänglich gemacht.

17 Hoher Markt und Römermuseum

Römerzeit, Barock und Jugendstil vereint auf dem ältesten Platz Wiens.

U-Bahn Stephansplatz (U1, U3),
Schwedenplatz (U1, U4); Bus 2A, 3A;
Tram 1, 2

2000 Jahre Stadtgeschichte in der Nussschale! In der Römerzeit befanden sich am heutigen Hohen Markt die Offiziers-

Wenn Herzog Leopold und Gemahlin auf der Ankeruhr vorbeiziehen, schlägt's drei

häuser des 6000-Mann-Lagers *Vindobona*, gegründet 97 n. Chr. zur Sicherung der nördlichen Grenze des Imperiums. Die Ruinen jener Häuser sind noch heute an originaler Stelle im Keller des **Römermuseums** (Hoher Markt 3, Tel. 01/535 56 06, www.wienmuseum.at, Di–So/Fei 9–18 Uhr) zu bestaunen. Ferner kann man sich auf zwei weiteren Stockwerken dank einer Fülle von Alltags- und Kultgegenständen, 3-D-Visualisierungen, Wandgemälden und Grafiken ein Bild vom Leben im Römerlager sowie in der dazugehörigen Zivilstadt machen.

Im Mittelalter war der Hohe Markt das Zentrum der Stadt mit Fischmarkt, Schranne (Gericht), Narrenkotter und Pranger, später das Quartier des Bürgermeisters und der Honoratioren – was nicht hinderte, dass hier bis ins 18. Jh. Hinrichtungen vollzogen wurden. Noch Mozart hat in den 1780er-Jahren eine erlebt.

Adel gibt dem nach 1945 neu aufgebauten Platz der **Vermählungsbrunnen**, ein Denkmal, das Kaiser Leopold I. zu Ehren des hl. Joseph stiftete, weil sein Sohn Joseph wohlbehalten aus dem Spanischen Erbfolgekrieg heimkehrte. Johann Bernhard Fischer von Erlach wählte das seltene Motiv der Vermählung Marias mit Joseph, der Landespatrone Österreichs. Doch sein hölzernes Monument wich 1729–32 dem marmornen seines Sohnes Joseph Emanuel Fischer von Erlach. Dieser schuf einen Brunnen mit kolossalem Rundsockel, der die Gestalten des *Hohepriesters* und der *Vermählten* trägt, und überhöhte ihn durch eine bernineske Baldachinarchitektur aus Bronze mit krönender *Dreifaltigkeitsgruppe*: ein Werk voller Majestät und Liebenswürdigkeit. Baldachin: Johann Duval; Figuren: Antonio Corradini; Brunnen: Lorenzo Mattielli.

In der jugendstilprangenden **Ankeruhr** von Franz Matsch (1911/17) an der nordöstlichen Seite des Platzes zeigen zwölf Figuren die jeweiligen Stunden an. Um 12 Uhr spazieren sie hintereinander vorbei: I Marc Aurel, II Karl der Große, III Herzog Leopold und Gemahlin, IV Walther von der Vogelweide, V Rudolf I. und Gemahlin, VI Dombaumeister Puchsbaum, VII Maximilian I., VIII Bürgermeister von Liebenberg, IX Rüdiger von Starhemberg, X Prinz Eugen, XI Maria Theresia und Gemahl, XII Joseph Haydn.

18 Ruprechtskirche

Älteste Kirche Wiens, älteste Glasgemälde.

1., Ruprechtsplatz
Tel. 01/535 60 03
www.ruprechtskirche.at
Mo–Fr 10–12, Mo, Mi, Fr 15–17 Uhr
U-Bahn Schwedenplatz (U1, U4); Tram 1, 2

Anrührend, wie sich das düstere, sommers grün überrankte romanische Kirchlein hartnäckig zwischen Neubauten behauptet, frei nur noch vom Franz-Josefs-Kai zu sehen, steinalt, der Legende nach 740 gegründet, urkundlich 1161 erstmals genannt, höchstwahrscheinlich Zentrum der ›Reststadt‹ während der Völkerwanderungszeit.

Schichten des ehrwürdigen **Baus**: *Langhaus* und *untere Turmgeschosse*, teils aus römischen Baumaterialien errichtet, stammen aus dem 11., *obere Turmteile* aus dem 12., der polygonale *Chor* aus dem 13., das südliche *Seitenschiff* und das *oberste Turmgeschoss* aus dem 15. Jh.

Im **Inneren** eint sich ein holzgedeckter romanischer Saal mit rippengewölbtem gotischen Chor und Seitenschiff. Karger, doch wertvoller romanischer Rest der Ausstattung sind zwei **Glasscheiben** im Chor, die ältesten Wiens. Sie zeigen ›Kreuzigung‹ und ›Thronende Maria‹ (um 1300). Beachtenswert sind zudem die *Mondsichelmadonna*, das *Holzrelief* des hl. Ruprecht aus dem 16. und das *Triumphbogenkruzifix* aus dem frühen 18. Jh. Auf der Maßwerkbrüstung der Orgelempore steht Kaiser Friedrichs III. Devise AEIOU [vgl. S. 20]. Die sonstige Ausstattung stammt aus dem 18./19. Jh.

19 Synagoge

Einzige in der Nazizeit nicht vernichtete Synagoge Wiens.

1., Seitenstettengasse 2–4 (Hof)
Tel. 01/535 04 31
Führungen Mo–Do 11.30 und 14 Uhr (Ausweis mitbringen)
U-Bahn Schwedenplatz (U1, U4)

Weil eine Vorschrift des Vormärz verbot, nicht-katholische Gotteshäuser direkt an die Straße zu setzen, baute Josef Kornhäusel die Synagoge 1824–26 in den Hof des Hauses der Israelitischen Kultusgemeinde ein. Der enge Häuserverbund rettete sie 1938 vor der Vernichtung, der die anderen 14 Synagogen und rund 50 Bethäuser in Wien anheim fielen.

Der **Zentralbau** auf elliptischem Grundriss mit seinem würdigen, säulenumstandenen **Innenraum** unter der lichtvollen Kuppel gehört zu den bedeutenden Sakralwerken des klassizistischen Architekten, der hier zusammen mit seinem eigenen **Wohnhaus** (Nr. 2) und dem **Seitenstettenhof** (Nr. 5) ein geschlossenes spätklassizistisches Ensemble schuf.

Abendromantik um die Ruprechtskirche, vom Franz-Josefs-Kai aus gesehen

Die Synagoge ist ebenso spätklassizistisches Architekturjuwel wie würdevolles Gotteshaus

20 Griechenbeisl

Fünfhundertjähriges Gasthaus an einem der ältesten Verkehrswege Wiens. Touristentreff der Stadt.

1., Fleischmarkt 11/Griechengasse 9
Tel. 01/533 19 77
www.griechenbeisl.at
tgl. 11.30–1 Uhr
U-Bahn Stephansplatz (U1, U3), Schwedenplatz (U1, U4); Bus 2A

Das Gewinkel von Fleischmarkt und Griechengasse, pittoresk und viel fotografiert, ist das älteste in Wien: Sitz der Fleischhauer schon um 1200, später auch der griechischen Händler und der Reichenberger Tuchhändler.

Das weinumrankte Griechenbeisl steht mittendrin, die **Fassade** ist barockisiert (1709/84), aber der Erker spätgotisch und so auch der Baukern mit Rundstiege und malerischem Hof auf schmaler, tiefer Parzelle. Schon im 15. Jh. war es ein ›Beisl‹ mit wechselnden Namen, so gemütlich und berühmt, dass es später Grillparzer, Nestroy, Waldmüller, Brahms, Wagner u. a. zu

Wer berühmt ist oder es sein will, verewigt sich gern an der Wand des Griechenbeisl

seinen Gästen zählte, und manche davon haben ihren Namen an der Wand verewigt. Berühmt ist es um des *Lieben Augustins* willen, um den man beim Eintreten nicht herumkommt, denn er sitzt als Puppe im Kellerloch. Der Bänkelsänger aus der Pestzeit, der eine betrunkene Nacht in der Pestgrube unbeschadet überdauert haben soll, kreierte hier angeblich sein bekanntes Volkslied. Aber das ist alles schöne Mär: Nie ist bewiesen worden, dass es ihn gab, und das Liedchen entstand erst um 1800.

In der Griechengasse 7 steht im Hof der letzte **Gotische Wohnturm** Wiens, ein im 13. Jh. errichteter Geschlechterturm eines Stadtpatriziers.

21 Griechische Kirche Zur Hl. Dreifaltigkeit

Byzantinisierender Bau mit ostkirchlichem Sakralraum.

1., Fleischmarkt 13
Tel. 01/535 78 82
U-Bahn Stephansplatz (U1, U3), Schwedenplatz (U1, U4); Bus 2A

Auffallend fremdartig wirkt der durch einen **Kuppelturm** gekrönte Rohziegelbau dieser Kirche: sehr viel Gold, sehr viel farbige Ornamentik – alles in byzantinischen Formen. Peter Mollner erbaute sie 1787, Theophil von Hansen erweiterte sie 1861 durch den Vorbau. In der großen Vorhalle *Wandgemälde* von Carl Rahl, im Kirchenraum *Fresken* von Ludwig von Thiersch (beides um 1860) sowie eine eindrucksvolle *Ikonostasis* des 18. Jh. An der *Kanzel* Doppeladler als Dankeszeichen für Kaiser Joseph II., der durch das Toleranzpatent für freie Religionsausübung von 1781 den Bau ermöglichte.

Die Dankschrift für den Kaiser an der aufwändigen Fassade des sog. **Toleranzhauses** gegenüber (Nr. 18) ist allerdings stilistisch etwas verknorzt: »Vergänglich ist dies Haus, doch Josephs Nachruhm nie. Er gab uns Toleranz, Unsterblichkeit gab sie!«

22 Schwindhof

Spätbarockes Wohnhaus, Geburtsstätte Moritz von Schwinds.

1., Fleischmarkt 5
U-Bahn Stephansplatz (U1, U3), Schwedenplatz (U1, U4); Bus 2A

Dieses Bürgerhaus von 1718 besitzt ein wahres Schmuckstück von **Fassade**, reich verziert mit feinen Fenstergiebeln, Kartuschen und Ornamentstreifen, dazu ein *Madonnenrelief* über dem reizvollen Portal – inzwischen führt er in einen Lebensmittelhandel.

Hier kam der spätromantische Maler Moritz von Schwind am 21. Januar 1804 als Sohn eines k. k. Hofsekretärs zur Welt. Er studierte an der Akademie bei Schnorr von Carolsfeld, war aber dann vor allem in München tätig, wo er 1871 starb. In Wien schuf er vor allem seinen späten (1867) Monumentalzyklus für die Wiener Staatsoper [Nr. 93].

23 Postsparkassenamt

Wegweisende moderne Architektur: Meisterwerk Otto Wagners.

1., Georg-Coch-Platz 2
Tel. 01/53 45 33 30 88
www.ottowagner.com
Mo–Fr 9–17, Sa 10–17 Uhr
U-Bahn Schwedenplatz (U1, U4) oder Stubentor (U3); Tram 1, 2

Ämter solcher Art pflegen stets nüchtern zu sein, doch diese Sachlichkeit ist von edelster Art. Daran konnten auch die Wandlungen im Bankgewerbe und die Umfirmierung der Postsparkasse in Bawag P.S.K. nichts ändern.

Dem kubischen Baublock gibt nur der hervortretende Mittelteil der **Fassade** mit Hauptportal einen architektonischen Akzent, aber allein die Marmor- und Gra-

Im Zeichen des Kreuzes – Blick in den Innenraum der Griechischen Kirche am Fleischmarkt

nitplatten-Verkleidung mit ihren auffallenden Nieten ist Augenfang genug. Die 1700 Nieten sind kein Schmuck, sondern streng funktional zur Befestigung der Platten da, Schmuck sind lediglich die beiden Aluminium-Ladies mit Schutzengelgeste auf dem Dach (von Othmar Schimkowitz).

Der dreischiffige glasdachüberwölbte **Große Kassensaal** empfängt den Gast mit großer Geste. Hier wurde schon 1904–06 vorgeführt, wie technische Einzelheiten (Heizung) in ihrer Funktionalität und zugleich kühlen Schönheit verwirklicht werden können (1912 erweitert). Wagner hatte bereits mit den beiden Stadtbahn-Pavillons und der Steinhof-Kirche Neues gewagt, aber noch nicht jene ornamentlose Verbindung von Zweck und Ästhetik.

Weitere Details erfährt der Besucher in dem Museum **Wagner:Werk-Museum Postsparkasse.** Es wurde im anschließenden Kleinen Kassensaal eingerichtet. Gebäudemodelle sind zu sehen sowie Pläne Wagners. Außerdem wird ein Film über sein Lebenswerk gezeigt.

Elegante Funktionalität zeigt der Große Kassensaal der Postsparkasse von Otto Wagner

24 Dominikanerkirche

Aufwendigster Kirchenraum des Wiener Frühbarock.

1., Postgasse 4
www.dominikaner-wien.at
U-Bahn Stephansplatz (U1, U3), Schwedenplatz (U1, U4); Bus 1A; Tram 1, 2

Römischer Barock prägt die Giebel- und Pilaster-**Fassade** der Dominikanerkirche Santa Maria Rotunda, 1631 begonnen und erst 1674 vollendet (Architekt unbekannt), dritter Kirchenbau der seit 1226 hier ansässigen Dominikaner. Mit starkplastischer *Stuckdekoration* des Wiener Frühbarock hingegen prunkt im **Innern** die Decke der Saalkirche, in den Feldern des Langhauses von Matthias Rauchmiller, im Chor von Carpoforo Tencala mit mariologischen *Fresken* gestaltet. Das **Hauptaltarbild** des Romantikers Kupelwieser, ›Maria als Königin des Rosenkranzes‹ (1839), weist auf die Einsetzung des Rosenkranzfestes nach der Schlacht von Lepanto hin. Die **Kanzel** ist demselben Thema gewidmet. In der Dominikus-Kapelle im Querschiff rechts *Grabstätte* (www.kaisergruft.at) von Claudia Felicitas, Gemahlin Kaiser Leopolds I., und *Dominikus-Bild* von Tobias Pock (17. Jh.). Prächtige süddeutsche *Barockorgel*.

25 Österreichische Akademie der Wissenschaften

Bedeutendster profaner Rokokobau Wiens.

1., Dr.-Ignaz-Seipel-Platz 2
Tel. 01/515 81 14 00
www.oeaw.at
Mo–Fr 7–18 Uhr, aber bei Veranstaltungen geschlossen
U-Bahn Stubentor (U3)

Die Jesuiten, seit 1623 für die Universität zuständig, erbauten Alte Universität und Kirche bis 1627. Unter Maria Theresia schloss dann der Bau der Universitäts-Aula 1755 den Platz gleichsam zum ›Bühnenbild‹. Hundert Jahre später zog die Akademie der Wissenschaften hier ein. Der Franzose Nicolas Jadot de Ville-Issey, als Hofarchitekt Franz von Lothringens hierher gekommen, nahm den Pariser Palastbau zum Vorbild für seine Rokoko-Meisterarchitektur: Anmutig, wie bei der **Hauptfassade** die Seitenrisalite mit Giebeln und Wandbrunnen, wie die Mitte durch eine zurückgesetzte Loggia mit Freisäulen belebt ist. Dämonische *Kopfmasken* prangen über den Erdgeschossbögen, weibliche Allegorien der *Medizin* (links) und *Jurisprudenz* (rechts) auf den Giebeln. Die lang gestreckten Seitenflügel sind gleichfalls reich akzentuiert.

Sehenswert sind das feierliche **Vestibül** sowie der in Kunstmarmor, Stuck und Plastiken schwelgende **Festsaal** mit Gregorio Guglielmis aufwendigem *Deckenfresko*, die Allegorien der vier Fakultäten darstellend. Weit zarter, das eigentliche Kleinod, ist das *Deckengemälde* von Franz Anton Maulpertsch (um 1756) im intimen **Johannessaal** (meist verschlossen, der Pförtner öffnet auf Anfrage). Seine dramatische *Taufe Christi*, der eine höfische Gesellschaft und damenhafte Engel beiwohnen, ist auf feines Grün, Rosa und Blau gestimmt. Kartuschen und Stuck sind gar rokokoschaumig – gemalt.

Schräg gegenüber dient ein historischer Repräsentationsbau der Alten Universität als **Aula der Wissenschaften** (Wollzeile 27a/Bäckerstraße 20), ein Kommunikations- und Begegnungszentrum mit zeitgemäßer Infrastruktur für die Präsentation aktueller Forschungsleistungen und wissenschaftliche Veranstaltungen.

26 Jesuitenkirche

Andrea Pozzos Geniestreich: effektvolle Verwandlung von früh- in hochbarocke Raumwirkung.

1., Dr.-Ignaz-Seipel-Platz
Mo–Sa 7–19, So 8–20 Uhr
U-Bahn Stubentor (U3)

Der Wiener Hochbarock liebte den Zentralkuppelbau. Als der berühmte Architekt und Maler Andrea Pozzo, ein zuvor in Rom tätiger Laienbruder der Jesuiten, die frühbarocke Kirche (1623) hochbarock umgestaltete (1703–07), kam er dieser Vorliebe listig entgegen: Er malte eine monumentale **Scheinkuppel** ins Tonnengewölbe des Langhauses, täuschend perspektivisch, wenn man genau darunter steht, reichlich verzogen, entfernt man sich wenige Schritte von der weißen Steinmarkierung im Pflaster, schier wie

Architektonisches Vexierspiel: Illusionistische Deckenmalerei im Gewölbe der Jesuitenkirche

EST
MARIA
GAVDENT
ANGELI

eine architektonische Parodie anmutend. Durch illusionistische *Malereien im Gewölbe* unterstrich er noch den Eindruck eines Zentralkuppelbaus. Vom Eingang: ›Anbetung der Hirten‹, ›Engelssturz‹, Scheinkuppel, Engel, ›Ruhe auf der Flucht‹, ›Dreifaltigkeit‹, ›Glaube – Liebe – Hoffnung‹ (stark überarbeitet).

Den flächenbetonten **Längsraum** überzog er mit dekorativer plastischer Masse, baute vor die Seitenkapellen Paare von mächtigen Schraubensäulen im Wechsel mit geraden Säulen, ließ sie vorschwingende Brüstungen tragen, und gab dem so rhythmisierten Raum einen *Hochaltar*-Abschluss von pompöser Wirkung. Im *Altarblatt* ›Mariae Himmelfahrt‹ verlieh er seinem Namenspatron Andreas (links unten) sein eigenes Konterfei. Die *Altarbilder* in den je vier gleich ausgestalteten **Seitenkapellen** stammen aus Pozzos Werkstatt. Die Themen (vom Eingang): 1. Philosophie (links) und Theologie (rechts), 2. hl. Ordensfamilie und hl. Familie, 3. Schutzengel und hl. Leopold, 4. Lebensweihe und Todesweihe. In die strenge, schön gegliederte Frontalität der frühbarocken **Fassade** griff Pozzo nicht ein, verlieh ihr lediglich durch Türme mit ausbündigen Helmen Wucht.

27 Schönlaterngasse

Romantische Altwiener Gasse mit schönen Barockfassaden und sagenträchtiger Vergangenheit.

U-Bahn Stephansplatz (U1, U3), Schwedenplatz (U1, U4)

Eine schmiedeeiserne **Schöne Laterne** (Kopie; Original des 18. Jh. im Wien Museum Karlsplatz) am Haus Nr. 6 gab der Straße den Namen. Die meisten ihrer Häuser gehen auf einen alten, vielfach gotischen Baukern zurück und wurden im 17./18. Jh. barock umgestaltet. Dank vieler Restaurants und Kneipen macht das Bummeln hier Spaße!

In dem alten Quartier, einst Siedlung an der Fernhandelsstraße mit Ungarn, blühten die Sagen. Berühmtester Sagen-Unhold ist der Basilisk, eine dem Ei entschlüpfte Mischung aus Hahn und Kröte mit Giftatem und tödlichem Blick, der 1212 tief in einem Brunnen des **Basiliskenhauses** (Nr. 7) entdeckt worden sein soll. Ein Bäckergehilfe soll sich um der von ihm geliebten Bäckerstochter willen ein Herz gefasst und dem Untier den Spiegel vorgehalten haben: Es versteinerte vor seinem eigenen Anblick. Die ›Versteinerung‹ ist an der Fassade zu sehen (in Wirklichkeit ein natürliches Sandsteinkonglomerat), darunter ein *Sgraffito* mit der Darstellung der Sage.

Das Kulturzentrum **Alte Schmiede** (Tel. 01/512 83 29, www.alte-schmiede.at) im Haus Nr. 9 war einst Schmiedewerkstatt, gelegentlich kann man an alten Gerätschaften selbst Hand anlegen.

28 Heiligenkreuzerhof

Höchst malerischer, bis zur Romanik zurückgehender Barockhof mit bezaubernder Kapelle.

1., Eingang Schönlaterngasse 5
oder Grashofgasse 3
U-Bahn Stephansplatz (U1, U3); Bus 1A

Überraschend tut sich inmitten enger Gassen der weite, schön proportionierte, strahlend barockgelbe **Hof** auf, der Name

Unterweltgeheimnis

Der **Zwölf-Apostelkeller**, der sich im Hildebrandthaus befindet, ist ein altes, heute jung und international bevölkertes Weinlokal, fern von modischem Klimbim, voll jener Kellerluft, von der der Wein sein Geheimnis, nicht weniger seine Wirkung bezieht. Und wenn's drei Stockwerk hinunter geht, ahnt man etwas vom Unterweltgeheimnis Wiens, das unterminiert ist von Römerruinen, Gruftkammern, habsburgischen Geheimgängen, Kanalsystemen und Weingewölben. Und zur Weinlaune gibt's deftige Wiener Küche [s. S. 170].

Die Laterne weist den Weg – zum Abstieg in den Zwölf-Apostelkeller

Im Innenhof des ›König von Ungarn‹ kann der Gast seine Mußestunden verbringen

und Entstehung im 13. Jh. dem Zisterzienserstift Heiligenkreuz verdankt. Ein *romanisches Haus* jener Zeit hat sich rechts vom Portal zur Schönlaterngasse gut erhalten. Aus mehreren Häusern und Höfen zusammengewachsen, erhielt der Hof im Wesentlichen zwischen 1659 und 1676 von Abt Clemens Schäffer seine heutige Gestalt (Initialen ACS mehrfach sichtbar), die im 18. Jh. hochbarock erneuert wurde.

Die einfachen Fronten sind auf einer Seite fein belebt durch die figurenbesetzte Mauer des *Prälatengärtleins* und das *Portal* der **Bernhardskapelle**, die einen intimen Barockraum birgt. Der Hochbarock-Bildhauer Giovanni Giuliani, von dem auch Portal und Mauerskulpturen stammen, schuf dafür die *Altarfiguren* der hll. Leopold und Florian sowie den bewegend ausdrucksvollen *Annenaltar*, seine Werkstatt den *Josephsaltar*. Von Martino Altomonte, der im Heiligenkreuzerhof seinen Lebensabend verbrachte und als Mietzins zuweilen ein Bild malte, stammt das *Altarblatt* ›Maria erscheint dem hl. Bernhard‹ (alles um 1730). Auch der Schauspieler und Kabarettist Helmut Qualtinger (1928–1986) zählten zu den prominenten Bewohnern dieser stillen Hofidylle.

29 Hildebrandthaus

Ungarnhandel und Bürgerbarock.

1., Sonnenfelsgasse 3
U-Bahn Stephansplatz (U1, U3);
Bus 2A

Zwischen Sonnenfelsgasse und Bäckerstraße lag seit 1100 der Markt der Vorstadt für den Ungarnhandel, um den deutsche Kaufleute ihre Herbergen und Depots einrichteten. Allmählich entstanden so die beiden Straßen mit dem Platz *Lugeck* am Beginn (*Gutenberg-Denkmal* von Hans Bitterlich, 1902). Der Umbau im Spätbarock geriet opulent und vielfach im Geist Hildebrandts, waren doch die reichen Bürger bemüht, dem Adel und dessen Palastarchitekten nachzueifern. So im Hildebrandthaus, das der Baumeister jedoch keineswegs bewohnte: Es wird so genannt, weil die **Fassade** nach seiner Art zu bewegt dekorierter Fläche gestaltet ist, umso graziöser, als sich bereits Rokokoelemente ins Barock von 1721 mischen. Hauszeichen ist die sog. Mariazeller Muttergottes.

30 Zum König von Ungarn

TOP TIPP

Einer der ältesten Gasthöfe Wiens mit einladender Barockfassade.

1., Schulerstraße 10/Domgasse 7
Tel. 01/515840
www.kvu.at
U-Bahn Stephansplatz (U1, U3); Bus 1A

Im reizvollen Gewinkel östlich des Doms liegen Schulerstraße und Domgasse parallel eng nebeneinander. Dort befindet sich im Haus Zum König von Ungarn, im 16. Jh. gebaut, eine der ältesten Einkehren, einladend gewiss seit je in seiner breiten

Behaglichkeit, welche die *Barockfassade* des 18. Jh. noch erhöhte.

Heute verbirgt sich hinter dem traditionsreichen Namen ein Vier-Sterne-Hotel [s. S. 180] mit glasüberdachter Lounge statt des früheren Hofs. Hier wird im Restaurant neben internationaler in erster Linie jene ›historische‹ Wiener Küche gepflegt, die aus der kosmopolitischen Buntheit der Monarchie hervorging, vor allem die hochnuancierte Rindfleischküche von Beinfleisch bis Tafelspitz. An deren Entstehung war übrigens nicht allein der Gaumen, sondern zuerst einmal die wirtschaftliche Maßnahme von 1906 Schuld, österreichisch-ungarische Rinderzüchter gegen serbische Schweinezüchter auszuspielen.

Um beim Thema zu bleiben: Dass in der Domgasse, hinter dem Hotel, im **ehem. Kleinen Bischofshof** (Nr. 6; *Spätbarockfassade* von Matthias Gerl, 1760) des Kundschafters Kolschitzky erstes Wiener Kaffeehaus gewesen sein soll, ist Sage. Heute weiß man, dass der Armenier Johannes Diodato 1685 am Haarmarkt den ersten Wiener Kaffee braute.

31 Mozarthaus Vienna

TOP TIPP

Einzige als Gedenkstätte erhaltene Mozart-Wohnung in Wien.

1., Domgasse 5
Tel. 01/512 17 91
www.mozarthausvienna.at
tgl. 10–19 Uhr
U-Bahn Stephansplatz (U1, U3); Bus 1A

Gehetzter Mozart! In Wien hatte er 1781–91 zwölf Quartiere. Nicht nur die Mietpreise, auch seine Unrast trieben ihn. Die knapp drei Jahre (1784–87) in dieser Wohnung waren schon sein Stetigkeitsrekord. Er komponierte den ›Figaro‹ in diesem danach benannten ›Figarohaus‹. Einst hatte das schöne Altwiener Barockhaus dem Stuckateur Albert Camesina gehört, dessen Stuckreliefs (1720–40) Mozart in seinem Arbeitskabinett umgaben. Sein Hausstand war opulent: 4 Zimmer, 2 Kabinette, Küche, Zuräume. Haydn besuchte ihn hier, der junge Beethoven, der Oboist Fiala, der Violinist André; er hatte Schüler in Logis. Diese Wohnräume bilden heute den authentischen Kern der hier eingerichteten Gedenkstätte Mozarthaus Vienna. Auf drei weiteren Ausstellungsebenen werden Leben und Werk des Musikgenies mit zahlreichen Details beleuchtet. Zu sehen sind Porträts der Angehörigen, Gönner, Freunde, die Noten, Programmzettel, Theaterpersonnage: die Genese des ›Figaro‹ vom Beaumarchais-Lustspiel bis zu den Partiturseiten Mozarts, die feinen *Schwind-Zeichnungen* zum ›Figaro‹ (1825), die kolorierten Kupferstiche zur ›Zauberflöte‹ von Joseph und Peter Schaffer (1793) sowie die 1828 erschienene *Mozart-Biografie* von Constanzes zweitem Mann, dem dänischen Legationssekretär Nissen. Ein Café und Museumsshop im Erdgeschoss und ein eigener Veranstaltungsbereich runden das Programm der Gedenkstätte ab.

Die düstere **Blutgasse**, in die Domgasse mündend, wird mit der Ermordung der hier ansässigen Tempelritter (1312) in Verbindung gebracht: schiere Mär! Der mittelalterliche, 1818 umgebaute Häuserkomplex des **Fähnrichshofs** (Durchgang Haus Nr. 3) ist ein Beispiel gelungener moderner Sanierung. Die Höfe mit Balkon(um)gängen zu den Wohnungen heißen *Pawlatschen* (aus dem Italienischen: parvula loggia).

32 Deutschordenshaus mit -kirche

Weitläufiger Komplex mit stimmungsvollen Innenhöfen. Sehr bedeutende Schatzkammer.

1., Singerstraße 7
Tel. 01/51 21 06 52 14
www.deutscher-orden.at
Schatzkammer: Di, Do, Sa 10–12, Mi, Fr 15–17 Uhr
U-Bahn Stephansplatz (U1, U3)

Herzog Leopold VI. rief den 1198 gegründeten Deutschen Ritterorden um 1205 nach Wien und siedelte ihn östlich von St. Stephan an. Den vielfach erneuerten mittelalterlichen Baukomplex vereinheitlichte Carlo Carlone 1667; Anton Erhard Martinelli gab ihm 1725 seine heutige Gestalt. Weitläufig zwischen Stephansplatz und Singerstraße (Hauptfront) gelegen, gruppiert er sich um zwei malerische **Innenhöfe:** gotische Grabsteine, Steffl-Blick, Teestunde unter Markisen, Gedenken an Mozart und Brahms, die beide hier wohnten. Eben hier bekam Mozart, als er sich 1781 aus den verhassten Diensten des Salzburger Fürstbischofs löste, von dessen Kammerdiener Arco den berühmten ›Tritt im Hintern‹.

Hier wohnte Mozart: Das Mozarthaus Vienna widmet sich Leben und Werk des Musikgenies

Bei den erwähnten Umbauten wurde die **Deutschordenskirche St. Elisabeth** in die Straßenfront einbezogen und durch eine giebelbekrönte Zusammenfassung dreier Fenster außen hervorgehoben. Der *Raum* ist gotisch schmal, aber barock ausgerundet, die Fenster sind spitzbogig belassen, die leichten Sterngewölbe durch Stuckrippen angereichert: eine seltsame, doch reizvolle Verschwisterung von Gotik und Barock, mit Absicht vollzogen, 1868 durch neugotische Renovierung verstärkt, bei der auch der Spitzturm aufgesetzt wurde.

Unter Tobias Pocks barockem *Altarbild* der Ordenspatrone Maria, Elisabeth, Georg und Helena (1668) steht ein gotischer *Flügelaltar* aus Mecheln mit reliefierten und gemalten Passionsszenen (1520), der über Danzig und Troppau hierher kam. Höchst qualitätvoll ist beim Eingang ein von dem Humanisten Cuspinian 1515 gestifteter *Renaissancealtar* in der Wand mit den hll. Anna, Agnes, Johannes sowie Loy Herings *Renaissance-Grabmal* für Jobst Truchsess von Wetzhausen mit dem ›Abschied Jesu von seiner Mutter‹ (der Tod schießt auf den Stifter!) von 1524.

In der **Schatzkammer des Deutschen Ordens** (1. Tor, 1. Stiege, 2. Stock) dokumentiert der Ordensschatz, der nach der Aufhebung des Ordens durch Napoleon 1809 hierher kam, die bewegte Geschichte der Glaubensgemeinschaft und die Kunstverbundenheit seiner Mitglieder.

33 Palais Neupauer-Breuner

Aufwendiges Bürgerpalais mit Monumentalportal.

1., Singerstraße 16
U-Bahn Stephansplatz (U1, U3)

Mögen die Atlanten auch unter der Last der Balustrade, Herkules unter der des Antäus, Äneas unter der des Anchises gefesselt sein – entfesselt ist die plastische Bewegtheit dieses **Portal**-Aufbaus, das Fischers Portal der Böhmischen Hofkanzlei ins Voluminöse übersetzt, indes die flächenhaft ornamentierte Gliederung der Palais-**Fassade** Hildebrandts Art nacheifert. Stadtoberkämmerer Neupauer ließ ihn von einem unbekannt gebliebenen Architekten 1715–16 bauen, um ihn zu vermieten; später gehörte er der Adelsfamilie Breuner.

34 Palais Rottal

Edles Spätbarockpalais: Abgesang der Wiener Palastbaukunst.

1., Singerstraße 17
Der Sitz der Finanzprokuratur ist nicht öffentlich zugänglich
U-Bahn Stephansplatz (U1, U3)

Zurückhaltend sind die beiden *Portale* dieses Palais, kaum hervortretend, nur dominant durch die *Figuren* auf gesprengten Bögen und wegen köstlicher *Fensterbekrönungen*. Die **Fassade** gliedert ein subtiles, betont lineares Relief. Der vermutliche Architekt Franz Hillebrand hat hier den Spätstil seines Lehrers Hildebrandt fortgeführt. Er fasste 1750–54 Teile des Palais Rottal und ein Armenhaus für die Unterbringung der Staatsschuldenkassa zusammen. 1842 wurde das Gebäude um ein Stockwerk erhöht und die Attika mit Figuren vom Stadtpalais des Prinzen Eugen geschmückt. Sehenswert sind das **Säulenvestibül** und das schön stuckierte **Stiegenhaus**. Heute ist hier ein Amtsgebäude untergebracht.

35 Franziskanerkirche Zum Hl. Hieronymus

Interessanter Bau mit Elementen der Nachgotik und Renaissance. Barockausstattung.

1., Franziskanerplatz 4
U-Bahn Stephansplatz (U1, U3); Bus 1A

Die seit 1451 in Wien ansässigen Franziskaner bezogen 1589 das niedergegangene Büßerinnenkloster (mit Umerziehungshaus für Prostituierte). Die weitgehende Erneuerung des aus dem 14. Jh. stammenden Komplexes stand am Beginn der gegenreformatorischen ›Klosteroffensive‹ des Kardinals Khlesl und folgte der Idee, teils bewusst auf die inbrünstig fromme Gotik zurückzugreifen, teils süddeutsche Renaissanceformen aufzunehmen (1603–1614, Leitung Pater Daum). Die Renaissance-Giebel-**Fassade**, an St. Michael in München angelehnt, aber mit spitzbogigen Fenstern versehen, schmücken Statuen und Obelisken, zuoberst der hl. Hieronymus mit Dreifaltigkeitssymbol.

Der einschiffige **Innenraum** mit polygonalem Chor vereint gotisierende Bauelemente (Strebepfeiler, Gewölbe) mit barocker Ausstattung des 18. Jh. (Pfeilerstuck, Orgelempore, Einrichtung). Auffallend in seiner Bühnenwirkung ist der **Hochaltar** des trickreichen Pozzo: Der Triumphbogenaufbau ist im vorderen Teil plastisch gearbeitet, im hinteren illusionistisch gemalt (1707). Die Axt in der Schulter der *Gnadenmadonna* am Altar (um 1500, böhmisch) erinnert an die Bilderstürmer der Reformation, die sie der Sage nach zerstören wollten. Hervorhebenswert ist der **Sebastiansaltar** mit Statue von Matthias Steindl, 1696 (1. Kapelle links), die *Engelssturz-* und *Franziskus-Bilder* des Kremser Schmidt, 1725 und 1722 (3. und 4. Kapelle links), oder Carlo Carlones *Kreuzigungsbild* (3. Kapelle rechts).

36 Ronacher

Musical-Theater mit Vergangenheit.

1., Seilerstätte 9
Tel. 01/514110
www.musicalvienna.at
U-Bahn Stephansplatz (U1, U3); Tram 2

Das Ronacher ist eine erfolgreiche Musical-Bühne. Dem Flitterglanz-Namen ›Etablissement Ronacher‹ entspricht eine amüsierlich aus vielen Stilen zusammengewürfelte Plüsch- und Pleureusen-Architektur von 1888. Die berühmten Theaterarchitekten Fellner und Helmer zeichneten für sie Verantwortlich. Bunt changierend ist die Vergangenheit des Hauses. Unter dem Unternehmer Anton Ronacher vereinte es Varieté, Ballhaus, Hotel, Bar und Kaffeehaus.

37 Winterpalais des Prinzen Eugen

Imponierendster der Stadtpaläste mit ungeklärter Zukunft.

1., Himmelpfortgasse 6–8
Tel. 01/51433
Der Sitz des Finanzministeriums wird renoviert, wird aber auch künftig nicht zu besichtigen sein.
U-Bahn Stephansplatz (U1, U3); Bus 3A

Indes die von Faltenwürfen umloderten Atlanten ihre kolossalen Muskulaturen dekorativ verrenken, lehnt Herkules mit gelassener Hausherrengeste in der Nische überm Treppenabsatz. Hausherr ist er in der Tat: Sein Bild regiert hier. Schon das vor Maskulinität strotzende Stiegenhaus lässt keinen Zweifel: Dies ist die Residenz eines Granden.

1683 kommt Prinz Eugen mit 20 Jahren mittellos nach Wien, um sein Soldatenglück zu suchen. 1693 ist er Feldmarschall. Wenig später beauftragt er den aus Rom heimgekehrten Johann Bernhard Fischer von Erlach mit dem Palastbau von sieben Fensterachsen Länge. 1702 wechselt er zu Lukas von Hildebrandt über, den er auf dem Italienfeldzug kennengelernt hat. Bei seiner Vollendung hat das Palais 17 Achsen und drei Portale: aristokratische

Einst durchschritt Prinz Eugen die in Gold gefassten Raumfluchten seines Winterpalais', heute beflügelt das edle Ambiente fleißige Finanzbeamte zweifellos zu Höchstleistungen

Untertreibung gilt nicht mehr. Der Präsident des Hofkriegsrats empfängt hier Gesandtenaufzüge ohnegleichen. Sie tagen in den Prunkräumen zur Gasse. Der Prinz wohnte zu den Höfen hin. Dort starb er 1736. Seine Nichte und Erbin, Viktoria von Sachsen-Hildburghausen, verkaufte das inzwischen all seiner Kostbarkeiten ledige Palais 1752 an Maria Theresia für die Montanbehörde.

Derzeit wird der Bau für das Finanzministerium saniert. Da die Kosten aber jeden Rahmen zu sprengen drohen und die barocken Prunkräumen nicht mehr den Anforderungen moderner Büroarbeit entsprechen, ist die Rückkehr derzeit nicht gewährleistet.

Die **Fassade** ist ein Wunderwerk aus Bewegtheit und zugleich Distinktion. Auffallend die Portalrahmung durch *Relieftafeln*: Äneas und Anchises, Herkules und Antäus, Achill und Hektor, Perseus, Darstellungen von Krieg und Frieden (von Mattielli u.a.).

Fischers **Treppenhaus** – sein kühnstes! – lässt engen Raum raffiniert zu grandio-

Im Haus der Musik kann der Besucher in die Rolle eines Dirigenten schlüpfen

ser Wirkung kommen: Der dunklere Herkules-Bereich (*Atlanten*: Giuliani) öffnet sich zum strahlenden Apoll-Bereich mit dem Sonnengott-*Deckengemälde* von Dorigny und elegantem *Stuck* von Santino Bussi. Herkules und Apoll, Kraft und Kunst, sind Eugens Symbole.

Die Finanzbeamten konferierten im **Schlachtenbildersaal** und sind dabei von Prinz Eugens Siegen umgeben, gemalt von Jacques Ignace Parrocel. Im fabelhaften **Goldkabinett** schüttet Francesco Solimena sein Blumenfüllhorn über ihnen aus, im **Blauen Salon** vermählt sich vor ihren Augen Herkules mit Hebe (Louis Dorigny), im **Roten Salon** zieht der Held triumphal in den Olymp ein (Marcantonio Chiarini und Andrea Lanzani).

38 Savoysches Damenstift

Weiblicher Schmelz an der Fassade und dem Brunnen.

1., Johannesgasse 15
U-Bahn Stephansplatz (U1, U3)

Wiens Brunnenthemen sind auffallend einfallsreich: Nur der Bibelfeste kennt die Witwe von Sarepta. Im **Hof** dieses 1688 erbauten Palais, in dem Herzogin Theresia von Savoyen-Carignan um 1770 ein Damenstift einrichtete, sehen wir die Witwe als anmutige **Brunnenfigur** mit dem Krug hantieren: Der Prophet Elia ließ ihr in Gottes Auftrag das Öl darin nicht ausgehen. Jener Prophet ist im *Giebelrelief* zugegen und das *Fresko* darüber zeigt die prachtvoll die Strahlen der göttlichen Erkenntnis spiegelnde Weisheit als ein bezaubernd weibliches Thema. Die herrliche **Wandbrunnenanlage** mit Bleigussfiguren ist ein gemeinsames Werk des Allgäuers Johann Martin Fischer und des berühmten Franz Xaver Messerschmidt, beide zwischen Spätbarock und Klassizismus angesiedelt (1766–70). Die von gestikulierenden Engeln emporgehobene *Maria Immaculata* in einer Nische an der **Fassade** des Damenstifts, unübertrefflich in Mädchenhaftigkeit und Musikalität, ist ein weiteres Meisterwerk Messerschmidts in Bleiguss (1768). Der Wiener Barock sei von weiblichem Schmelz? Hier mag man dieser These von Herzen zustimmen.

39 Haus der Musik

Einmal die Wiener Philharmoniker dirigieren – hier wird jeder zum Maestro, wenn auch nur virtuell.

1., Seilerstätte 30
Tel. 01/513 48 50
www.hdm.at
tgl. 10–22 Uhr
U-Bahn Stephansplatz (U1, U3)

›Musik zum Anfassen‹ verspricht das interaktive **Klangmuseum**, das im ehemaligen Palais des Komponisten Otto Nicolai (1810–1849) beheimatet ist. Tatsächlich sind Besucher aufgefordert, in den zahlreichen Sälen der fünf modern ausgebauten Etagen die Welt der Musik und des Hörens zu erkunden: Riesige *Instrumente* laden zum Musizieren ein, in der *Sonosphere* dreht sich alles um Töne, mit dem *Walzer-Würfelspiel* komponiert auch der Unmusikalischste im Handumdrehen einen eigenen Wiener Walzer und am *interaktiven Dirigentenpult* kann man sich wie Herbert von Karajan vor den Wiener Philharmonikern fühlen.

Historisch ausgestattete *Museumsräume* laden zu einer musikalischen Zeitreise ein und stellen anhand von originalen Notenblättern, Einrichtungen und anderen Erinnerungsstücken die großen Komponisten Wiens von Joseph Haydn bis Arnold Schönberg vor.

40 Grillparzer-Raum im Hofkammerarchiv

Einziger originaler Gedenkraum an den Dichter.

1., Johannesgasse 6/Annagasse 5
Tel. 01/79 54 04 12
www.oesta.gv.at
Besichtigung nach tel. Vereinbarung
U-Bahn Karlsplatz (U1, U2, U4) oder Stephansplatz (U1, U3); Bus 4A, 59A; Tram 1, 2, D, 62

Neugierig ins Hofkammerarchiv eintreten und eine Prise Atmosphäre schnuppern: Hier war der Jurist Franz Grillparzer (1791–1872) in den Jahren 1832–56 Direktor. Zwischen Archivräumen voller Faszikeln des Finanzhofs sein enges, biedermeiermöbliertes Bureau. Er stöhnte: »Dieses Archiv wird mich unter die Erde bringen«, hypochondrierte: »Gestern fiel ich von der obersten Sprosse der Leiter«, schwor sich »jeden Tag, und zwar gerade im Amtslokale etwas Poetisches zu arbeiten«. Und wirklich schuf der Meister der Bühne just hinter diesem k. k. ärarischen Schreibtisch viele seiner psychologisch so hellsichtig gestalteten ›modernen‹ Figuren von der Libussa bis zur Jüdin. Das Archiv ist heute noch tätig, birgt Vorgänge eines Riesenreichs. Im zweiten Hof des einstigen Klostergebäudes ist ein vielfiguriges gotisches Madonnen-Steinrelief (1482) beachtenswert.

41 Annakirche

Intime Barockkirche mit Gran-Fresken.

1., Annagasse 3b
U-Bahn Karlsplatz (U1, U2, U4); Bus 4A, 59A; Tram 1, 2, D, 62

Der schön geformte Barockturm lockt in die schmale Gasse. Die Kirche ging aus der Annenkapelle eines Pilgerhauses hervor, das eine Bürgerin 1418 stiftete. Das Pilgerheim verwandelte sich allmählich in ein Kloster, das die Jesuiten samt Kirche um 1630 barock umbauten, 1715 barockisierten sie auch das Kircheninnere. Hauptfest der Annenverehrung ist der 26. Juli, an dem eine Reliquie des Handknochens der Heiligen in kostbarer Barockfassung ausgestellt wird.

Am Tor des außen durch Strebepfeiler noch erkennbar gotischen Baus qualitätvolle *Anna-Selbdritt-Gruppe* des 17. Jh. aus Niederösterreich. Der barocke **Saalraum** wirkt durch *Stuckmarmor* und *Goldornamentik* prangend, nicht minder durch die strahlenden *Deckenfresken* des großen, durch sein Werk in der Nationalbibliothek besonders ausgezeichneten Daniel Gran, die die ›Unbefleckte Empfängnis‹ darstellen (1748). Von ihm auch das *Hochaltarbild* ›Heilige Familie‹.

In der Kapelle dem Eingang gegenüber hat sich als Rest der gotischen Ausstattung eine außerordentliche **Anna-Selbdritt-Holzgruppe** von etwa 1510 erhalten, die Veit Stoß oder dem Meister von Mauer bei Melk zugeschrieben wird.

42 Kärntner Straße

Geschäfte für viele Geschmäcker.

U-Bahn Stephansplatz (U1, U3), Karlsplatz (U1, U2, U4)

Der turbulente Fußgänger-Korso hat eine bewegte Geschichte als früherer Ausgangspunkt des Fernhandels nach Triest, im und nach dem Mittelalter als Sitz bedeutender Bürgerdynastien und breiter Gasthöfe, Pilgerherbergen und Bürgerspitäler, in der Gründerzeit als verbreiterte Ringstraßenzone mit Hotels und Geschäften von teuerstem ›Image‹. Davon hat man sich gelöst, inzwischen richten sich die Geschäfte an breitere Schichten.

Einziges Barocküberbleibsel aus der Mitte des 17. Jh. ist das **Palais Esterházy** (Nr. 41) mit 1785 veränderter Fassade, in

Shoppingfreuden für jeden Geschmack bieten die Geschäfte entlang der Kärntner Straße

dem das Kasino Wien an den Roulettetisch bittet. Das **Palais Todesco** (Nr. 51) von 1864 gibt einen Begriff von einem gründerzeitlichen Bankier-Palast mit großer gesellschaftlicher Vergangenheit. Eine Filiale der Raiffeisenbank setzt diese Tradition fort. Außerdem verkaufen *Popp und Kretschmer* Damenmode.

Im Durchgang, der nach dem Graben rechts von der Kärntner Straße abzweigt, liegt die **Loos American Bar** (1908) von Adolf Loos (1870–1933). Sie ist eng (nur 6 x 4,5 m), aber mit Spiegel, Marmor und Mahagoni raffiniert eingerichtet. Im Keller befand sich der *Art Club*, der der Wiener Kunst nach dem Krieg wieder Internationalität verschaffte.

43 Malteserkirche St. Johannes Baptist

Beachtenswerte Empire-Fassade.

1., Kärntner Straße 37
U-Bahn Stephansplatz (U1, U3), Karlsplatz (U1, U2, U4)

Neben dem Deutschen Ritterorden rief Leopold VI. um 1200 auch die Johanniter, später Malteser genannt, nach Wien. Ihrem Pilgerhospital für Kreuzfahrer war eine Kirche angeschlossen, die durch Veränderungen viele Stile durchlief. Ihre **Fassade** ist seltenes Empire (1808), mit korinthischen Pilastern und Dreiecksgiebel in die Straße eingebunden, ihr **Innenraum** mit Kreuzrippengewölbe und farbigem Schlussstein unter der Empore gotisch. Auffallend das *Empire-Marmordenkmal* für den Großmeister Jean de la Valette, 1565 Verteidiger Maltas gegen die Türken, sowie die *Wappenschilde* der Komture. *Hochaltarbild* der Taufe Christi von Barockmeister Johann Georg Schmidt, dem Wiener Schmidt.

44 Neuer Markt

Zweitältester Marktplatz mit Donner-Brunnen und Kapuzinerkirche.

U-Bahn Stephansplatz (U1, U3)

Als der Hohe Markt um 1200 nicht mehr ausreichte, musste ein ›neuer‹ Markt her. Da wurden Getreide und Mehl umgeschlagen, da kam an den Pranger, wer's mit den Gewichten nicht genau nahm, da produzierten sich Seiltänzer und Feuerschlucker oder 1706 der ›Wiener Hanswurst‹ Stranitzky, da vergnügte sich der Adel mit Schlittenfahrten. Rundum standen im 18. Jh. Palais und feine Bürgerhäuser, in einem davon (Nr. 2) wohnte Haydn 1793–98. Heute bestimmt den Platz die Moderne, die dennoch dem Ernst der Kapuzinerkirche und der Grazie des Donner-Brunnens den Vortritt lassen muss.

Keine Frage: Der **Donner-Brunnen** (Providentia-Brunnen) ist der schönste Brunnen Wiens! Ein Meisterwerk von Georg Raphael Donner im Auftrag des Stadtrats (1739), und neuartig in seiner allseitig betrachtbaren Vielfigurigkeit. Die Tugend Providentia (Voraussicht) mit vor- und zurückblickendem Januskopf – als ›kluge Stadtväterregierung‹ gemeint – thront über den Personifikationen der vier Donau-Nebenflüsse Enns (Greis), March und Ybbs (Frauen) und Traun (Jüngling) – nackten Figuren voll lasziver Schönheit. Kein Wunder, dass die ›Keuschheitskommission‹ Maria Theresias sie 1770 verbannte, gar einschmelzen lassen wollte. Bildhauer Johann Martin Fischer rettete sie und sorgte 1801 für ihre Rückkehr. 1873 kamen die Bleioriginale ins Museum (jetzt: Unteres Belvedere) und wurden vor Ort durch Bronzekopien ersetzt.

45 Kaisergruft in der Kapuzinerkirche

TOP TIPP

Gruft der Gebeine der Habsburger mit Meisterwerken der Sepulkralkunst.

Eingang: Neuer Markt
Tel. 01/512 68 53 16
www.kaisergruft.at
tgl. 10–18 Uhr
U-Bahn Stephansplatz (U1, U3)

Aus Prag riefen Kaiser Matthias und seine Gemahlin Anna die im Zeichen der Gegenreformation auf Türkenkreuzzug und Marienverehrung eingeschworenen Kapuziner nach Wien, stifteten ihnen 1618 **Kloster** und **Kirche** und betrauten sie mit der Obhut der neuen Begräbnisstätte der Habsburger. 1632 war die in Bau und Interieur bettelordensmäßig schlichte Kirche *Zur hl. Maria von den Engeln* vollendet.

Imaginieren die goldschimmernden Insignien der Schatzkammer in der Hofburg durch ihre Symbolkraft die Macht des einstigen Kaiserhauses, so beschwören die Metallsarkophage der **Kaisergruft** durch ihr finsteres Gepränge dessen Vergänglichkeit. In der **Leopoldsgruft** [A] ruht neben anderen die von Velazquez gemalte **Infantin Margareta Theresia** [1], Gemahlin Leopolds I. In schlichten Bleisärgen wurden 1633 **Kaiser Matthias und Gemahlin Anna** [2, 3] in der **Gründergruft** [B] bestattet. Dann empfängt uns Barockpracht: In der **Karlsgruft** [C] bewachen lorbeerumwundene Totenköpfe den Sarkophag **Leopolds I.** [4], Engel den **Josephs I.** [5], beide von Hildebrandt entworfen und von Kracker ausgeführt. Totenköpfe mit Reichskronen und eine trauernde Austria hüten den Sarkophag **Karls VI.** [6] von B. F. Moll und J. N. Moll.

Das Frösteln inmitten der feierlich-entseelten Versammlung schwindet lediglich angesichts ihres Mittel- und Höhepunkts, der **Maria-Theresien-Gruft** [D]. Am Eingang begegnet uns, provokant karg, der Kupfersarg für **Joseph II.** [7], der seinem Volk aus hygienischen Gründen Sackbegräbnisse verordnete. Einzige Nicht-Habsburgerin in der Gruft ist die Erzieherin der Regentin, **Gräfin Fuchs** [8].

Über allem thront die Weisheit: Bronzefiguren des Donner-Brunnens am Neuen Markt

Kaisergruft in der Kapuzinerkirche 45

A Leopoldsgruft
1 Infantin Margareta Theresia
B Gründergruft
2, 3 Kaiser Matthias und Gemahlin Anna
C Karlsgruft
4 Leopold I.
5 Joseph I.
6 Karl VI.
D Maria-Theresien-Gruft
7 Joseph II.
8 Gräfin Fuchs
9 Doppelsarkophag des Kaiserpaars Maria Theresia und Franz I.
E Franzensgruft
10 Franz II.
F Ferdinandsgruft
G Toskanagruft
H Neue Gruft
11 Kaiser Maximilian von Mexiko
12 Marie Louise
I Franz-Josephs-Gruft
14 Elisabeth
15 Kronprinz Rudolf
K Gruftkapelle
16 Kaiserin Zita
17 Gedenkstein für Karl I.
18 Carl Ludwig
19 Otto
20 Regina

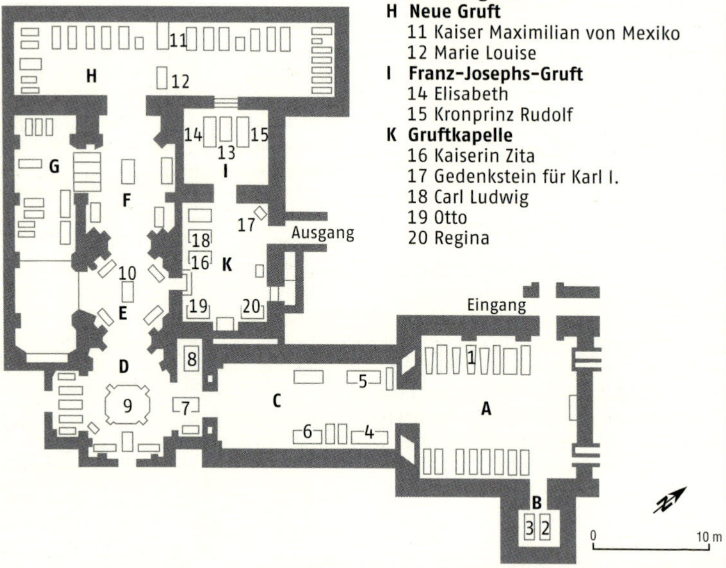

Das monumentale zinnerne Prunkbett, auf dem die halb aufgerichteten Gestalten der *Regentin* und ihres Gemahls, *Franz I.* von Lothringen, einander liebend anblicken, vom Ruhmesengel überhöht, ist in seiner Opulenz eine Feier des Irdischen. Rokokomeister Balthasar Ferdinand Moll schuf den **Doppelsarkophag des Kaiserpaars Maria Theresia und Franz I.** [9] 1753.

Einen klassizistischen Sarg schuf Peter Nobile für **Franz II.** [10], der in der **Franzensgruft** [E] von seinen vier Gemahlinnen umgeben ist. Von der **Ferdinandsgruft** [F] geht links die **Toskanagruft** [G] ab. Die **Neue Gruft** [H] birgt u. a. die Grabmale **Kaiser Maximilians von Mexiko** [11] und der Napoleon-Gemahlin **Marie Louise** [12], indes die Gebeine ihres unglücklichen Sohnes, des *Herzogs von Reichstadt*, auf Befehl Hitlers nach Paris befördert wurden. In der **Franz-Josephs-Gruft** [I] wird das Grabmal **Franz Josephs** [13] von jenen seiner Gemahlin **Elisabeth** [14] und des **Kronprinzen Rudolf** [15] flankiert. In der benachbarten **Gruftkapelle** [K] steht der **Gedenkstein für Karl I.** [17], den letzten Kaiser, der im Exil auf Madeira begraben wurde. Seit 1989 steht hier der Sarkophag **Kaiserin Zitas** [16] und seit 2008 der ihres Sohnes **Carl Ludwig** [18]. 2011 wurden der Kaisersohn **Otto** [19] und seine bereits ein Jahr zuvor verstorbene Gemahlin **Regina** [20] hier beigesetzt.

46 Dorotheum

TOP TIPP

Traditionsreiches Pfandhaus und eines der größten Auktionshäuser der Welt.

1., Dorotheergasse 17
Tel. 01/5156 00
www.dorotheum.com
U-Bahn Stephansplatz (U1, U3); Bus 2A

Die ›Tante Dorothee‹ stammt aus armen Verhältnissen, sie wurde 1707 in der Anna-

Schaurig-schöner Reiz des nur allzu Vergänglichen – opulent gestalteter Sarg Kaiser Karls VI. in der Kaisergruft der Kapuzinerkirche

gasse geboren: ein Pfandamt für Notleidende gegen den Zinswucher. Der Gewinn aus den Verleihgeschäften kam dem Armenhaus zugute. Später zog ›das Pfandl‹ ins aufgelassene *Dorotheerstift*, das um 1900 umgebaut wurde, denn allmählich hatte sich das Pfand- auch zum **Auktionshaus** gemausert. Heute hat es internationalen Rang. Was nicht hindert, dass man weiterhin Pfandgeschäfte macht und mehrmals wöchentlich alle Dinge dieser Welt vom Auto bis zur Zwiebelmustertasse ersteigern kann, günstiger als beim Händler und abgesichert durch den Schätzmeister.

47 Jüdisches Museum der Stadt Wien

Heimstatt jüdischer Traditionen Wiens.

1., Dorotheergasse 11 (Eskeles-Palais)
Tel. 01/535 04 31
www.jmw.at
So–Fr 10–18 Uhr
U-Bahn Stephansplatz (U1, U3); Bus 2A

Der kosmopolitische Geist, der in dem Palais des nobilitierten jüdischen Bankiers Bernhard Eskeles um 1825 zu Hause war, ist Spiritus rector des 1993 eröffneten Museums, das die fruchtbaren Verknüp-

Vorabbesichtigung der schönsten Versteigerungsstücke in den Räumen des Dorotheums

fungen von Juden und Nichtjuden in der Vielvölkerstadt vor Augen führt. Die ständige Sammlung kann u. a. auf die die Antisemitismus-Sammlung Martin Schlaffs, die kostbare Judaica-Kollektion Max Bergers oder Bestände des ersten (und weltersten!) Jüdischen Museums in Wien von 1897 zurückgreifen. Rühmenswerte und viel besuchte Wechselausstellungen!

48 Österreichisches Theatermuseum

In dem Palais Lobkowitz zeigt das Theatermuseum spannende Wechselausstellungen.

1., Lobkowitzplatz 2
Tel. 01/525 24 34 60
www.khm.at
Di–So 10–18 Uhr
U-Bahn Karlsplatz (U1, U2, U4); Bus 3A; Tram 1, 2, D

Bereits im Jahr 1685 entstand dieser Prachtbau. Die Reihung und Rustikamusterung der Fassade gehört zwar noch dem italienisch-frühbarocken Repertoire an, ist durch leichtes Vorziehen der Mitte und Portalakzente aber schon rhythmisiert. 1710 gab J. B. Fischer von Erlach durch einen schweren Attika-Aufbau und ein diademartig vorgewölbtes Tor der Mitte eine hochbarocke Wirkung.

Im Inneren des Stadtpalastes, in dem ab 1735 die mächtige böhmische Fürstenfamilie Lobkowitz residierte, präsentiert das Theatermuseum auf zwei Etagen Wechselausstellungen zu Oper, Schauspiel, Film oder Puppenspiel.

Imposant ist die Sammlung von 1000 **Bühnenbildmodellen** vom venezianischen Barock bis ins 20. Jh. ebenso wie die über 700 000 **Theaterfotografien**. Das reiche **Kostüm- und Requisitendepot** verfügt über Kreationen u. a. von Hans Makart, Oskar Kokoschka und Pablo Picasso. Damit bereits die Kleinen verstehen, was die Bretter für die Welt bedeuten, gibt es einen kleinen **Kinderbereich** mit Bühne. In der **Bibliothek** kann man sich zu allen Themen rund um die darstellende Kunst kundig machen.

Aufmerksamkeit sollte der Besucher auch dem schönen **Innenhof**, dem reich mit Stuck verzierten **Stiegenhaus** sowie dem repräsentativen **Eroicasaal** (alles Wende 17./18. Jh.) schenken. In letzterem gab einst Ludwig van Beethoven unter dem Deckengemälde ›Allegorie der Künste‹ von Jacob van Schuppen seine Konzerte.

49 Albertina

Eine der drei weltweit bedeutendsten Sammlungen an Handzeichnungen und Druckgrafik.

1., Albertinaplatz 1
Tel. 01/53 48 30
www.albertina.at
Do–Di 10–18, Mi 10–21 Uhr
U-Bahn Karlsplatz (U1, U2, U4); Bus 3A

Ein funkelnder Ikonenschrein mit Seidentapeten, Blattgold und Intarsienböden, mit barocken Kabinetten und klassizistischen habsburgischen Prunkräumen – das ist die Albertina. Drei Säle stehen für spektakuläre Wechselausstellungen bereit, die den Albertina-eigenen lichtempfindlichen Schätzen auch Leihgaben der Malerei beigeben. Zauberhaft ist das Hollein-Entrée und modern das Dachse-

Im Palais Eskeles zeigt das Jüdische Museum der Stadt Wien interessante Ausstellungen

Alles unter Dach und Fach – Hans Holleins Titan-Dach beschirmt den Eingang zu den grafischen Kostbarkeiten der Albertina

gel über dem Eingang, ebenso die Rolltreppen, Innenhöfe, das Restaurant, de Museumsshop und – im unterirdischen Neubau – das große Studienzentrum

Die ersten Ikonen – Blätter von Dürer, Michelangelo, Leonardo, Raffael – brachte der vertriebene Statthalter der habsburgischen Niederlande und Schwiegersohn Maria Theresias, Herzog Albert von Sachsen-Teschen (1738–1822), mit. Heimstatt seiner kostbaren Sammlung wurde das von ihm erworbene Palais auf der Augustinerbastei, das der Architekt Louis von Montoyer 1801–04 zum Luxuspalast erweiterte und Josef Kornhäusel bis 1820 für den Nachfolger, Erzherzog Carl, durch die erwähnten Punkräume (mit Skulpturen antiker Gottheiten von Josef Klieber) ergänzte. Die unter den Erben stetig gewachsene Sammlung wurde 1920 mit dem Druckgrafik-Bestand der Hofbibliothek vereint und nach dem Gründer ›Albertina‹ genannt.

Die Kostbarkeiten der **Grafischen Sammlung** werden nur in Wechselausstellungen gezeigt. Schließlich würde ihre schiere Größe jeden Rahmen sprengen: Sie umfasst rund 50 000 Zeichnungen sowie 900 000 Blätter Druckgrafik aller wichtiger Epochen. Ihr einzigartiger Dürer-Bestand (›Feldhase‹, ›Betende Hände‹, ›Großes Rasenstück‹ u. a.) hat die Albertina zu einer Hochburg der Dürerforschung gemacht. Von Altdorfer oder Baldung Grien über Menzel, Liebermann, Kollwitz bis zu Kiefer und Baselitz reichen die *deutschen Schätze*. Lückenlos vertreten sind die *Österreicher* von Rottmayr bis Wotruba, mit großen Beständen an Klimt, Schiele (150 Aquarelle und Zeichnungen), Kokoschka. Unter den *Italienern* leuchten Fra Angelico, Mantegna, Raffael (43 Zeichnungen), Tintoretto, Tiepolo, Canaletto, unter den *Niederländern* und *Flamen* Bosch, Rembrandt, Rubens, unter den *Franzosen* Poussin, Lorrain, Fragonard, Watteau, Delacroix, Daumier, Matisse, Cézanne. Die Moderne ist mit Spitzenwerken von Kandinsky über Paul Klee und Picasso bis Rauschenberg vertreten.

Architektursammlung mit 25 000 Plänen, Skizzen und Modellen wurde schon im frühen 18. Jh. begonnen und birgt einen reichen italienischen Bestand sowie Nachlässe von Fischer von Erlach, Theophil Hansen, Adolf Loos oder Clemens Holzmeister, Einzelarbeiten von Mies van der Rohe bis Zaha Hadid und eine Fülle von Klassiker-Modellen.

Bei der 1999 gegründeten **Fotosammlung** liegen die Schwerpunkte auf den Nachlässen österreichischer Fotografen, der internationalen und speziell der Wiener Geschichte des dokumentarischen

In der Albertina kann man kostbar ausgestattete Prunkräume bestaunen

und künstlerischen Fotos sowie der Wissenschaftsfotografie, die Röntgen-, Mikro- und Chronofotografie beinhaltet.

Die **Schausammlung** zeigt ausgewählte Werke der Privatsammlung Batliner, die als Leihgabe der Albertina überlassen ist. Dazu gehören Meisterwerke der klassischen Moderne vom französischen Impressionismus über den Postimpressionismus, die Fauves und den deutschen Expressionismus bis zur Russischen Avantgarde. Künstler sind Monet, Renoir, Cézanne, Modigliani, Matisse, Miró, Picasso, Kirchner, Klee, Kandinsky, Chagall und Malewitsch. Über Giacometti und Bacon reicht die Sammlung bis zur Kunst der zweiten Hälfte des 20. Jahrhunderts mit Werken von Richter, Baselitz und Kiefer.

Das große Haus beherbergt außerdem das **Österreichische Filmmuseum** (Tel. 01/5337054, www.filmmuseum.at), das Klassiker ebenso wie längst vergessene Kleinodien der Filmgeschichte zeigt.

Eine Freitreppe und ein Lift führen von der Albertina zur **Albrechtsrampe** empor. An ihrem Aufgang Fritz Wotrubas *Liegender Jüngling* (1933), auf ihrem Plateau Caspar Zumbuschs *Reiterdenkmal Erzherzog Albrechts*, des Siegers in der Schlacht von Custozza 1866 (1899). Der *Danubius-Brunnen* an der Stirnseite der Rampe zeigt den Flussgott Danubius und die Stadtgöttin Vindobona, flankiert von den Personifikationen der Nebenflüsse (Architektur: Moritz von Loehr, Statuen: Johann Meixner, 1869).

Jenseits der Augustinerstraße befindet sich der gepflasterte Helmut-Zilk-Platz. Ihn beherrscht Alfred Hrdlickas (1928-2009) unbequemes, aufrüttelndes **Mahnmal gegen Krieg und Faschismus.**

50 Augustinerkirche

Hofpfarrkirche, Hochzeitskirche und Herzgruft der Habsburger. Grandiose Grabmäler.

1., Augustinerstraße 3
Tel. 01/5337099
www.kaisergruft.at
tgl. 8–18 Uhr
Besichtigung der Gruft nur nach Voranmeldung: Juli/Aug. So nach dem Gottesdienst (ca. 12.15 Uhr)
U-Bahn Stephansplatz (U1, U3); Bus 1A, 2A, 3, 3A; Tram 1, 2, D

Was muss man sich in dieser Kirche nicht alles vorstellen: den Augustinerprediger Abraham a Sancta Clara, wie er in den 1670er-Jahren auf der Kanzel seine komödiantischen Feuerreden lodern lässt; Polenkönig Sobieski 1683 beim Tedeum für seinen Türkensieg; 1736 die Heirat Maria Theresias mit Franz von Lothringen, 1810 Prinzessin Marie Louises Hochzeit (per procuram) mit Napoleon, der sich vertreten ließ; Kaiser Franz Joseph 1854 mit Sisi vor dem Traualtar; 1881 Kronprinz Rudolf mit Stefanie von Belgien Ringe tauschend…

Die historische Buntscheckigkeit fängt schon damit an, dass Herzog Friedrich der Schöne als Gefangener Kaiser Ludwigs des Bayern auf Burg Trausnitz in der Oberpfalz schmachtete, als er die Kirche zu stiften gelobte. Der Bayer Dietrich Ladtner von Pirn baute die dreischiffige gotische **Halle** mit Netz- und Kreuzrippengewölbe und (bayerischem) Sieben-Zehntel-Chorschluss 1330–39. Zuerst ge-

hörte sie den Beschuhten, dann den Unbeschuhten Augustinern, 1634 wurde sie Hofpfarrkirche, 1783 Stadtpfarrkirche. Joseph II. ließ 1784 die Barockausstattung entfernen und die Kirche durch Hetzendorf von Hohenberg regotisieren. 1951 wurde sie schließlich an die Augustinereremiten übergeben.

Die beachtenswertesten **Kunstwerke** sind freilich nicht die neugotischen, sondern die *Rokoko-Orgel* und *Rokoko-Bänke* des späteren Münchner Hofbildhauers Straub (um 1730), das *Altarblatt* der Magdalenen-Vision von Rottmayr (1707), vor allem aber das mächtige klassizistische Marmorgrabmal von Antonio Canova (1798–1805), das **Christinendenkmal**. Herzog Albert von Sachsen-Teschen ließ es für seine Gemahlin, Erzherzogin Maria Christina, Tochter Maria Theresias, anfertigen, der Wien die erste Trinkwasserleitung dankt. Gestalten von wundervoll fließendem Trauergestus schreiten ins offene Tor einer Grabpyramide: die Tugend mit Urne, zwei Mädchen mit Totenfackeln, die Wohltätigkeit mit blindem Greis. Ein an einen kummervollen Löwen geschmiegter Genius zeigt das Wappen Sachsens, ein anderer trägt das Medaillon der Erzherzogin empor.

Zwei weitere große Grabmäler birgt die zweischiffige gotische **Georgskapelle** unter farbigen Schlusssteinen: das *Hochgrab für Kaiser Leopold II.* vom Schöpfer des Josephsdenkmals, Franz Anton Zauner (1799), sowie das *Wandgrab für Graf Leopold Daun* von Barockmeister Balthasar Moll (1766). Man erreicht die weit hinten liegende Kapelle durch eine Tür im Langhaus rechts. Die **Lorettokapelle** vorne bietet durch ein Gitter in der hinteren Wand den Blick ins *Herzgrüfterl*, das 54 Silberurnen mit Herzen von zwischen 1637–1878 verstorbenen Mitgliedern des Kaiserhauses bewahrt.

51 Josefsplatz

Festlichster Platz Wiens mit geschlossenem barockem und klassizistischem Architekturensemble.

U-Bahn Stephansplatz (U1, U3); Bus 2A

Das strenge, schöne Rechteck des Josefsplatzes scheint dem Namengeber gemäß: Kaiser Joseph II., dem wachen Aufklärer und despotischen Reformer, der dem katholisch-ständischen Element der Stadt arg zusetzte. Sein **Denkmal** markiert die Platzmitte, ein Reiterstandbild à la Marc Aurel auf dem Kapitol – doch die weichen, eher resignierten Züge leugnen die Imperatorengeste. Am Sockel *Reliefszenen*: der Kaiser mit Europa (rechts) und Merkur (links), Reisen und Handel symbolisierend. Das klassizistische Werk stammt vom Tiroler Franz Anton Zauner (1806).

Nach Joseph II. ist der Platz benannt (mit ›f‹ geschrieben), weil er es war, der

Der Innenraum der Augustinerkirche beeindruckt mit seiner Weitläufigkeit

1783 die zwischen Augustinerkirche und Stallburg verlaufende Mauer abbrechen und das Areal freilegen ließ. Platzbeherrschend blieb der Haupttrakt der *Nationalbibliothek* im Westen, unter Karl VI. entstanden. Um dessen strahlendes Hochbarock schließen sich klassizistische Fronten: die *Seitenflügel*, die Pacassi um 1770 dem Haupttrakt anglich, mit Fortsetzung im *Bibliotheksgebäude* links und den früheren *Redoutensälen* rechts sowie an der Straßenseite gegenüber die Palais Pallavicini und Palffy.

Das **Palais Pallavicini**, 1784 von Hetzendorf von Hohenberg für die Bankiersfamilie Fries gebaut, provozierte damals durch seine ungewohnt ›schlichte‹ Fassade, der Zauner prachtvolle *Karyatiden* vorblendete. Bei seinen weiblichen *Allegorien von Handel und Freiheit* auf der Attika konnte er sich den Rückgriff auf die Barockallüre nicht versagen. Das Palais ist heute Schauplatz von Staatsempfängen, Festen, Konzerten, auch Kunstcafé und Galerie haben sich hier eingemietet.

Der Palais Palffy, der Renaissancepalais eines unbekannten Architekten (um 1575) gelangte 1684 in den Besitz der Fürsten Palffy. Hier zeigt das **Phantastenmuseum Wien** (Josefsplatz 6, Tel. 01/5125 6810, www.phantastenmuseum.at, tgl. 10–18 Uhr) Werke der Wiener Schule des Phantastischen Realismus, insbesondere Arbeiten von Ernst Fuchs, Arik Brauer und Rudolf Hausner. Bilder internationaler Künstler weiten den Blick. Wechselausstellungen des Österreichischen Kulturzentrums ergänzen dieses Programm. Außerdem finden Konzerte statt, namentlich im *Figarosaal*, wo Mozart bereits 1762 als Wunderkind musizierte und später den ›Figaro‹ vorstellte.

52 Österreichische Nationalbibliothek

Eine der bedeutendsten Bibliotheken der Welt mit grandiosem Prunksaal: Höhepunkt hochbarocker Baukunst.

1., Josefsplatz 1
www.onb.ac.at
Di/Mi und Fr–So 10–18, Do 10–21 Uhr
Führungen Do 18 Uhr und nach Vereinbarung (Tel. 01/53 41 04 64)
U-Bahn Volkstheater (U2, U3);
Bus 2A; Tram 1, 2, D

Johann Bernhard Fischer von Erlach hatte seine Raumidee des Kuppelbaus als Rotunde schon in der Karlskirche und in Schloss Frain in Mähren verwirklicht, bevor er auch die Hofbibliothek durch sie nobilitierte. Nach seinen und den Plänen seines Sohnes Joseph Emanuel wurde diese Kaiserliche Bibliothek in den Jahren 1723–26 erbaut.

Das überkuppelte, ovalrunde Pantheon, zwischen zwei Längsflügel gestellt, dominiert den Bau auch im **Äußeren**, auf der Attika ist es geschmückt mit der *Quadriga der Pallas Athene* (Mattielli, 1725), auf den Längsflügeln mit *Gäa* und *Atlas*, die Erd- und Himmelskugel tragen (Gasser, 19. Jh.).

Im Inneren bildet es den durch zwei volle Geschosse reichenden **Prunksaal**, der beidseitig in Vorsäle und Galerien übergeht. Korinthische Säulen, Emporen mit Rundtreppen, Lederrücken in goldverzierten Holzvertäfelungen, *Kaiserstatuen* von Paul und Peter Strudel (um 1700) bestimmen den imperialen Glanz dieses Raums. Dem *Marmorstandbild* des Auftraggebers, *Kaiser Karls VI.*, in seinem Zentrum antwortet dessen Glorifizierung in der **Deckenmalerei** der Kuppel, das bedeutendste Werk Daniel Grans (1730), das Maulpertsch restaurierte (1769). Rund um die Allegorie des Ruhms, zu deren Füßen Apoll und Herkules das Bildnis Karls VI. halten, entwirft es mit gewaltigem Figurenreichtum und schmelzenden Farbstimmungen eine Apotheose von Kunst und Wissenschaft unter den Auspizien des Kaisertums, in den Längsflügeln die Themen Krieg und Frieden. Übrigens wölbt sich die Apotheose über 16 000 Büchern aus Prinz Eugens Besitz.

Nüchtern, aber trefflich, stellte Johann Bergl 1773 die Vier Fakultäten an der Decke des **Augustinerlesesaals** (Haupteingang Josefsplatz, 1. St., Tel. 01/ 53 41 02 49, Okt.–Juni Mo, Mi, Fr 9–16, Di, Do 9–19, Juli–Sept. Mo–Fr 9–16 Uhr, 1.–7. Sept. geschl.) dar. Die modernen Lesesäle liegen in der Neuen Burg. Wichtig zu erwähnen, dass die Hofbibliothek von Beginn an für die öffentliche Nutzung gedacht war. Schon im 14. Jh. sammelten die Habsburgerherrscher Bücher, und 1575 setzten sie den ersten Statthalter über die damals 9000 Bände ein: einen ›echten‹ Bibliothekar! Heute kommt die **Druckschriftensammlung** auf mehr als 2,9 Mio. Objekte.

Die **Sammlung von Handschriften und alten Drucken** (Haupteingang Josefsplatz 1, 1. St., Augustinerlesesaal, s.o.) hütet unter über 51 000 Handschriften – davon über 16 000 aus dem Mittelalter – unermessliche Kostbarkeiten wie den

Welt der Bücher: Prunksaal in der Österreichischen Nationalbibliothek

Wiener Dioskurides, ein luxuriös illustriertes Herbarium, das um 512 in Konstantinopel entstand; dazu kommen die *Wenzelsbibel* mit üppigen Miniaturen (Prag 1390–95) oder das wundervoll gemalte *Livre du cœur d'amour espris* des Königs René von Anjou (um 1465). Die Benutzung von Handschriften im Lesesaal ist Fachleuten vorbehalten!

Die **Papyrussammlung** (Eingang Heldenplatz, Mitteltor, Tel. 01/53410425, Okt.–Juni Mo–Mi 9–16, Do 12–19, Fr 9–13 Uhr, Juli–Sept. Mo–Fr 9–13 Uhr) besitzt Texte in vielen Sprachen von 1500 v. bis 1500 n. Chr. auf Papyrus, Pergament, Papier, Ostraka, Holz, Wachstafeln, gar Tierknochen, die von Alltagsurkunden bis zu Totenbüchern reichen. Zu den ehrwürdigsten Stücken gehören ein ägyptisches *Totenbuch* aus dem 15. Jh. v. Chr., ein *Chorgesang* aus dem ›Orestes‹ des Euripides (480–406 v. Chr.) von 200 v. Chr. oder *Fragmente* aus Homers ›Odyssee‹, im 1.–3. Jh. v. Chr. abgeschrieben.

Sehenswert sind auch **Porträtsammlung und Bildarchiv** (Heldenplatz, Mitteltor, Tel. 01/53410337, Kundenservice Okt.–Juni Mo–Mi 9–16, Do 12–19, Fr 9–13

Uhr, Juli–Sept. Mo–Mi 9–16, Do 12–16, Fr 9–13 Uhr, 1.–7. Sept. geschl.). Vom nachmaligen Kaiser Franz I. 1785 noch als Erzherzog begonnen, von Franz Joseph fortgesetzt, durch die Sammlungen Prinz Eugens und Lavaters bereichert, umfasst die *Porträtsammlung* heute 350 000 Bildnisse! Im *Bildarchiv* liegen Raritäten wie Zeichnungen österreichischer Expeditionsmaler oder Filmnegative des k. und k.-Kriegspressearchivs. Dazu besitzt die habsburgische *Fideikommiss-Bibliothek* ›nebenbei‹ eine einzigartige Kollektion klassizistischer Wachsplastiken.

53 Stallburg

Für einen Kaiser gebaut, von Lipizzaner-Pferden bewohnt.

1., Reitschulgasse 2
U-Bahn Herrengasse (U3), Stephansplatz (U1, U3); Bus 57A; Tram 1, 2, D

Die Neugierigen, die sich am frühen und späten Vormittag im Durchgang der Reitschulgasse sammeln, wollen die Lipizzaner sehen, die aus ihren Ställen im Erdgeschoss der Stallburg zur Morgenarbeit in die Reithalle und zurück geführt werden. Dabei durchqueren sie jenen dreigeschossigen **Arkadenhof** mit hohen Schornsteinen und Schmiedeeisenbrunnen, der als Rarität der Renaissance in Wien (hinter Glas) nicht minder sehenswert ist.

Schon frühmorgens streben Pferde- und Kunstliebhaber über den Josefsplatz der Stallburg und der Spanischen Reitschule zu

Der Vierkantbau der Stallburg wurde 1558–65 als Residenz für den späteren Kaiser Maximilian II., damals noch König von Böhmen, errichtet (Architekt unbekannt). Doch da durch den Tod Ferdinands I. 1564 der Schweizertrakt der Hofburg frei wurde, zog Maximilian dort ein und überließ das Gebäude den Pferden als Domizil. Außerdem wurden die Räumlichkeiten immer wieder als Gastquartiere und als Kunstgalerie der Hofburg genutzt, unter Metternich gar als Sitz des ›Dechiffrierungsdepartements‹, schlichter: der Post-Überwachung.

Vor der **Alten Hofapotheke** sollte man im Hinblick auf die theresianischen Einrichtungsgegenstände schnell ein bisserl Kopfweh bekommen, auch wenn die Zeit der Gratisbedienung vorbei ist.

54 Spanische Hofreitschule

Einzigartige Vorführungen der Hohen Schule im schönsten Reitsaal überhaupt.

Besucherzentrum,
1., Michaelerplatz 1
Tel. 01/533 90 32
www.srs.at
Di–Sa 9–16 Uhr
Dressurvorführungen Febr.–Juli und Sept.–Dez. an ausgewählten Sa/So 11, Fr 19 Uhr (Kartenbestellungen über den Online-Shop oder über ausgewählte Wiener Theaterkarten- und Reisebüros); geführte Rundgänge ganzjährig Di–So, Mai/Juni, Sept./Okt. teils auch Mo 14, 15 und 16 Uhr sowie zu weiteren unterschiedlichen Zeiten (Voranmeldung empfohlen unter Tel. 01/533 90 32 oder info@srs.at)
U-Bahn Herrengasse (U3), Stephansplatz (U1, U3); Bus 2A, 3A;
Tram 1, 2, D

Dies Schauspiel ist die schiere Vollkommenheit. Seine Bühne liegt in dem den ganzen Reitschultrakt füllenden **Reitsaal** von 57 m x 19 m mit einer auf 46 Säulen ruhenden Galerie: ein Raum von kühler weißer Eleganz, Hauptwerk klassizistischen Barocks von Joseph Emanuel Fischer von Erlach, gebaut 1729–35 für Kaiser Karl VI., einst Schauplatz imperialer ›Rosseballette‹.

Akteure sind die weißen ›Herren Lipizzaner‹, 1,57 m, majestätisch in der Haltung, der Kopf ausdrucksvoll großäugig, die Mähne seidig, die Halslinie edel geschwungen. Die Bereiter lassen ihrer Persönlichkeit den Vortritt, ziehen sich selbst in die Anonymität ihrer kaffeebraunen oder roten Fräcke, weißledernen Hosen und schwarzen Zweispitze zurück. Die 80-minütige **Hauptvorführung** vor einem internationalen Publikum beginnt mit der geisterhaft wirkenden Reverenz der Reiter vor dem Bildnis Karls VI. in der Hofloge. Von den einführenden ›Gängen und Touren der Hohen Schule‹ über den zauberhaften ›Pas de deux‹ steigert sie sich zu den Höhepunkten der ›Arbeit am langen Zügel‹ und der ›Schulen über der Erde‹ bis zum atemberaubenden Luftsprung der ›Kapriole‹. Zum Abschluss die strenge Choreografie der ›Schulquadrille‹. Solche klassische Reitkunst par excellence wird hier seit 400 Jahren gepflegt – in unserer Zeit nirgends sonst auf der Welt.

Der ›Pferdefuß‹ dabei ist: Karten für die Hauptvorführung in der Winterreitschule müssen Wochen vorher bestellt werden. Die **Morgenarbeit** im Reitsaal (Di–Fr sowie meist Sa 10–12 Uhr, Tickets für denselben Tag ohne Reservierung am Josefsplatz Tor 2 oder im Bsucherzentrum) ist mit weniger Aufwand zugänglich.

Die **Spanische Hofreitschule** wurde 1572 gegründet, wenig später auch das **Hofgestüt Lipizza** bei Triest, wo vor allem andalusische, auf Araber und Berber zurückgehende Pferde gezüchtet wurden. Seit 1919 ist das Gestüt im steirischen Piber beheimatet. Die besten Hengste – bei Geburt sind die Lipizzaner schwarzbraun – kommen mit etwa vier Jahren zur Ausbildung nach Wien.

Einzigartige Dressurvorführungen kann man in der Spanischen Hofreitschule bewundern

Hochaltar der Michaelerkirche, dahinter der Engelsturz von Karl Georg Merville, 1782

55 Michaelerkirche

Ehemalige Hofpfarrkirche im Stilmix von Romanik bis Klassizismus.

1., Michaelerplatz
Tel. 01/533 80 00
www.michaelerkirche.at
tgl. 7–22 Uhr
Gruftführungen: April–Okt. Mo/Di und Do–Sa 11 und 13.30, Mi 11 Uhr
U-Bahn Herrengasse (U3), Stephansplatz (U1, U3); Bus 2A, 3A;
Tram 1, 2, D

Mag die klassizistische **Fassade** auch etwas trocken geraten sein (1792), die dramatisch flatternde *Engelsturz-Gruppe* von Lorenzo Mattielli (1725) am hochbarocken Portalaufbau gibt ihr Bewegung, der gotische *Turm* Anmut. Diese Stilvielfalt setzt sich im **Inneren** fort: Die dreischiffige, kreuzrippenüberwölbte Pfeilerbasilika mit Querschiff und drei Chören ist ein spätromanischer Bau der Westwerk-Bauhütte von St. Stephan, etwa 1230–88 entstanden, im 14. Jh. gotisch ausgebaut, erweitert, im 17. und 18. Jh. von den Barnabiten, die die Kirche lange betreuten, weiter verändert.

Das Spätromanische am Übergang zur Gotik bestimmt die spitzbogigen Arkaden und die mit Laub- und Drachenformen verzierten *Säulenkapitelle* im Mittel- und Querschiff. Ein mit Blattornamentik reliefiertes *Tympanon* von 1245 ist links vom Eingang zu sehen, Reste von Wandmalerei dieser Periode in der *Turmkapelle*.

Solch edle mittelalterliche Strenge fegt die spätbarocke Theaterinszenierung des **Hochaltars** förmlich weg: Vom Chorgewölbe bis hinunter zum Altar zieht sich ein weißes Stuckrelief, das mit fantastischem Figurenüberschwang den *Engelsturz* imaginiert (Karl Georg Merville, 1782). Auf der Bühne darunter stehen oder sitzen überlebensgroße *Evangelistenfiguren* (Johann Martin Fischer) und die hll. Sebastian und Rochus (Philipp Prokop), alle 1781. Die kretische *Marien-Ikone* am Altartisch wird als Gnadenbild verehrt (16. Jh.).

Unter der weiteren **Barockausstattung** ist J. E. Fischer von Erlachs *Trautson-Grabmal* rechts am Altar (1727), Maulpertschs Bild ›*Anbetung des Kindes*‹ (linke Chorkapelle), ein Carlone-*Deckengemälde* (3. Kapelle links) und die pompöse *Orgel*, die größte Wiens, hervorhebenswert. Mit Gotik umfängt uns die rechte Chorkapelle: Von 1350 stammen die *Sandsteinstatuen* der hll. Katharina und Nikolaus, von 1510 das *Holzkruzifix*.

Wer sich gruseln möchte, schließt sich einer Führung durch die barocke **Gruft** an: Hier ruht mumifizierter Wiener Hochadel in teils offenen Särgen.

Im **Michaelerdurchhaus** gibt es Kunst der Gotik zu bestaunen: ein starkfarbiges, vorne fast freiplastisches Kalksteinrelief der *Ölbergszenerie* (1494) und im Seiteneingang ein überlebensgroßer *Schmerzensmann* (1430).

Auf dem **Michaelerplatz** kann man in die *Römerzeit* hinunterschauen, auf freigelegte Häuser mit Fußbodenheizungen und Wandmalereien, die im 2.–4. Jh. vor dem Südtor des Legionslagers standen, überdies auf Relikte von Häusern des 16. bis 18. Jh. – insgesamt jedoch leider nur ein schmales, balustradenumwulstetes Segment (Architekt: Hans Hollein).

56 Looshaus

TOP TIPP

Einst ein Skandal, heute ein Heiligtum der Moderne.

1., Michaelerplatz 3
www.adolfloos.at
Mo–Fr 9–15, Do 9–17.30 Uhr
U-Bahn Herrengasse (U3), Stephansplatz (U1, U3); Bus 2A, 3A; Tram 1, 2, D

Getreu seinem berühmten Diktum »Ornament ist Verbrechen« baute Adolf Loos der Herrenschneiderei Goldmann & Salatsch 1910–11 ein **Geschäfts- und Wohnhaus** von provokanter Schmucklosigkeit:

unten ein Doppelgeschoss, nur von Pfeilern gegliedert, darüber vier Geschosse mit glatter Putzfläche und Fenstern ohne Umrahmung, innen ausgeklügelte Raumökonomie. Die Eleganz liegt in den rhythmischen Proportionen und den edlen Materialien des Interieurs: kostbarer Marmor, Pyramidenmahagoniholz, Glas und Spiegel. »Ein Haus ohne Augenbrauen« soll es Nachbar Franz Joseph kritisiert haben – andere sagten's nicht so hübsch. Doch die Propheten von Kraus bis Trakl haben Recht behalten: Das Loos-Haus hat tatsächlich Architekturgeschichte gemacht. Für umgerechnet 8 Mio. € ist die Pionier-Architektur 1989 von Burkhardt Rukschcio für die Raiffeisenbank innen wie außen zentimetergenau renoviert worden: Nur die endlos gespiegelte *Messinguhr* in der Halle über der fulminanten Treppe ins Mezzanin ist ›echt‹.

57 Konditorei Demel

Hocharistokrat im Reich der Patisserien und Pasteten.

1., Kohlmarkt 14
Tel. 01/53 51 71 70
www.demel.at
tgl. 10–19 Uhr, Reservierung nötig
U-Bahn Stephansplatz (U1, U3), Herrengasse (U3); Bus 2A, 3A

›Der Demel‹ ist längst in die Literatur eingegangen. Das Witzigste und Bewegendste schrieb Friedrich Torberg 1958 unter dem Titel ›Urbis Conditor – der Stadtzuckerbäcker‹. Die einstige ›K. und k. Hofzuckerbäckerei Ch. Demel's Söhne‹, im Jahr 1786 von einem Württemberger gegründet, 1857 an den Gesellen Christoph Demel verkauft, ist so weltläufig wie traditionsversessen. Beim Blick in die Vitrinen des Erdgeschosses läuft dem Kunden das Wasser im Munde zusammen. Hier gibt es kunstvoll aufgeschichtete Konditor-Kunstwerke, zudem Pralines und Gebäck. Die süßen Kreationen sind betörend, kaltes wie warmes Buffet superb, die schwarz gewandeten und weiß beschürzten Bedienungen – ›Demelinerinnen‹ genannt – mehr herb als höflich.

Aushängeschild ist natürlich die Demel-Sachertorte. Sie gibt es seit den 1930er-Jahren, als Demel von Sacher das Rezept erwarb. Sie hat ein dreieckiges Siegel und darf nicht ›Original‹ heißen, wiewohl sie mit jener dünnen Marmeladeschicht *unter der Glasur* (nicht in der Mitte) versehen ist, die der ursprünglichen Erfindung entsprechen soll [s. S. 87].

Der **Kohlmarkt** ist die Straße der Luxusgeschäfte. Chopard und Luis Vuitton, Dolce & Gabbana, Tiffany und Gucci sind hier ansässig. Einst ging es profaner zu, es wurde mit Holz- und Holzkohle gehandelt. Aus der Fassaden-Vielfalt sei als Beispiel das barocke **Große Michaelerhaus** (Nr. 11) mit reizendem Hof, Brunnen, geschwungenen Wagenschuppen und Blick auf St. Michael genannt: Wo der Hofdichter Pietro Metastasio, Librettist Glucks, Haydns und Mozarts wohnte, verzückt nun der Juwelier *Rozet und Fischmeister* mit kostbaren Kreationen.

Süßes Vergnügen, den Meistern der Konditorei Demel bei der Arbeit über die Schulter zu sehen

58 Hofburg

Gewaltiger Komplex von 18 Trakten und 19 Höfen mit rund 600-jähriger Baugeschichte. Bedeutende Schauräume, großartige Sammlungen.

1., Eingang Michaelerplatz
Tel. 01/5337570
www.hofburg-wien.at
U-Bahn Herrengasse (U3), Stephansplatz (U1, U3); Bus 2A, 3A; Tram 1, 2, D

Der Michaelertrakt bildet den altstadtseitigen Eingang zur Burg, doch empfiehlt es sich, seine Besichtigung aufzuschieben und im Schweizerhof zu beginnen, um die verwirrende Vielgestaltigkeit der Burg sinnvoll historisch zu orten. Sohlen kostet Habsburgs Glorie ohnedies.

Ottokar II. ließ 1275 das Kernstück um den **Schweizerhof** bauen, vierschrötig und ecktürmebewehrt, mit Wassergraben und Zugbrücke, beides heute noch erkennbar, und einer Burgkapelle [Nr. 59], die erhalten ist. Renaissancefürst Ferdinand I. erweiterte 1554 den Schweizertrakt. Als bedeutendes Renaissancebauwerk entstand das **Schweizertor**, wohl von Pietro Ferrabosco, der mit Battista Porti auch die Wappen und Grotesken im Torinneren malte. Im Hofinneren links *Brunnen* mit Kaiseradler von 1553. Die originelle **Säulenstiege** (18. Jh.) führt zur *Schatzkammer* [Nr. 60].

Auf Ferdinands Sohn, Maximilian II., geht der zweite Burgkomplex zurück, die **Stallburg** [Nr. 53] jenseits der Augustinerkirche, ebenfalls ein Renaissancebau.

Maximilians Sohn, Rudolf II., ließ ab 1575 den dritten Burgkomplex anlegen: die **Amalienburg** im Nordwesten des vor dem Schweizertor liegenden Turnierplatzes, der dann ›In der Burg‹ hieß. Der trapezförmig gestaltete Vierflügelbau mit kraftvoller *Renaissancefassade* zum Burgplatz und (barockisiertem) *Uhrturm* war

Oben: *Doppelt schön – Neue Hofburg in echt und als Wasserspiegelung auf dem Heldenplatz*
Unten: *Geduldig warten Besucher aus aller Welt auf Einlass in die Hofburg*

ebenfalls Ferraboscos Werk. Die Gemahlin Josephs I., Amalie, die hier ihren Witwensitz bezog, gab dem Trakt den Namen.

Barock-Kaiser Leopold I. veranlasste 1660 den Bau des **Leopoldinischen Trakts** als nordöstliche Verbindung zwischen Schweizertrakt und Amalienburg. Nach einem Brand wurde er im zweiten Anlauf unter G. P. Tencala und Domenico Carlone 1680 fertig. Hinter seiner langen, fein gegliederten Frühbarockfassade wohnten später Maria Theresia und Joseph II.; doch sind die Räume unzugänglich, da heute der Bundespräsident hier seinen Amtssitz hat. Schließlich schloss Karl VI. den Platz durch den **Reichskanzleitrakt**, den Hildebrandt 1723 mit dem Flügel zur Schauflergasse begann und Joseph Emanuel Fischer von Erlach 1730 vollendete: Prunkvoll die *Fassade* mit Kolossalpilastern und drei Risaliten zum Burgplatz hin, glänzend die vier *Heraklesgestalten* an zwei Portalen von Mattielli.

Den Platz **In der Burg** dominiert das *Denkmal* Franz' II. (I.), des Biedermeier-Kaisers an Metternichs Kandare: Über seinen Testamentsworten (lat.) »Meine Liebe meinen Völkern« steht er in antikisierender Pose, umgeben von den weiblichen Personifikationen von Glaube, Stärke, Frieden und Gerechtigkeit.

Nachdem unter Karl VI. und seiner Tochter Maria Theresia noch *Österreichische Nationalbibliothek* [Nr. 52], *Spanische Hofreitschule* [Nr. 54] und *Redoutensäle* [s. S. 54] gebaut wurden, tat eine Harmonisierung der Fassaden zum Michaelerplatz Not, um Reitschule und Reichskanzlei zu verbinden. Der jüngere Fischer von Erlach hatte diese Vereinheitlichung auf der linken Seite bereits begonnen, vollendet wurde sie aber erst 1893 nach Fischers Plänen im **Michaelertrakt** von Ferdinand Kirschner: Eine geschwungene *Schaufassade* öffnet ihr Riesenportal zur überkuppelten Rundhalle. Vier *Heraklesgestalten* begrüßen den Eintretenden, auch die kolossalen *Wandbrunnen* demonstrieren mit stürzenden und steigenden Körpern die Macht Habsburgs zur See (links, von Weyr) und zu Lande (rechts, von Hellmer). In der *Rundhalle* finden sich Allegorien auf Wahlsprüche von Karl VI., Maria Theresia, Joseph II. und Franz Joseph. Das einst links der Rundhalle liegende alte *Burgtheater*, erbaut 1741, wurde zu Gunsten der Erweiterung des Michaelertrakts 1888 abgerissen.

Als letzter großer Komplex entstand die **Neue Hofburg**, die im Südosten den Heldenplatz begrenzt, nach ehrgeizigen Semper- und Hasenauer-Plänen von ver-

schiedenen Architekten 1881–1913 ausgeführt, als demonstrativ repräsentatives, dröhnendes Bauwerk. Von der Terrasse des auftrumpfenden Mittelrisalits zwischen Säulenkolonnaden brüllte denn auch Hitler 1938 den ›Anschluss‹ aus. Heute sind hier mehrere **Museen** und der moderne Lesesaal der Nationalbibliothek untergebracht. Der **Festsaaltrakt**, der Neue Burg und Leopoldinischen Trakt verbindet, dient dem **Kongresszentrum** sowie großen Ballveranstaltungen.

Das **Äußere Burgtor** zum Ring, ein wuchtiger klassizistischer Bau mit dorischen Säulen, nach Peter Nobiles Entwurf 1824 vollendet, wurde zur Erinnerung an die Völkerschlacht bei Leipzig errichtet, nachdem Napoleon die Burgbastei hatte sprengen lassen. Das Innere ist jetzt *Gedenkstätte* für die Gefallenen des Ersten Weltkriegs sowie für Widerstandskämpfer gegen den Faschismus.

Dem weit atmenden **Heldenplatz** haben die zwei bronzenen *Reiterstandbilder* in der Mitte seinen Namen gegeben: *Erzherzog Karl*, Sieger über Napoleon bei Aspern, auf brillant gestaltetem, in der Levade nur auf die Hinterhufe gestütztem Pferd, sowie *Prinz Eugen*, dessen Ross, konventioneller, noch den Schweif als Stütze nutzt. Beide Plastiken von Anton Dominik Fernkorn, Sockel von Eduard van der Nüll, 1859 und 1865.

59 Burgkapelle Mariae Himmelfahrt

Interessantes Beispiel klassizistischer Regotisierung.

1., Hofburg, Schweizerhof
Tel. 01/533 99 27
www.hofburgkapelle.at
Sept.–Juni Mo–Do 11–15, Fr 11–13 Uhr (außer bei Proben der Sängerknaben)
Sonntagsmessen mit den Sängerknaben 9.15 Uhr, Tickets in der Vorhalle
U-Bahn Herrengasse (U3), Stephansplatz (U1, U3); Bus 2A, 3A; Tram 1, 2, D

Im kleinen Hof zwischen Schweizerhof und Josefsplatz sieht man einen Teil ihres zarten gotischen Fünfachtel-Chors, das Übrige ist ganz in den Schweizertrakt eingebunden. Die **Kapelle** des 13. Jh. wurde im 15. Jh. vergrößert, später barockisiert, 1802 klassizistisch regotisiert. Dennoch bietet der einschiffige **Innenraum** ein geschlossenes Bild von feierlicher Stimmung. Das Netzrippengewölbe schließt sich über dreigeschossigen Emporen und zweigeschossigen Fensterwänden. Unter den Pfeilerbaldachinen stehen 13 gotische *Holzfiguren* von hoher Qualität, besonders die ›Verkündigung‹ (um 1480). Daneben sind das *Bronzekruzifix* am Hochaltar (Johann Känischbauer, um 1720) und die *Holzmadonna* am linken Seitenaltar (Anfang 15. Jh.) beachtenswert. Das beglückendste Erlebnis der Burgkapelle aber sind die Haydn-, Mozart- oder Schubert-Messen der Sängerknaben.

60 Schatzkammer

TOP TIPP

Weltweit bedeutendste Sammlung ihrer Art mit dem einzigen fast unversehrt erhaltenen Kronschatz des Mittelalters.

1., Hofburg, Schweizerhof
Eingang Schweizerhof
Tel. 01/525 24 40 25
www.khm.at
Mi–Mo 10–18 Uhr
U-Bahn Herrengasse (U3), Stephansplatz (U1, U3); Bus 2A, 3A; Tram 1, 2, D

Weltliche Schatzkammer: Herzstücke dieses überreichen, aus mehreren Kunst- und Schatzkammern der Habsburger zusammengetragenen Horts sind die goldfunkelnden **Insignien und Kleinodien des Heiligen Römischen Reiches** (**Raum 9–12**), dessen Kaiser und Könige die Habsburger nahezu kontinuierlich von 1438 bis 1806 waren. Der Kronschatz wurde bis 1424 von den Herrschern selbst verwahrt, dann von der Reichsstadt Nürnberg gehütet, 1800 in Wien deponiert, unter Hitler nach Nürnberg verschleppt, 1946 Wien wieder zurückgegeben.

Die magische Schönheit und Symbolkraft der über tausend Jahre alten **Reichskrone** wecken Ehrfurcht. Ihre gemugelten, nicht geschliffenen Edelsteine symbolisieren Tugenden des guten Herrschers als Statthalter Christi, ihre acht Emailplatten die Tore des Himmlischen Jerusalem. Ihr Reif entstand 962 zur Krönung Ottos des Großen, das Kreuz unter Otto III. um 1000, der Bügel unter Konrad II. um 1030. Rundum die 37 Insignien, »die man das Reich nennt«, u. a. **Reichskreuz** (um 1025), **Reichsapfel** (um 1200), **Heilige Lanze** mit Kreuzpartikel (wohl 8. Jh.), **Zepter** (14. Jh.), **Reichsschwert** (11. Jh.) und **Krönungsevangeliar** (800). Herrlich

Gut behütet: Aus seiner Prager Hofwerkstatt stammt die elegante Krone Kaiser Rudolfs II. Heute kann man das edle Stück in der Schatzkammer der Hofburg bewundern

der sizilianische **Krönungsmantel** von 1134, in dessen Ornamentik Orient und Okzident sich einen.

Nach dem Ende des Hl. Römischen Reiches, 1806, wurde die elegante, aus seiner Prager Hofwerkstatt stammende *Hauskrone* Kaiser Rudolfs II. zur *Staatskrone des Erbkaiserreichs* Österreich proklamiert – doch statt Krönungen gab es danach nur mehr Erbhuldigungen, deren *Insignien* hier ebenfalls ausgebreitet sind (**Raum 1**). Ein weiteres Kernstück ist der **Burgunderschatz**, der durch Heirat Maximilians I. mit Maria von Burgund nach Wien kam und den Schatz des Ordens vom Goldenen Vlies einschließt (**Raum 13–16**). Der vierteilige *Messornat* des Ordens ist ein schieres Wunder an Stickkunst, Mitte des 15. Jh. nach Entwürfen aus dem Kreis Rogiers van der Weyden und van der Goes' entstanden.

Rätselhafteste Exponate: die beiden ›Unveräußerlichen Erbstücke des Hauses Habsburg‹, weil symbolisch unermesslich wertvoll: eine *Achatschale*, die als ›Heiliger Gral‹ (4. Jh.), und der Stoßzahn eines Narwals, der als Einhorn-Horn *(Ainkhürn)* und somit als Christus-Symbol gilt (**Raum 8**). Wertvoll, weil geschichtsträchtig, ist hier freilich jeder Gegenstand – bis hin zur *Silberwiege* des Herzogs von Reichstadt, des früh verstorbenen Sohnes von Napoleon und Marie Louise (**Raum 5**).

Die **Geistliche Schatzkammer** (**Raum I–V**) birgt Elfenbeinarbeiten, Reliquiare, Monstranzen, Messkelche, Kruzifixe, Hausaltärchen etc. vom 12. bis zum 19. Jh. aus ganz Europa.

61 Silberkammer

Tafelgeschirr für Fest- und Alltagsgebrauch des Kaiserhauses.

1., Hofburg, Michaelerkuppel
Tel. 01/5337570
www.hofburg-wien.at
tgl. 9–17, Juli/Aug. tgl. 9–18 Uhr (Eintrittskarten gelten auch für Sisi-Museum und Kaiserappartements)
U-Bahn Herrengasse (U3), Stephansplatz (U1, U3); Bus 2A, 3A; Tram 1, 2, D

Bei hohen Staatsbanketts greift man ins Magazin. Was die **Silberkammer** zeigt, dient nur noch der Augenlust. Kostbare Beispiele: der 30 Tischmeter bedeckende klassizistische *Mailänder Tafelaufsatz* aus vergoldeter und ziselierter Bronze (um 1800), das *Service* der Wiener Porzellanmanufaktur mit Miniaturen der Habsburger (1824), das grüne *Sèvres-Geschirr*, das Ludwig XV. Maria Theresia schenkte, das *Vermeil-Service* für 140 Personen aus feuervergoldetem Silber. Eine *Barockkanne mit Schüssel* zeugt von dem ›biblischen‹ Brauch des Kaiserpaares, am Gründonnerstag zwölf Armen die Füße zu waschen. Beim anschließenden Festessen wartete Majestät persönlich auf!

62 Sisi-Museum und Kaiserappartements

Wohn- und Audienzräume von Kaiser Franz Joseph und Kaiserin Elisabeth.

1., Hofburg, Michaelerkuppel
Tel. 01/5337570
www.hofburg-wien.at
tgl. 9–17, Juli/Aug. tgl. 9–18 Uhr
(Eintrittskarten gelten auch für Silberkammer)
U-Bahn Herrengasse (U3), Stephansplatz (U1, U3); Bus 2A, 3A; Tram 1, 2, D

Kaum ein Tourist, der nicht ›wegen Sisi‹ herkommt und dabei an Romy denkt. Dank des in den ersten sechs Räumen der Kaiserappartements befindlichen **Sisi-Museums** kann man nun seine romantischen Vorstellungen an der historischen Wirklichkeit messen. Die Ausstellung begleitet Elisabeth von ihrer bayerischen Heimat auf den österreichischen Thron, konzentriert sich aber besonders auf das Privatleben der Kaiserin. Persönliche Besitztümer wie Fächer oder Handschuhe werden ebenso gezeigt wie Niederschriften ihrer melancholischen Gedichte. Auch die Rekonstruktionen ihres Polterabendkleides und des Hofsalonwagens, in dem sie auf Reisen ging, sind zu sehen. Nun folgt der **Trakt des Kaisers**. Peter Kraffts lebendig gemalte Fresken (1833–37) im *Audienzwartesaal* führen das biedermeierliche Leben Franz' I. vor. Heute warten hier wieder – wenn auch als Puppen – Menschen aus allen Teilen des Vielvölkerstaats in Landestracht auf eine Audienz beim Kaiser. Im *Konferenz- und Arbeitszimmer* sind Winterhalters Porträts Elisabeths zu bewundern: einmal über die Schulter blickend, einmal als Rückenbildnis, auf dem sie ihr wallendes Haar offen trägt. Franz Josephs spartanisches *Schlafzimmer*: Eisenbett, Betschemel, Kriegsbilder.

Der **Trakt der Kaiserin** ist auf Weiß, Scharlachrot und Gold abgestimmt. Schlaf- und Wohngemach waren zusammengelegt, das Eisenbett der Kaiserin steht in der Mitte des Raums. Daneben das viel verspottete *Turnzimmer* mit Sprossenwand und Ringen. Auf dem Weg ins Badezimmer passiert der Besucher die Toilette der Kaiserin. An das Bad schließen sich die ›Bergl-Zimmer‹ an, deren Wände Johann Wenzel Bergl 1766 mit exotischer Flora und Fauna reich ausmalte. Im *Großen Salon* frühstückte das Kai-

Wer hat von diesen Tellerchen gegessen? Nur hochgestellte Persönlichkeiten kamen in den Genuss, von dem edlen Vermeil-Service zu speisen, das heute in der Silberkammer prangt

serpaar unter dem Marmorblick der Muse Polyhymnia: eine Skulptur Canovas (1817).

Nur im *Roten Salon* des anschließenden **Alexander-Appartements**, Zarenresidenz während des Wiener Kongresses, betört Rokoko-Beschwingtheit mit Boucher-Gobelins (18. Jh.) und zierlichem Mobiliar. Die ›Allerhöchste Hoftafel‹ im *Speisesaal*, voll gedeckt, suggeriert trotz Damast, Kristall, Gold und Silber eher die Atmosphäre von Spanischem Hofzeremoniell als von Gaumenlust.

63 Hofjagd- und Rüstkammer

Älteste und kostbarste Waffensammlung Europas in der Neuen Burg.

1., Neue Burg, Heldenplatz
Tel. 01/525 24 40 25
www.khm.at
Mi–Mo 10–18 Uhr
Für die ›Neue Burg‹ mit Hofjagd- und Rüstkammer, Musikinstrumentensammlung, Ephesos Museum und das ›Kunsthistorisches Museum‹ gilt eine Eintrittskarte
U-Bahn MuseumsQuartier (U2), Volkstheater (U2, U3);
Bus 2A, 57A; Tram 1, 2, D

Ostgotische Speerspitzen gleichen Giacometti-Figuren und die *Stechzeuge* Sigismunds von Tirol (um 1490) gefährlich-anziehenden utopischen Stahlmenschen. Alessandro Farneses *Schild* (vor 1579) erinnert an Homers Schilderung des Achilles-Schilds, *türkische Pferderüstungen* an blühende Scheherezaden.

Einer der ersten systematischen Sammler (schon um 1570) war Erzherzog Ferdinand von Tirol auf Schloss Ambras, der sich Rüstungen berühmter Zeitgenossen, auch der Sultane, schenken ließ. Seine Heldenrüstkammer sowie die kaiserliche Leibrüstkammer enthalten **Prunkharnische** aller Kaiser von Maximilian I. bis Karl VI., des französischen Königs Franz I., des spanischen Königs Philipp II., des Lepanto-Siegers Don Juan de Austria.

Wie die Harnische waren die meisten hier vertretenen **Kampf- und Jagdwaffen** Prunkstücke zum Repräsentieren oder Schenken, so die fein ziselierten *Bronzestreitkolben* Friedrichs III. und Maximilians I., das in Mailand geschmiedete *Schwert* des ›Letzten Ritters‹ oder der elegante *Golddegen*, den Ferdinand von Tirol von seinem Bruder Maximilian II. bekam, bis

Die Kaiserappartements schmückt u. a. das berühmte Gemälde, das Franz Xaver Winterhalter 1865 von Kaiserin Elisabeth schuf

hin zu kostbaren *Pistolen* und *Gewehren* für Franz Joseph. Tausende Objekte von der Völkerwanderungszeit bis ins 19. Jh. in zwölf Sälen.

64 Sammlung alter Musikinstrumente

Instrumente aus vielen Jahrhunderten in der Neuen Burg.

1., Neue Burg, Heldenplatz
Tel. 01/525 24 40 25
www.khm.at
Mi–Mo 10–18 Uhr
Für die ›Neue Burg‹ mit Hofjagd- und Rüstkammer, Musikinstrumentensammlung, Ephesos Museum und das ›Kunsthistorisches Museum‹ gilt eine Eintrittskarte
U-Bahn MuseumsQuartier (U2), Volkstheater (U2, U3);
Bus 2A, 57A; Tram 1, 2, D

Mit seinem Musiktalent könnte er sich überall durchbringen, versicherte ein

Höfling dem begabt komponierenden Kaiser Leopold I. »Wirklich? Aber *so* stehn mir sich halt besser«, gab dieser zurück. Sein *Clavicitherium* aus Schildpatt und Elfenbein ist ebenso kostbar wie jene *Violine* aus denselben Materialien, die Wenzel Kowansky für Maria Theresia schuf, oder die sechs fulminanten silbernen *Trompeten*, die sie von den Brüdern Leichamschneider anfertigen ließ.

Da auch diese Sammlung aus der Ambraser Kunstkammer hervorging, enthält sie bestaunenswerte Kuriosa und Unikate aus Mittelalter und Renaissance, so die riesige spätgotische *Basslautencister*, die kein Mensch zu bedienen weiß, die *Schalmeien* in extravaganter Drachenform, ›Tartölten‹ genannt, ein mechanisches *Spinett* mit Uhrwerksantrieb, das im 16. Jh. in Augsburg ersonnen wurde, oder eine *Harfe* in Gestalt eines harpunierten Fisches. Ehrfurcht, weil von begnadeten Händen berührt, erwecken das *Cembalo* Haydns aus London, der *Flügel*, den der berühmte Klavierbauer Erard 1803 Beethoven schenkte, Schuberts *Tafelklavier*, Clara Schumanns später auch von Brahms gespielter *Graf-Flügel*, Hugo Wolfs *Pianino*, Mahlers *Blüthner-Flügel*.

65 Ephesos Museum

Klassik, Hellenismus sowie das Partherfries in der Neuen Burg.

1., Neue Burg, Heldenplatz
Tel. 01/525 24 40 25
www.khm.at
Mi–Mo 10–18 Uhr
Für die ›Neue Burg‹ mit Hofjagd- und Rüstkammer, Musikinstrumentensammlung, Ephesos Museum und das ›Kunsthistorisches Museum‹ gilt eine Eintrittskarte
U-Bahn MuseumsQuartier (U2), Volkstheater (U2, U3);
Bus 2A, 57A; Tram 1, 2, D

Was für Berlin der Pergamonaltar und für London die Elgin Marbles, ist für Wien der **Partherfries**: ein 40 m langes Monumentalrelief mit lebensgroßen Figuren, um 170 n. Chr. anlässlich des Sieges des römischen Kaisers Lucius Verus über die Parther geschaffen, in den Jahren 1896–1906 von österreichischen Archäologen in Ephesos, der Weltstadt der Antike, ausgegraben und seit 1977 in dieser Dependance des Kunsthistorischen Museums wirkungsvoll präsentiert. Beachtlich auch die anderen Funde: ein 7 m hohes oktogonales *Grabdenkmal* (um Christi Geburt), Architekturstücke des Theaters wie die schönen *Erotenreliefs* (1./2. Jh. n. Chr.), eine bronzene *Athletenfigur*, aus 234 Einzelstücken zusammengesetzt (4. Jh. v. Chr.), Fragmente eines Artemisheiligtums mit wundervoller *Verwundeter Amazone* (4. Jh. v. Chr.), um nur einiges zu nennen. Eindrucksvoll dazu das riesige Stadtmodell von Ephesos.

Der Ephesos-Sammlung beigesellt sind österreichische Funde von der Insel **Samothrake**, die 1873–75 geborgen wurden. Der Besucher sieht *Architekturteile* und *Figuren* aus hellenistischer Zeit, die vor allem vom Hauptheiligtum stammen.

66 Museum für Völkerkunde

Forschungs- und Anschauungsstätte von höchstem Rang. Kostbare Schätze alter Stammeskulturen.

1., Neue Burg, Heldenplatz
Tel. 01/525 24 40 25
www.khm.at
Mi–Mo 10–18 Uhr
U-Bahn MuseumsQuartier (U2), Volkstheater (U2, U3);
Bus 2A, 57A; Tram 1, 2, D

Der aztekische Federkopfschmuck aus grün schillernden Schwanzfedern des Quetzal-Vogels, die der Herrscher Montezuma, wie man früher annahm, dem spanischen Eroberer Cortez darbrachte, weil er ihn für einen weißen Gott hielt, gelangte mit anderen altmexikanischen Gegenständen über die Ambraser Kunstkammer Erzherzog Ferdinands von Tirol hierher. Durch Erzherzogin Leopoldina, Kaiserin von Brasilien, kam eine riesige Brasiliensammlung nach Wien, durch Franz Ferdinands Weltreise vor allem Fernöstliches; eine Ersteigerung brachte 300 vorwiegend polynesische Objekte von James Cook. Vielfältige österreichische Forschungs- oder Handelsexpeditionen kehrten mit südafrikanischen oder neuseeländischen Raritäten zurück. Besonders stolz ist man auch auf die drittgrößte Benin-Sammlung der Welt. Weitere Attraktionen sind expressive Porträtgefäße aus Peru, zwei Schrifttafeln von den Osterinseln, japanische Gigku-Masken für buddhistische Tempeltänze, indische Prunkmusikinstrumente.

67 Bundeskanzleramt

Seit 250 Jahren politisches Machtzentrum Österreichs.

1., Ballhausplatz 2
U-Bahn Herrengasse (U3);
Bus 2A, 3A; Tram 1, 2, D

Medien und Volksmund nennen das Bundeskanzleramt einfach ›Ballhausplatz‹, und der Platz wiederum heißt so, weil sich hier einst ein Ballspielhaus befand. An dessen Stelle erstand 1719 die *Geheime Hofkanzlei*, in der mächtige Kanzler wie Wenzel Anton Graf Kaunitz unter Maria Theresia oder Clemens Wenzel Lothar Graf Metternich unter Franz I. und Ferdinand I. die Politik bestimmten. Hinter den drei Fenstern des Mittelbalkons rang der Wiener Kongress nach Napoleons Fall 1814–15 um ein europäisches Gleichgewicht, das er unter Rededuellen, Intrigen, Krachs und rauschenden Festen zuwege brachte. Und unter Bratenduft, denn Metternich wohnte hier auch. Am 25. Juli 1934 erschossen die Nationalsozialisten den christlich-sozialen Kanzler Dollfuß in seinen Amtsräumen.

Der Sitz des Bundeskanzlers und der Bundesregierung von Österreich bietet dem Ballhausplatz eine telegene **Hauptfassade**, entworfen von Hildebrandt in einer bei ihm ungewohnt zurückhaltenden Würde, die durch die Beseitigung der ursprünglichen Attikafiguren noch strenger wirkt. 1766 wurde das Gebäude durch Nikolaus Pacassi erweitert, 1882 kam der linke Seitentrakt, 1902 am Minoritenplatz eine Abteilung des *Haus-, Hof- und Staatsarchivs* (Besuch nach Voranmeldung, Tel. 01/531 15 25 00) hinzu.

68 Minoritenkirche

Stadtbild beherrschende gotische Kirche, von Barockfronten umgeben.

1., Minoritenplatz 2a
www.minoriten.at
U-Bahn Herrengasse (U3);
Bus 2A, 3A; Tram 1, 2, D

Die heutige ›Italienische Nationalkirche Maria Schnee‹ ist eine Gründung der Minoriten, die 1224 nach Wien kamen, wenig später hier Kloster und Kirche errichteten, beides 1340–1400 gotisch neu erbauten, 1784 unter Joseph II. das Kloster auflösen und die Kirche der italienischen Kongregation ›Madonna della Neve‹ übergeben mussten, sie jedoch seit 1957 wieder betreuen. Der mächtige prismatische Baublock mit extrem steilem Satteldach, eigenartig angebautem schlanken Turm und kräftigen Strebe-pfeilern wartet mit einem der schönsten Portale Wiens auf: Französisch beeinflusste Hochgotik prägt die Eleganz der Figuren am **Hauptportal** (Gekreuzigter mit hll. Frauen und Longinus, um 1350). Ein *Baumeisterbildnis* befindet sich am Turm zwischen Basis und Achteck, um 1360.

Der dreischiffige **Innenraum** überrascht durch helle Weiträumigkeit, dank der klassizistischen ›Regotisierung‹ durch Ferdinand von Hohenberg, 1789. Hohe, reich profilierte Bündelpfeiler fächern zu Kreuzrippengewölben auf. Aus dem Mittelalter blieb nur die anmutige ›*Familienmadonna*‹ (um 1350) und das Freskenfragment eines ergreifenden hl. Franz von Assisi (16. Jh.). Barockwerke sind das *Hochaltarbild* ›Maria Schnee‹ von Unterberger (1785), die beiden hervorragenden *Gran-Bilder* der hll. Nikolaus und Benedikt rechts neben dem Eingang sowie die *Gemälde* Martino Altomontes (›Hl. Leopold‹) und Bartolomeo Altomontes (›Hl. Nepomuk‹) an der linken Wand (alle 1. Hälfte 18. Jh.). Giacomo Raffaelis originalgroße *Mosaikkopie* des ›Abendmahls‹ von Leonardo da Vinci ist nicht künstlerisch, sondern historisch interessant: Napoleon gab sie für Mailand in Auftrag, um das Original nach Paris zu holen! Nach dem Sturz des Korsen erwarb sie Kaiser Franz I.

69 Palais Starhemberg

Gutes Beispiel des österreichischen Frühbarock.

1., Minoritenplatz 5
U-Bahn Herrengasse (U3);
Bus 2A, 3A; Tram 1, 2, D

Als das Minoritenkloster an der Südseite der Kirche Anfang des 20. Jh. demoliert wurde und das *Österreichische Staatsarchiv* entstand (Haus Nr. 1), schloss sich der stille Platz zum Ensemble, begrenzt an der Ostseite von der Rückfront des *Palais Niederösterreich* [Nr. 71], im Westen von der Rokokofassade des *Palais Dietrichstein* (Haus Nr. 3) sowie dem Seitenportal des Palais Liechtenstein (Haus Nr. 4; vgl. Nr. 70), im Norden vom ehemaligen *Palais Starhemberg*, in dem seit 1871 das Unterrichtsministerium, heute das Bundesministerium für Bildung, Wissenschaft und

Kultur, residiert. Der 1661 von einem unbekannten Baumeister errichtete Palast ist ein Frühbarockbau mit sehr regelmäßig und zurückhaltend gegliederter 13-achsiger **Fassade**. Das **Treppenhaus** zieren klassizistische Plastiken von Joseph Klieber. Ernst Rüdiger Graf Starhemberg, berühmter Spross des oberösterreichischen Adelsgeschlechts, Verteidiger Wiens bei der Türkenbelagerung 1683, ist 1701 in diesem Palais gestorben.

70 Stadtpalais Liechtenstein

Wiener Sinnlichkeit und römisch hochbarocke Strenge.

1., Bankgasse 9/Minoritenplatz 4
Tel. 01/31 957 670
www.liechtensteinmuseum.at
Bis 2013 wg. Renovierung geschl. Danach nur auf Anmeldung zugänglich
U-Bahn Herrengasse (U3);
Bus 2A, 3A; Tram 1,2 D

Noch bis Ende 2012 werden Gerüste den Stadtpalais derer von Liechtenstein umgeben. Nach der Generalsanierung soll es als zweiter Standort des fürstlichen Museums dienen. Auch das Innere ist bis dahin nicht zugänglich.

Den im Rohbau stehenden Stadtpalast des Grafen Kaunitz kaufte Fürst Johann Adam Andreas I. von Liechtenstein 1694. Er ließ es Domenico Martinelli zum ersten hochbarocken Bauwerk Wiens vollenden.

Im Erdgeschoss lagen die Wirtschaftsräume, im ersten Obergeschoss die repräsentativen Appartements des Fürsthauses. Seit 1705 diente das zweite Obergeschoss als Galerie für die fürstliche Kunstsammlung. Die Decken der beiden Obergeschosse schmückten allegorische Deckenbilder des venezianischen Malers Antonio Bellucci, ehe sie 1807-10 ins Gartenpalais überführt wurden. Der Bauherr ließ Martinellis architektonische Strenge durch Gabriel de Gabrieli ins Üppige ›modernisieren‹: Es gab Krach, Pamphlete und schließlich Martinellis Abdankung.

Heraus kam eine eindrucksvolle Mischung: Die zur Bankgasse gewendete **Hauptfassade** der Vierflügelanlage ist würdig, doch aufgelockert durch Bewegtheit und Figurencharme des *Hauptportals*, ebenso der *Dachstatuen* (alle Figuren stammen vom Bildhauer Giovanni Giuliani). Ganz zu schweigen vom **Seitenportal** zum Minoritenplatz, das in seiner schwellenden Sinnlichkeit Fischer von Erlach zugeschrieben wird (um 1700). Beim **Treppenhaus** setzte Gabrieli Einläufigkeit und Schmuck durch – es geriet mit Putti und Statuen von Giovanni Giuliani sowie Stuck von Santino Bussi zu blühendem Leben.

71 Palais Mollard

Erlesene Museen und vielfältige Sammlungen der Österreichischen Nationalbibliothek.

1., Herrengasse 9
Tel. 01/53 410 710
www.onb.ac.at
U-Bahn Herrengasse (U3);
Bus 2A, 3A; Tram 1, D

Das barocke Stadtpalais, das 1696–98 im Auftrag von Reichsgraf von Mollard entstand, hat viele Umbauten erlebt. Vom ursprünglichen Zustand zeugen lediglich die mythologischen Ölmalereien in der Galerie, die dem Mailänder Andrea Lanzani zugeschrieben werden. Das Gebäude wird von der Österreichischen Nationalbibliothek genutzt und ist Heimstatt des Globenmuseums, der Musiksammlung sowie des Esperantomuseums und der Sammlung für Plansprachen.

Das weltweit einzige **Globenmuseum** (Di/Mi, Fr–So 10–18, Do 10–21 Uhr) präsentiert rund 250 Erd-, Himmels-, Mond- und Marsgloben, vor allem aus der Zeit vor 1850, und veranschaulicht anhand von kartografischen Dokumenten, wissenschaftlichen Instrumenten und historischen Modellen den Wandel unseres Weltbildes im Laufe der Jahrhunderte.

Auch die **Musiksammlung** (Okt.–Juni Mo–Mi 9–16, Do 12–19, Fr 9–13 Uhr, Juli–Sept. Mo–Fr 9–13 Uhr) mit wertvollen Stücken wie den Originalpartituren von Haydns ›*Kaiserhymne*‹, Mozarts ›*Requiem*‹ oder Richard Strauss' ›*Rosenkavalier*‹ sowie 47 000 Musikhandschriften, Tonbändern und Schallplatten hat im Palais Mollard einen neuen Rahmen gefunden.

Das **Esperantomuseum** (Di/Mi, Fr–So 10–18, Do 10–21 Uhr) ist Museum, Bibliothek, Dokumentationsstelle und mit der weltweit größten linguistischen **Sammlung für Plansprachen** (Okt.–Juni Mo–Mi 9–16, Do 12–19, Fr 9–13 Uhr, Juli–Sept. Mo–Fr 9–13 Uhr) Archiv zugleich.

Wenige Schritte nördlich steht auf derselben Straßenseite das **Palais Nie-**

Magische Menschen-Melange

Er hat es heiß geliebt, drum sitzt er immer noch da. Peter Altenberg, der Wiener Kaffeehausliterat, der zur Legende wurde, hat im **Café Central** als guter Geist des Hauses wieder Dauerlogis bezogen, heute freilich als Sitzfigur und sprachlos. Vor beinahe 100 Jahren saß er geistreich plauschend hier – und mit ihm andere kleine und große Genies. Egon Friedell hatte im Central sein **zweites Wohnzimmer**, wie auch Franz Werfel, Robert Musil, Karl Kraus und viele andere. Wenngleich der **Fin-de-siècle-Charme** vieler Kaffeehäuser längst verweht ist – ihr Zauber widersteht allen Modernisierungen und wirkt auf Alt und Jung, Einheimische wie Fremde. Ob im **Central**, **Bräunerhof**, **Demel**, **Griensteidl** oder **Museum**, ob im **Hawelka**, **Landtmann** oder **Brioni**. Mehr als 500 dieser Wiener Spezies aus Zeitungsgeraschel, Löffelgeklirr und Flüstergesprächen soll es geben. Zeitungen im Überfluss, kleine Braune und große Schwarze, Verlängerte und Einspänner. Dazu Sandler (Tagvertrödler) und Schreiber, stille Schachspieler und quirlige Studenten, befrackte Ober und aufgetakelte Rentnerinnen, Pseudo-Literaten und Politiker. Und auch an Touristen mangelt es in den Cafés, vor allem am Ring und rund um die Burg, keineswegs. Schließlich will man sie ja kennenlernen, diese magische Menschen-Melange in einem Wiener Kaffeehaus.

Eine lebende Legende: das einstige Literatencafé Central im Palais Ferstel

derösterreich. Es wurde 1513–16 als Versammlungshaus der niederösterreichischen Stände (Hochadel, Ritter, Prälaten) gebaut, und diese ›Herren‹ gaben der Straße ihren Namen. Im März 1848 stürmten es Arbeiter und Studenten, womit die bürgerliche Revolution begann. Und 1918 hob die erste Nationalratstagung hier die Republik Österreich aus der Taufe. Heute hat in der zweiten Etage das Österreichische Außenministerium seinen Sitz, die übrigen Säle werden für Kongresse und Feierlichkeiten genutzt.

72 Palais Caprara-Geymüller

Wo heute die Wiener Börse residiert, wohnte einst Graf Bernadotte.

1., Wallnerstraße 8
U-Bahn Herrengasse (U3);
Bus 1A, 2A, 3A; Tram 1, D

Der Türkensieg löste auch im ›Herrenviertel‹ um die Herrengasse Baueifer aus. Zum österreichischen Adel, der sich seit dem 15./16. Jh. hier niederzulassen begann, gesellte sich nun italienische und ungarische Aristokratie. Graf Eneas Caprara ließ sich von seinem Landsmann Rossi 1698 ein italienisch-hochbarockes Palais bauen: eng gedrängt mit schweren Formen die **Fassade**, betont das **Portal**, ausladend das **Vestibül**. 1798 mietete es der französische Gesandte Bernadotte, später König von Schweden, hisste auf dem Balkon kühn die Trikolore und skandalisierte damit ganz Wien. Bald ging es in den Besitz der Bankiers Johann Heinrich und Jakob Geymüller über, die die Innenräume im Empirestil erneuern ließen; der schönste Raum, das *Pompejanische Zimmer*, ist heute im ›Wien Museum Karlsplatz‹ [Nr. 100] zu sehen.

73 Palais Ferstel

Ein Baudenkmal, eine elegante Passage und ein ›zu Buche geschlagenes‹ Kaffeehaus.

1., Herrengasse 14/Freyung 2
www.ferstel.at
U-Bahn Schottentor (U2); Bus 1A;
Tram 1, D

Ein Palais? Alles andere: ein höchst dekorativer, weitläufiger Gründerzeitbau, der eine Passage zwischen Freyung und Herrengasse bildet, Boutiquen, Restaurants, exquisite Geschäfte, Börsen- und Empfangssäle beherbergt, mit Höfen und Treppen prunkt, weltstädtisch, geldig und ein bisschen märchenhaft. Der spätere Universitätserbauer Heinrich Ferstel errichtete das Gebäude 1856–60 in romanisch-renaissanceorientierten Formen für die Österreichisch-Ungarische Bank und die Börse: Architekturdynamik für Finanzdynamik. Die zwölf Statuen an der reich geschmückten **Fassade** verkörpern die zwölf Nationen Österreichs (Hans Gasser); der schöne *Donaunixenbrunnen* im **Basarhof** mochte ›glückliche Fischzüge‹ verheißen (Fernkorn, 1861). Seit die Börse auszog, ist das Palais ein viel gebuchter Veranstaltungsort

TOP TIPP In seinem außergewöhnlichen *Arkadeninnenhof* unter der Glaskuppel ist auch das **Café Central** [s. S. 170] wieder erstanden. Hier ›lebte‹ um die Jahrhundertwende ein ganzes Rudel von Literaten: Karl Kraus und sein Intimfeind Anton Kuh, Alfred Polgar, Egon Friedell, Berthold Viertel, Arthur Schnitzler, untermischt mit Politikern wie Victor Adler, Karl Renner, Thomas G. Masaryk oder Leo D. Trotzki (der sich damals noch Bronstein nannte). Die legendäre Residenz des aufmüpfigen Geistes hat Literatur geboren und ist Literatur geworden.

74 Palais Harrach

Frühe Wiener Palastarchitektur unter römischem Einfluss.

1., Freyung 3/Herrengasse 16
www.barbaro.at
U-Bahn Schottentor (U2); Bus 1A;
Tram 1, D

Während die aufständischen böhmischen Adligen nach der Schlacht am Weißen Berg, 1620, und die unbekehrten Protestanten ihre Besitzungen im Herrenviertel verloren, konnten die Kaisertreuen sie vermehren. Zu ihnen gehörten die böhmischen Grafen Harrach. Graf Bonaventura Harrach holte 1690 Domenico Martinelli aus Rom und ließ sich von ihm sein älteres Haus repräsentativ umbauen. 1845 schwerwiegend verändert, 1952 rebarockisiert, gibt nur noch die schlicht gegliederte **Fassade** zur **Herrengasse** einen Begriff vom ursprünglichen Aussehen. Im Erdgeschoss serviert der Nobel-Italiener **Martinelli** Pizza und Pasta. Da im Rest des Gebäudes das Immobilienunternehmen Signa ansässig ist, muss man auf den Anblick des imponierenden Treppenhauses verzichten.

75 Palais Daun-Kinsky

Hildebrandts opulente Reife.

1., Freyung 4
Tel. 01/532 42 00
www.palais-kinsky.com
Mo–Do 10–18, Fr 9–13 Uhr
U-Bahn Schottentor (U2); Bus 1A;
Tram 1, D

Dieses Juwel unter den Palais des Herrenviertels schuf Lukas von Hildebrandt 1713–16, auf jenem Höhepunkt seines Schaffens, als er gleichzeitig das Belvedere begann. Wie dort ist die dekorative **Fassade** mit ihren zauberhaft bekrönten Fenstern und ornamentierten Hermenpilastern, der figurengeschmückten Attika und dem wundervollen Portal von einem Licht- und Schattenrelief bewegt, das zu Hildebrandts Charakteristikum wurde. Das festliche **Treppenhaus** führt hinauf

Das Portal des Palais Daun-Kinsky ist ein Meisterwerk Hildebrandts

zu den Schausälen eines Auktionshauses. Belebt wird es durch eine verschwenderische Fülle von Atlanten und Putti, gerät Stein und Raum »zu einem einzigen Erlebnis schwerelos aufsteigender Bewegung« (Grimschitz), fortgesetzt in Marcantonio Chiarinis *Deckenfresko* ›Glorie eines Helden‹ und Scheinarchitekturen von Gaetano Fanti (1716).

Der Palast gehörte zuerst dem Wiener Stadtkommandanten Reichsgraf Wirich Philipp Daun, Vater des berühmten Feldmarschalls von Maria Theresia, Leopold Joseph Daun. 1784 ging er in die Hände des böhmischen Uradelsgeschlechts der Grafen und Fürsten Kinsky über. Das Palais wird heute von einem Auktionshaus genutzt, in seinem Innenhof befinden sich Lokale.

76 Palais Batthyány-Schönborn

Fischer von Erlachs subtile Eleganz des Frühwerks.

1., Renngasse 4
Tel. 01/535 19 89
www.moya-vienna.at
tgl. 10–17 Uhr
U-Bahn Schottentor (U2); Bus 1A, 3A; Tram 1, D

Die Palais der beiden im 18. Jh. führenden Baumeister Wiens stehen Gesicht zu Gesicht, wenn auch durch die Breite der Freyung auseinander gerückt. Der Bau des älteren, Johann Bernhard Fischer von Erlach, entstand früher, 1699–1706, im Auftrag des Grafen Adam Batthyány. Als der Reichsvizekanzler und Fürstbischof von Würzburg, Friedrich Carl Graf Schönborn, ihn 1740 kaufte, wollte er ihn von seinem Hausarchitekten Hildebrandt umbauen lassen, doch es kam nicht dazu.

Eher zu Fischers Frühwerken zählend, ist die **Fassade** mit nur zart hervortretendem Mittelrisalit linear gestaltet, die Baumasse wirkt schier entmaterialisiert. Die plastische Dekoration besetzt nur die Mitte durch *Hermenpilaster* mit merkwürdig gelockten Kapitellen und Relieftafeln sowie mit dem – durch zwei Freisäulen, Nischenvasen und die Wappenkartusche glanzvoll hervorgehobenen – *Portalbau*. Leider sind die ursprünglichen Dachbalustradenfiguren verloren gegangen. Das doppelläufige **Stiegenhaus** kann sich unbeengter entfalten als sein Pendant im Prinz-Eugen-Palais [Nr. 37]. Es führt in die opulent ausgestatteten Gemächer des Palais, in denen das **Museum of Young Arts** in ambitionierten Wechselausstellungen Grafiken, Fotografien und Installationen ausschließlich junger europäischer Künstler zeigt.

77 Schottenkirche und Schottenstift

Frühbarockkirche mit bedeutender Grabmalkunst und Stiftsgalerie.

Abtei- und Pfarrkirche Unsere Liebe Frau zu den Schotten, 1., Freyung 6
Tel. 01/53 49 82 00
www.schottenstift.at
Kirche jeweils 20 Min. vor den Messen, Zugang über hinteres Gittertor
tgl. außer Fei 6–19.30 Uhr
Führungen Sa 14.30 Uhr, Treffpunkt im Klosterladen
Museum: Di–Sa 11–17 Uhr
U-Bahn Schottentor (U2); Bus 1A; Tram 1, D

Der Name von Kirche und Kloster, auch ihre romanischen Fragmente beidseitig des Presbyteriums zeugen von früher Gründung durch irische Mönche, damals ›Schotten‹ genannt, die der Babenbergerherzog Heinrich II. Jasomirgott aus Regensburg holte, nachdem er Bayern aufgegeben und 1156 dafür von Barbarossa die Erhebung Österreichs zum Herzogtum erwirkt hatte. 1200 wurde die von den Gründern gebaute Grabkirche für den Herzog geweiht; 1418 lösten Benediktinern aus Melk die Iren ab.

Als Neubau über romanischen und gotischen Mauern errichteten die ›Wiener Italiener‹ Andrea d'Allio Vater und Sohn und Silvestro Carlone 1638–48 den strengen, durch unvollendete Fassadentürme vierschrötig wirkenden Frühbarockbau.

Dem eindrucksvollen tonnengewölbten **Saalraum** gab Heinrich Ferstel 1889 in Dekorationen und Altären eine Neurenaissanceausstattung mit *Deckenfresken* von Julius Schmid. Doch die barocken *Altarbilder*, vor allem von Tobias Pock und Sandrart, blieben erhalten. Über dem linken Querschiffaltar steht Wiens ältestes Gnadenbild: eine romanische Madonnenstatue (um 1250). Das brillanteste unter den *Grabdenkmälern* schuf vermutlich Joseph Emanuel Fischer von Erlach 1725 für den Türkenbesieger Ernst Rüdiger Graf Starhemberg: Zwischen einem En-

Hinter dem Austriabrunnen, den Ludwig Schwanthaler 1844 entwarf, breitet sich der große Komplex des Schottesstifts mit Kirche aus

gel und einem gefesselten Türken trägt die Frauengestalt Wiens ein Schild mit dem Bildnis des Grafen. Sein Sarkophag steht in der **Gruftkirche**, in der einst Herzog Heinrich II. und dessen byzantinische Gemahlin beigesetzt worden waren. Der Zugang zur Gruft führt durch die nördliche **Monumentenhalle**. Zur **Romanischen Kapelle** führt der Eingang Benediktushaus.

Das **Museum im Schottenstift** (Eingang durch den Klosterladen, links neben dem Kirchenportal) zeigt jenes berühmte Bild auf dem die *›Flucht nach Ägypten‹* am Südrand Wiens stattfindet, nämlich vor dem Hintergrund eines Panoramas der gotischen Stadt: eine der ältesten Ansichten Wiens. Die *›Heimsuchung‹* wiederum ist in der Innenstadt lokalisiert. Beide Bilder gehören zu den 19 hier bewahrten Tafeln des früheren Hochaltars mit Szenen des Marien-Lebens und der Christus-Passion, den der Schottenmeister 1469–75 in frischem, niederländisch beeinflussten Realismus schuf.

Als Josef Kornhäusel das alte Stiftsgebäude 1826–32 klassizistisch umbaute, entstand der **Schottenhof**, umgeben vom Konventsgebäude und dem seit 1807 bestehenden Schottengymnasium. Fürst Adam von Liechtenstein und Ex-Bundeskanzler Wolfgang Schüssel drückten hier die Schulbank.

78 Dreimäderlhaus

Altwiener Bürgerhäuser mit Grazie.

1., Schreyvogelgasse 10/Mölker Steig 1
U-Bahn Schottentor (U2); Bus 1A;
Tram 1, D

Die Mölker Bastei, nach dem Melker Hof benannt, ist eine erhalten gebliebene Auffahrtsrampe der alten Basteien. Im reizvollen Winkel Mölker Bastei, Mölker

vogelgasse ist die Bie-
en geblieben.
Dreimäderlhaus lockt
d mit *Giebelfassade*, fei-
gerahmtem *Madonnen-*
chen Zopfstil des spätjosephinischen Klassizismus (1803). Hier hat man sich *Schuberts* angebliche Romanze mit den drei Töchtern eines Glasermeisters, Hannerl, Hederl und Heinderl, vorgestellt.

79 Pasqualatihaus

TOP TIPP

Eine von nicht weniger als 27 Wiener Wohnungen des rastlosen Musik-Genies Beethoven.

1., Mölker Bastei 8
Tel. 01/535 89 05
www.wienmuseum.at
Di–So 10–13 und 14–18 Uhr
U-Bahn Schottentor (U2); Bus 1A; Tram 1, D

Die hastig hingewischte *Fidelio-Skizze* und das zweite *Testament*, bei dem die Feder ihm nicht mehr gehorchte, rühren an. Sein *Porträt* von Mähler (1804), jäh in Blick und Bewegung, seine *Büste* von Klein nach Lebendmaske (1812) fesseln durch Authentizität. Standuhr, Zuckerdose und Nachtkästchen sind dagegen eher mühsame Beschwörungen durch Devotionalien. Nomadisch wie Mozart und Schubert, floh Ludwig van Beethoven (1770–1827) von Quartier zu Quartier: 80 Übersiedlungen von 1792–1827, 27 in der Stadt. Er nahm Logis bei verschiedenen Gönnern, einmal im Theater an der Wien. Die Wohnung im stattlichen Mietshaus des musikliebenden Großhändlers Johann Baptist Freiherr von Pasqualati hatte er zwar 1804–14 inne, doch auch sie nur mit vielen Unterbrechungen. Hier schuf er den Fidelio, die 4., 5., 6. Symphonie, das Klavierkonzert in G-Dur, die 2. und 3. Leonoren-Ouvertüre und vieles mehr.

80 Ringstraße

Eine der Prachtstraßen Europas. Gesamtkunstwerk des 19. Jh.

U-Bahn Karlsplatz (U1, U2, U4), Schottenring (U2, U4), Schwedenplatz (U1, U4); Tram 1, D

Die Ringstraße sei die Erhöhung Wiens zur Großstadt, jubelten die einen. Nein, die Demolierung zur Großstadt, höhnten die anderen und tanzten die ›Demolierer-Polka‹ von Johann Strauß.

Gewiss, die Basteien und das davor liegende Wiesen- und Spaziergelände des Glacis rund um die Stadt waren eine Zierde –, aber Mitte des 19. Jh. längst auch eine Last der Festungsvergangenheit geworden. 1857 entschied Kaiser Franz Joseph, die Befestigungen zu schleifen und eine **Stadterweiterung** großen Stils ins Werk zu setzen. Geplant waren eine neu verbaute Ringstraße anstelle der Stadtmauer und ein Gürtel an der Vorstadtbegrenzung des Linienwalls.

Die 4 km lange, 57 m breite, alleenbegleitete Ringstraße mit **Repräsentationsbauten** für Regierung, Kunst und Wissenschaft sowie 800 Wohngebäuden wurde 1858 begonnen und 1865 der Öffentlichkeit übergeben, wiewohl erst weit nach der Jahrhundertwende vollendet. Ihre verschiedenen Abschnitte entwickelten sich zu Domänen des Hochadels, vor allem aber der Finanz- und Industriearistokratie und der Großkaufleute. So geriet die pompöse Anlage zum Spiegel der Aufstiegseuphorie des Bürgertums.

Gebaut von rund 80 ›handverlesenen‹ Architekten aus 400 internationalen Bewerbern – Heinrich von Ferstel, Theophil von Hansen, Eduard van der Nüll, Semper, Siccardsburg, Hasenauer u. a. –, wurde das Gemisch ihrer verschiedenartigen Stile bald bespöttelt: »Griechisch, gotisch, Renaissance/ist für die doch alles ans.« Neugriechisch das *Parlament*, neurömisch die *Börse*, neugotisch *Votivkirche* und *Rathaus*, in wechselnden Neurenaissanceformen *Burgtheater, Oper*, die beiden *Museen*, die *Neue Burg*. Dazwischen unzählige *Statuen, Denkmale* und *Monumente*: eine besessene Vergangenheitsbeschwörung von Pallas Athene über Maria Theresia bis zu den Sozialisten der ersten Stunde.

Es schien aus dem Geist dieser »melodramatischen« Prunkstraße geboren, dass sie 1879 ebenjenen legendären Maskenfestzug zur Silberhochzeit des Kaiserpaares trug, den Malerfürst Makart im roten Cinquecento-Kostüm anführte, dann 1908 die bombastische Festkavalkade zum Regierungsjubiläum des Kaisers, schließlich 1916 seinen düsteren Begräbniskondukt, der das Ende der Monarchie bedeutete.

Längst setzte eine Neubewertung ihres verspotteten Historismus ein. Heute weiß man das in Europa Vergleichslose ihrer Rauminszenierung zu schätzen, be-

Burgtheater im Fokus – vom Dach des gegenüberliegenden Rathauses aus sieht man die geschichtsträchtige ›Bühne der Nation‹ an der Ringstraße aus ungewöhnlicher Perspektive

wundert die architektonische Qualität ihrer einzelnen Bauten, die Ensemblewirkung des ›Gesamtkunstwerks‹.

81 Burgtheater

Traditionsreichste Bühne deutscher Sprache.

1., Dr.-Karl-Lueger-Ring 2
Tel. 01/514 44 41 40 (Info),
Tel. 01/514 44 41 45 (Karten)
www.burgtheater.at
Führungen tgl. 15 Uhr, Beginn beim Haupteingang in der Kassenhalle, Karten 15 Minuten vor der Führung
U-Bahn Schottentor (U2), Herrengasse (U3); Tram 1, D

Kultstätte der Schauspieler-Adoration, Schule des Lebensstils, wechselnd Zankapfel oder Stolz, immer währendes Taxi- und Kaffeehausgespräch der Wiener: ›die Burg‹. So genannt, weil sie zuerst ein Ballsaal (1741), dann das ›Hof- und Nationaltheater‹ (1776) an der Hofburg am Michaelerplatz war, bevor sie 1888 zu ihrem fulminanten Haus am Ring kam. Über lange Strecken ein Kunsttempel des Faltenwurfs und der hohen Sprachkultur (›Burgtheaterdeutsch‹), der Komödien strikt verbannte, um die Jahrhundertwende nur zögernd offen für die Moderne, sind experimentelle Wagnisse dieser Bühne erst jüngeren Datums. Seit 1983 darf auch am Schluss geklatscht und gebuht werden, was eine ehrwürdige Tradition zuvor verbot. Aber Theatergeschichte heißt in Wien **Starnamen-Beschwörung**. Hochadelige der Burg: der tänzerische Kainz, der ›wienerische‹ Girardi, die tragische Wolter, die Bleibtreu, die Gold, die Wessely, die Thimigs, die Hörbigers, der Meinrad, der Kraus, der Werner, der Voss und der Brandauer... Seine Schauspieler ehrt das Burgtheater seit dem 18. Jh. mit Porträts, die in Gängen und Pausenfoyers zu sehen sind. Im Foyer des 1. Rangs, der ›Neuen Porträtgalerie‹, entdeckt man auch zeitgenössische Hofburg-Akteure, darunter Elisabeth Orth und Klaus Maria Brandauer.

Ringstraßenanspruch ebenso wie Hof und Nation verbindende gesellschaftliche Stellung des Hauses bewogen Carl Hasenauer – nach Plänen Sempers, des Erbauers der Dresdner Oper – zur pompösen Repräsentationsarchitektur (1874–88) nach Vorbild der italienischen Hochrenaissance mit halbrund vorgewölbtem Mitteltrakt und langen Seitenflügeln für die Logentreppen sowie üppiger Innendekoration in Barockform. Über dem Mittelrisalit *Basrelief* mit Bacchantenzug (R. Weyr), darüber *Apollo* mit *Melpomene* und *Thalia* (C. Kundmann). Oberhalb der

Fenster *Kolossalbüsten* (V. Tilgner): links Shakespeare, Calderón, Molière; Mitte Goethe, Schiller, Lessing; rechts Halm, Grillparzer, Hebbel. Dazu Hunderte *Figuren* und *Büsten* aus Mythologie und Drama.

Das **Innere**, Kombination von Logen- und Rangtheater, ist nach der Kriegszerstörung 1955 wieder aufgebaut worden. Erhalten blieben die prunkvollen **Feststiegen** in den Seitenflügeln mit anmutigen *Deckenmalereien* der Jugendstilmaler Gustav Klimt, Ernst Klimt und Franz Matsch. Über der rechten Stiege Szenarien griechischen Theaters und des Londoner Globe (mit Konterfei der drei Künstler), über der linken antike und mittelalterliche Spieler sowie Marktplatz-Komödianten (hier unter den Zuschauern die Porträts von Klimts Mutter und Schwester). Der nobel auf Elfenbein, Gold und Rot abgestimmte **Zuschauerraum** fasst 1500 Menschen.

82 Universität

Früheste Universitätsgründung im heutigen deutschen Sprachraum.

1., Dr.-Karl-Lueger-Ring 1
www.univie.ac.at
Führungen durch das Hauptgebäude Do 18, Sa 10.30 Uhr
(Beginn in der Aula)
U-Bahn Schottentor (U2);
Bus 1A; Tram 1, D

Die von Herzog Rudolf IV. 1365 gegründete Universität war zuerst um das Dominikaner-, dann im Jesuitenkloster und in der Akademie der Wissenschaften untergebracht, bis sie diesen 1883 von Ferstel vollendeten Komplex mit Pavillonbauten und Loggia-Steigerung im Mittelbau bezog. Zwei Stiegenhäuser führen zum **Festsaal**, den die *Figuren* Rudolfs IV. und Maria Theresias patronieren (unter der Regentin wurde die Uni staatlich), zu Häupten Matschs *Deckengemälde* ›Sieg des Lichts über die Finsternis‹. Für den Festsaal malte Klimt seine skandalisierten ›Fakultätsbilder‹, die er dann zurückzog und die während des Zweiten Weltkrieges verbrannten. In der **Aula** *Kriegerdenkmal* für die gefallenen Studenten (J. Müllner, 1924) und *Rektorentafeln*.

Große Gelehrte haben die Universität berühmt gemacht, davon geben auch die *Büsten* und *Denkmäler* unter den Arkaden des **Haupthofs** Zeugnis: der Mathematiker Regiomontanus, die Mediziner van Swieten (Büste von Messerschmidt), Semmelweis, Billroth, Landsteiner, der Physiker Doppler, die Rechtswissenschaftler Siegel und Franz Klein, die Philosophen Brentano, Mach, Schlick, die Psychologen Freud, Adler, Krafft-Ebing, Reich, die Kunsthistoriker Dvořák, von Schlosser, Swoboda, Pächt – um nur einen Bruchteil zu nennen.

83 Rathaus

Glanzleistung des Historismus: am Brüsseler Rathaus orientierte Neugotik mit Neurenaissance-Elementen.

1., Rathausplatz 1, Zugang an Rück- und Seitenfronten
Tel. 01/525 50
www.wien.gv.at
Führungen Mo, Mi, Fr jew. 13 Uhr
(außer an Sitzungstagen;
Eingang Friedrich-Schmidt-Platz)
U-Bahn Rathaus (U2); Tram 1, 2, D

Die Baukosten von 14 Mio. Gulden für das längst notwendige Neue Rathaus brachten die Stadt zwar an den Rand des Bankrotts, aber der enorme Prestigegewinn wog diese Kosten auf: Die ›Gotik‹ rief Patriotismus, die Monumentalität des bürgerlichen Statussymbols Zukunftszuversicht hervor, wiewohl oder gerade weil kaum fünf Prozent der Bürger damals wahlberechtigt waren.

Das bedeutendste Werk des Württembergers Friedrich Schmidt, Kölner und Wiener Dombaumeister, entstand 1872–83. Es entfaltet sich auf dem rechteckigen Grundriss von 20 000 m² mit breiter, fünftürmiger **Hauptfassade** zum Ring. Der dominierende *Mittelturm* blieb mit 98 m zwar vorschriftsmäßig einen Meter hinter der Votivkirchenhöhe zurück, aber der von einem Schlossermeister spendierte ›Rathausmann‹ mit Lanze trumpft noch 5,50 m drauf! Die Baumasse wird durch Arkaden, Loggien, Mansarddächer, Maßwerk gegliedert und von einer gewaltigen Figurenfülle bevölkert, die Herrscher wie Volkstypen umgreift.

Frei zugänglich sind der weite *Arkadenhof*, größter der sieben Höfe, sommers ein idealer Konzertsaal unter freiem Himmel, die einst für Bürgerversammlungen gedachte, auf Perspektivwirkung angelegte Volkshalle und an ihren Stirnseiten die beiden architektonisch eleganten *Feststiegen* (Zugang Lichtenfelsgasse und Felderstraße).

Oben: *Sommerliches Filmfest vor den Toren des neugotischen Rathauses ...*
Unten: *... dessen Turm über das Parlament hinweg die ebenfalls herausragende Athene grüßt*

84 Parlament

Monumentale Ringstraßenantike vom Giebel bis zum Sitzungssaal.

1., Dr.-Karl-Renner-Ring 3
Tel. 01/401 10 27 15
www.parlament.gv.at
Führungen stdl. (außer an Sitzungstagen): Mitte Juli–Mitte Sept. Mo–Sa 11–16 Uhr, Mitte Sept.–Mitte Juli Mo–Do 11, 14–16, Fr 11, 13–16, Sa 11–16 Uhr
Besucherzentrum: Mo–Fr 8.30–18.30, Sa 9.30–16.30 Uhr
U-Bahn Rathaus (U2); Bus 2A, 48A; Tram 1, 2, D, 46, 49

Der Traum von griechischer Demokratie und Architektur schwebte Theophil von Hansen vor, als er 1874–83 das Parlament errichtete – zwei *Flügelkomplexe* mit Saalblöcken für Herrenhaus (links) und Abgeordnetenhaus (rechts) nehmen einen hoch aufragenden *Tempelbau* in die Mitte, der sie innen durch ein säulenumstandenes *Peristyl*, außen durch einen übergiebelten *Säulenportikus* verbindet.

Hansen zog seine **Ringstraßenantike** konsequent durch: *Rossebändiger* auf

Himmelsnahes Wagenrennen der Götter? Stelldichein über den Köpfen gewöhnlicher Sterblicher? Jedenfalls verfügt das Parlament über eine bewegte Dachlandschaft

den Auffahrtsrampen mahnen zur Zähmung der Leidenschaften, *Sitzfiguren* griechischer und römischer Historiker zur geschichtlichen Verantwortung, *Siegeswagen* und *Statuen* antiker Staatsmänner und Gelehrter am Dach zum Sieg durch Weisheit. Nur das *Giebelfeld* zeigt sich thematisch zeitgenössisch: ›Kaiser Franz Joseph verleiht den 17 Kronländern die Verfassung‹. Und die goldbehelmte, wenn auch biedergesichtige *Pallas Athene* des von Hansen entworfenen Brunnens vor der Rampe erhebt sich über *Allegorien* von Legislative und Exekutive und der heimischen Flüsse Donau und Inn (vorne), Elbe und Moldau (hinten). Unterhalb der Rampe befindet sich das **Besucherzentrum** des Parlaments.

Einschüchternde Feierlichkeiten auch im **Inneren** durch dorische, ionische, korinthische Säulenpracht und antikisch nachempfundene Friese und Marmorfiguren. Die Stirnwand des **Sitzungssaals der Bundesversammlung** ist wie bei einem antiken Theaters gestaltet. Hier versammeln sich die Abgeordneten von Nationalrat und Bundesrat anlässlich der Vereidigung des Präsidenten.

In der Anlage vor dem *Justizpalast* (Schmerlingplatz), der 1927 bei einer Arbeiterdemonstration in Brand geriet, steht das **Denkmal der Republik** mit Bronzebüsten der Sozialdemokraten Victor Adler, Jakob Reumann, Ferdinand Hanusch – 1928 aufgestellt, 1934 entfernt, 1948 wieder errichtet. Zur Museumsstraße hin **Denkmal Ludwig Anzengrubers** mit Figur des ›Steinklopferhannes‹ zu Füßen (J. Scherpe, 1905).

85 Volksgarten

Einnehmende Park- und Denkmalgestaltung.

Zugang am Dr.-Karl-Renner-Ring und Heldenplatz
Tram 1, 2, D

Rosen, Spaziergänger und Lieblingsfiguren anstelle der Burgbastei – ganz so bös konnte man den Franzosen, die sie 1809 sprengten, nicht sein. Zumal nicht die Bildhauer. An den Rand des 1823 angelegten, 1862 erweiterten Volksgartens stellte Burgtor-Erbauer Peter Nobile das halbkreisförmige *Cortische Kaffeehaus*, in umgestalteter Form heute noch in Betrieb, in die Mitte den *Theseustempel* für Canovas Theseus-Gruppe (heute im Kunsthistorischen Museum), vor den Josef Müllner 1921 seine bronzene *Athletenfigur* platzierte. Hinter dem Kaffeehaus kam *Franz Grillparzer* zu sitzen (Carl

Kundmann, 1889), umgeben von seiner Dramen-Szenerie: ›Ahnfrau‹, ›Traum ein Leben‹, ›Ottokar‹, ›Sappho‹, ›Medea‹, ›Des Meeres und der Liebe Wellen‹ (Rudolf Weyr). Vor dem Kaffeehaus flirten *Faun und Nymphe* gar lustvoll am Brunnen (Viktor Tilgner, 1880). Am Parkgitter zum Renner-Ring erinnert ein modernes Mal von Toni Schneider-Manzell und Clemens Holzmeister an Kanzler *Julius Raab* und sein diplomatisches Hauptwerk, den Staatsvertrag. Unbestrittener Star dieser Steinversammlung aber ist in Burgtheaternähe *Kaiserin Elisabeth*, zart und sinnend auf dem Thron, von argusäugigen Hunden flankiert, inmitten einer ausgreifenden Brunnenanlage: die kühl-feierliche Jugendstil-Inszenierung (Hans Bitterlich und Friedrich Ohmann, 1907) wurde von Wiener Bürgern spendiert.

86 Volkstheater

Wichtige Schauspielbühne mit Avantgarde-Tradition in vorbildgebendem Theaterbau.

1., Neustiftgasse 1
Tel. 01/521110
www.volkstheater.at
U-Bahn Volkstheater (U2, U3);
Tram 46, 49

Weil das stolze Burgtheater die Darstellung des Alltäglichen, Volkstümlichen und Komödiantischen von seinen Brettern damals fern hielt, spendierten Mäzene 1889 den Bürgern ein alternatives Haus, das ›Deutsche Volkstheater‹. Man eröffnete mit Anzengruber, führte die Neuerer wie Ibsen, Tolstoi, Hauptmann und Schnitzler auf. Alexander Moissi war der chloroformierende Gast-Star; Girardi, Aslan, Kortner, Bassermann, die Sandrock brillierten; Paula Wessely und Hans Moser debütierten hier. In der Ära nach 1945 entwickelte das Volkstheater einen ungeschönten Nestroy-Stil, und sein Programm blieb weiterhin: riskante Autoren, prägnante Schauspieler.

Das berühmte Theaterarchitektenduo Fellner und Helmer hatte dem *Neurenaissance-Bau* mit repräsentativer Säulenloggia einen großen Zuschauerraum und viele Ausgänge ins Freie gegeben, womit er Modellcharakter für die ganze Monarchie gewann.

Beidseitig des Hauses wachen die guten Geister des Wiener Volkstheaters: Im kleinen Weghuberpark sitzt Possen-Poet *Ferdinand Raimund* in traumverhangener Melancholie auf einer Marmorbank, behütet von einem weiblichen Genius der Fantasie (Franz Vogl, 1898), und an der Ecke Burggasse/Museumsstraße erinnert *Hansi Niese*, eine der beliebtesten Schauspielerinnen der Monarchie, als Halbfigur (Josef Müllner, 1952) an Triumphe ihrer Vollblutkomik zu Beginn des 20. Jh.

Klassizistischer Musentempel für alle – und die Wiener lieben ›ihr‹ Volkstheater bis heute

87 MuseumsQuartier Wien

TOP TIPP

Wiens architektonische Kunstraum-Attraktion.

7., Museumsplatz 1
www.mqw.at
U-Bahn MuseumsQuartier (U2), Volkstheater (U2, U3);
Bus 2A, 48A; Tram 1, 2, D, 49

Der anheimelnde Namen trügt, die imponierenden Dimensionen strafen ihn Lüge. Diese Dimensionen freilich haben schon 1719 Fischer von Erlach Vater und Sohn vorgegeben. Deren extrem lange Hofstallburg (350 m!) mit dem stadtseitigen barocken Torbau sowie die klassizistische Reithalle fassten einst einen Riesenhof ein, in dem der Adel das An- und Ausspannen zelebrierte. 2001 haben ihn die Architektenbrüder Laurids und Manfred Ortner sowie Manfred Wehdorn mit zwei tief in die Erde versenkten Museumskuben seitlich der Reithalle und einem Riegelbau dahinter ›gefüllt‹. Der Hof hat immer noch Piazza-Ausmaße und geht an den Querseiten in kleinere gebäudeumstandene Plätze über.

Besucher-Hit ist der kalksteinweiße Würfel des **Leopold Museums** (Tel. 01/52 57 00, www.leopoldmuseum.org, Mi, Fr–Mo 10–18, Do 10–21 Uhr). Mit der Lichtregie seines Zentralschachts durch alle Stockwerke und den großen Fenstern mit Blick auf prächtige ›Wien-Veduten‹ breitet es auf 5400 m^2 das fulminante österreichische Kunstpanorama des 19. und 20. Jh. aus dem Besitz des besessenen Sammlers Rudolf Leopold aus: Egon

Moderne Kunst sorgt für Farbtupfer im MuseumsQuartier, hier etwa vor den grauen Außenmauern des Leopold Museums

Schiele, nirgendwo sonst so breit und eindrucksvoll, Klimt und die Ära der Wiener Werkstätten, Kokoschka, Gerstl, Boeckl, Faistauer, Kolig, Kubin – ein voller Tag mag in dieser Abteilung gerade reichen. Studierenswert die Sequenzen der Bilder aus der Zwischen- und Nachkriegszeit, die überraschende ›Funde‹ in der ›zweiten Garde‹ bieten können. Ein ganzes Geschoss mit Werken von Waldmüller und Gauermann über Romako, Makart, Schuch bis Tina Blau ist dem 19. Jh. gewidmet. Herrliche Grafik in Fülle. Und als Dreingabe: Afrikanische Kunst, Volkskunst, Designerobjekte, Möbel, Sonderausstellungen. Die schiere Wundertüte!

An eine mächtige, grau melierte Basaltburg erinnert das **Museums Moderner Kunst Stiftung Ludwig Wien** (MuMoK, Tel. 01/525 00, www.mumok.at, Mo 14–19, Di–So 10–19, Do 10–21 Uhr). Seine Räume alternieren zwischen Höhlen- und Hallengröße. Die Moderne braucht halt Platz: ob für Kabakovs oder Weibels Installationen, ob für die wandfüllenden Gemälde Immendorfs und Richters, ob für die Fotos von Gilbert & George oder für die mythischen Schiffsteile von Kounellis. Repräsentiert werden Wiener Aktionismus, Fluxus, Happening, Nouveau

Oben: *Musealer Dreiklang im MuseumsQuartier: der helle Kubus des Leopold Museums und der basaltdunkle Block des Museums moderner Kunst rahmen die lange Kunsthalle*
Unten: *Innen entzünden Meisterwerke wie die von Klimt ein Feuerwerk der Farben, hier ›Tod und Leben‹ (Ausschnitt) im Leopold Museum*

Réalisme, Pop Art, Minimal Art, Fotorealismus, Arte Povera, wobei der Schwerpunkt auf Mitteleuropa und der Integration Osteuropas liegt. Im Kuppelsaal zuoberst treten Oldenbourgs ›Mouse Museum‹ und große Formate von Rauschenberg und Jasper Johns mit dem allergrößten Format vor dem Fenster in Konkurrenz. Die **Reithalle** mit ihren zwei Theatern wird von den Wiener Festwochen bespielt. Der daran hängende Klinkerbau der **Kunsthalle** (Tel. 01/5218 90, www.kunsthallewien.at, Do 10–21, Fr–Mi 10–19 Uhr), die mit ihm das Foyer teilt, versteht sich als »Werkstatt, Labor, Verhandlungsort« und setzt darum auf ein wechselndes Programm von Videos, Events, Installationen, Diskussionen.

Zu den mehr als 70 weiteren Institutionen im Quartier nur einige Stichworte: Das **Architekturzentrum** (Hof 11, Tel. 01/522 3115, www.azw.at, tgl. 10–19 Uhr) bietet exquisite Wechselausstellungen zur internationalen Architektur, hat Fachbibliothek und Archiv, veranstaltet Workshops, Tagungen und Touren. Im **ZOOM Kindermuseum** (Hof 2, Anmeldung unter Tel. 01/524 79 08, www.kindermuseum.at) werden Kids von der Knopfdruckgarderobe über die Unterwasserwelt bis zum Medialab real und virtuell unterhalten.

Es gibt überdies ein *Tanzquartier* mit Studios und Bühne, das *DschungelWien – Theaterhaus für junges Publikum*, ein *Kindertheater* und zwei Dependancen des Naturhistorischen Museums. Zahlreiche Cafés, Snack-Bars, Shops und Restaurants bieten zudem die komplette moderne ›Cross-over‹-Kultur!

88 Maria-Theresien-Platz

Pathetische Parkanlage.

U-Bahn Volkstheater (U2, U3), MuseumsQuartier (U2); Bus 2A, 48A; Tram 1, 2, D

Mit einem Museumskomplex wollte sich der Hof in der zweiten Hälfte des 19. Jh. auf die gegenüberliegende Seite der Ringstraße ausdehnen. Gottfried Semper, als großzügiger Platzgestalter bekannt und aus Zürich berufen, plante ein ›Kaiserforum‹ schier megalomanischen Stils: zwei neue Burgflügel, die durch Schwibbogen über die breite Straße mit den Museen verbunden sein sollten. Zustande kam indessen nur der eine Flügel der *Neuen Burg* sowie die beiden *Museen*, deren Außenarchitektur Semper entwarf: gewaltige, spiegelbildlich einander zugewandte Zwillingsbauten in den Formen italienischer Renaissance mit achteckigen Zentralkuppeln und vier Nebenkuppeln (1872–81). Renommierte Bildhauer der Ringstraßenära schufen die Bauplastik: am **Naturhistorischen Museum** [Nr. 89] aus dem Reich der Natur und Naturwissenschaft unter Sonnengott Helios als Herrscher, am **Kunsthistorischen Museum** [Nr. 90] Figuren aus der Welt der Künste unter Pallas Athenes Regentschaft hoch auf der Kuppel.

Das **Denkmal Maria Theresias** in der Parkmitte ist von einer Männerschar umgeben: *Reiterstandbilder* der Feldherren Laudon, Daun, Khevenhüller und Traun, *Standfiguren* der Berater Kaunitz, Haugwitz, Liechtenstein und van Swieten. Die *Hochreliefs* in den Bogenfeldern versammeln Persönlichkeiten aus Politik, Militär, Wirtschaft und Kunst, darunter Gluck, Haydn und Mozart als Kind. Caspar Zumbusch bewies bei diesem seinem Hauptwerk großen Atem (1874–88). Bewegte *Rossebändiger* (Theodor Friedl, 1892) leiten zum Messeplatz über.

89 Naturhistorisches Museum

Eines der weltweit bedeutendsten Naturmuseen in großartiger Barockarchitektur.

1., Burgring 7 (Besuchereingang Maria-Theresien-Platz)
Tel. 01/52177
www.nhm-wien.ac.at
Mi 9–21, Do–Mo 9–18.30 Uhr
U-Bahn Volkstheater (U2); Bus 2A; Tram 1, 2, D

Äußerlich sind das Kunsthistorische Museum und das ihm gegenüber liegende Naturhistorische Museum (NHM) Zwillingsbauten. Das Bildprogramm ist jedoch bei letzterem auf Natur und Wissenschaft abgestimmt: Hans Canon feiert in seinem *Deckengemälde* über dem **Treppenhaus** den ›Kreislauf des Lebens‹, indes das *Gemälde* im Blickpunkt der **Haupttreppe** Franz I. von Lothringen in seiner Naturaliensammlung zeigt (Franz Messmer, Jakob Kohl, 1773). Er war es, der 1748 durch sein ›Naturalien-Cabinet‹ den Grundstein für die Sammlungen des heutigen Naturhistorischen Museums legte. Ehrgeizige Expeditionsreisen des

Den Maria-Theresien-Platz rahmen Zwillingspaläste: für Kunst im Norden, für Natur im Süden

Kaiserhauses und die Arbeit der Wissenschaftler des Museums bereicherten die Bestände weiter.

Die **Mineralogie** präsentiert die *Systematik* der österreichischen Mineralien sowie bizarre *Kristallbildungen* aus aller Welt, darunter einen ein Meter langen Bergkristall aus Madagaskar oder kristallisierendes peruanisches Gold. Die *Werksteine* werden mit ausgewählten Bauten

Gewaltige Dinosaurierskelette beleben die ehrwürdigen Hallen des Naturhistorischen Museums

Wiens vorgestellt, etwa das Burgtheater: der Bau Kreidekalk, die Säulen Liaskalk, die Türverkleidungen Jurakalk. In der herrlichen *Edelsteinsammlung* ist der Edelsteinstrauß zu bestaunen, den Maria Theresia ihrem Gemahl schenkte, ferner ein 117 kg schwerer Topas, einen 82-karätiger Rohdiamant und die ›Smaragdstufe Montezumas‹. Außerordentlich auch die *Meteoritensammlung*, die älteste der Welt, mit Sensationen wie einem 900 kg schweren Eisen-Meteor aus Australien oder Mondgestein, das die Apollo-17-Expedition 1972 zur Erde brachte.

In der **Paläontologie** treten die *Dinosaurier* gleichsam in Rudeln auf. Dominierend das rund 100 Mio. Jahre alte Skelett von 27 m Länge aus Kalifornien (Abguss). Der ebenfalls aus dem Mesozoikum stammende *Archelon* zählt mit einer Länge von 4,5 m zu den größten Schildkröten, die je gefunden wurden.

Berühmtestes Exponat der **Prähistorie** ist die 25 000 Jahre alte *Venus von Willendorf*. Das steinzeitliche Fruchtbarkeitsidol ist 11 cm hoch und die älteste Kalksteinskulptur überhaupt. Weltbekannt auch die *Hallstätter Gräberfunde* von 800–400 v. Chr., die man im 19. und 20. Jh. in Oberösterreich ausgrub und die der Älteren Eisenzeit ihren Namen ›Hallstattzeit‹ gaben: *Bronzen* von subtiler Einfachheit aus Skelett- und Brandgräbern, auch Reste von *Holzhäusern* der Illyrer, die in Hallstatt schon damals Salzbergbau betrieben. Die ›Fanny vom Galgenberg‹ in Saal 11 ist mit ihren 32 000 Jahren eine der ältesten Menschenfiguren der Welt.

Die **Zoologie** eröffnet Besuchern die ganze Vielfalt der Tierwelt. Für kleine Forscherinnen und Forscher gibt es spannende Führungen und Programme im *Kindersaal*. Eine besondere Attraktione ist das *Live-Mikrotheater*, in über Großprojektionen Einblick in die Welt des Mikrokosmos geboten wird. Geradezu ein Muss für alle, die Wien aus einem ungewöhnlichen Blickwinkel sehen wollen, ist eine Führung auf das **Dach des Museums**. Abschließend lädt das Museumscafe *Nautilus* in der Kuppelhalle bei einer Wiener Melange zum Verweilen ein.

Sinnbild der Fülle – die Venus von Willendorf im Naturhistorischen Museum

90 Kunsthistorisches Museum

TOP TIPP

Eines der größten und ehrwürdigsten Museen Europas. Einzigartige Bruegel- und Rubenssammlung.

Burgring 5
Tel. 01/525 24 40 25
www.khm.at
Di/Mi und Fr–So 10–18, Do 10–21 Uhr
Eintrittskarte gilt auch für die Sammlungen des ›Museum Neue Burg‹
U-Bahn MuseumsQuartier (U2), Volkstheater (U2, U3);
Bus 2A, 57A; Tram 1, 2, D

Schon der erste Eindruck ist überwältigend: ein gewaltiges, überkuppeltes **Vestibül** und ein feierliches, buntmarmoriges **Treppenhaus**, dessen kraftstrotzender Blickfang Canovas Plastik *Theseus im Kampf mit dem Kentauren* ist, die Napoleon zur eigenen Verherrlichung bestellte und die umwegreich von Mailand nach Wien gelangte. Der die Treppe Emporsteigende sieht sich dann im *Deckenbild* von einem zum Papstthron Emporschreitenden gedoppelt: geistvolle Finte des ungarischen Malers Michael Munkácsy in seiner ›Apotheose der Kunst‹, demonstriert an Papst Julius II. und den Renaissancekünstlern. Die *Lünettenbilder* von Malern und ihren Modellen schuf Hans Makart, die *Zwickel-Allegorien* aus der Kunstgeschichte malten Ernst und Gustav Klimt sowie Franz Matsch. In der **Kuppelhalle** des 1. Stocks brilliert unter dem plastischen Schmuck Weyrs *Relieffries* der Habsburger Kunstmäzene von Maximilian I. bis Franz Joseph I.

Café mit Stil unter der Kuppel im Treppenhaus des Kunsthistorischen Museums

Gemäldegalerie 1. Stock: Neugier mag den Besucher wohl zuerst in diese berühmteste aller Abteilungen drängen. Ihre Schätze gleichen dem Reich, in dem die Sonne nicht untergeht. Was die Habsburger in ihrer Herrschaft Länder gesammelt und nach Wien gebracht haben, ließ Joseph II. im Belvedere konzentrieren und 1781 öffentlich freigeben – 1891 zog es hier ein.

Die Bilder der italienischen Renaissance, fulminant vertreten, kamen von zwei der größten Kunstkenner unter den Habsburgern: Erzherzog Leopold Wilhelm (1614–1662), Statthalter der Südlichen Niederlande, und Kaiser Rudolf II. (1576–1612), der in Prag Kunst gehortet hat. Beide liebten Tizian, Veronese, Tintoretto und erwarben Unschätzbares: Tizians ›*Ecce Homo*‹ oder seine ›*Kirschenmadonna*‹, Tintorettos ›*Susanna im Bad*‹. Hier sind auch Giorgiones umrätseltes Bild ›*Die drei Philosophen*‹, Raffaels ›*Madonna im Grünen*‹, Parmigianinos ›*Selbstbildnis im Konvexspiegel*‹ zu bewundern. Von den spanischen Habsburgern ka-

Zu gedankenversunkenem Sinnieren laden die Werke im Kunsthistorischen Museum ein

men viele Herrscherporträts ihrer Linie von Velázquez, darunter die großartige *Infantin Margarita Teresa*. Maria Theresia wiederum beauftragte Canaletto mit *Wien-Veduten*, welche die Wiener Kunst eminent beeinflusst haben.

Und dann die Niederländer! Van Eyck, Rogier van der Weyden, Bosch. Vor allem die weltgrößte Sammlung der Werke Pieter Bruegels d. Ä., vielfach aus dem Besitz Rudolfs II.: ›*Bauernhochzeit*‹, ›*Kinderspiele*‹, ›*Turmbau zu Babel*‹, ›*Heimkehr der Jäger*‹, ›*Bethlehemitischer Kindermord*‹ ... Vom Hradschin kamen auch Dürer (›*Junge Venezianerin*‹, ›*Allerheiligenbild*‹) oder Arcimboldo, der für Maximilian II. und Rudolf II. seine skurril aus Gemüse und Früchten zusammengesetzten Profilbüsten malte. Rubens-Fest in drei Räumen! Der große Flame stand ja in Diensten Erzherzog Albrechts. Sterne: *Ildefonso-Altar*, ›*Venusfest*‹, ›*Pelzchen*‹, ›*Heilige Familie unter dem Apfelbaum*‹. In den Kabinetten Meisterwerke Rembrandts und Vermeers.

Immens reich auch die anderen Sammlungen im Hochparterre wie die **Ägyptisch-Orientalische Sammlung**. Ihre Objekte vom Alten Reich bis zur Ptolemäerzeit, also aus der Zeit von 3300 bis 30 v. Chr., gehen zum großen Teil auf den Nachlass Erzherzog Maximilians zurück, dazu auf die österreichischen Grabungen in Gizeh. Von dort stammt auch die monumentale, vollständig wieder aufgebaute *Kultkammer des Prinzen Ka-ni-nisut* (um 2700 v. Chr.). Die **Antikensammlung** mit griechisch-römischen Marmorskulpturen und Porträts, Keramik und Kleinbronzen, spätantiken und frühmittelalterlichen Goldschatzfunden ist vor allem durch ihre unvergleichliche Kameensammlung berühmt – zu ihr zählen erhaben geschnittene Edelsteine wie die bereits von Kaiser Rudolf II. erworbene *Gemma Augustea* mit der Verherrlichung des Kaisers Augustus oder der *Adlerkameo* (um 27 v. Chr.).

Die **Kunstkammer** (Wiedereröffnung Ende 2012) ging aus den Sammlungen von Wien, Prag, Ambras und Graz hervor. Zu ihren Hauptwerken gehören der von Dürer entworfene *Dürer-Pokal* oder die *Krumauer Madonna*, Inbild spätgotischer Innigkeit von 1400, dazu Kleinbronzen und Elfenbeinschnitzereien erlesenster Art. Auch das berühmte *Salzfass* (Saliera) von Benvenuto Cellini wird nach Abschluss der Renovierungsarbeiten wieder zu sehen sein.

Das **Münzkabinett** (2. Stock, Di–So 10–18 Uhr) besitzt rund 700 000 Stücke aus drei Jahrtausenden und zeigt davon neben Münzen auch Papiergeld, Medaillen und Orden.

Weitere Sammlungen des Kunsthistorischen Museums sind über ganz Wien verteilt, etwa die *Schatzkammer* [60] in der Hofburg, das *Museum Neue Burg* [63, 64, 65] oder die *Wagenburg* [166] in Schloss Schönbrunn.

91 Burggarten

Von Ahorn bis Zeder, von Sancta Clara bis Franz Joseph.

1., Burgring/Opernring
U-Bahn MuseumsQuartier (U2);
Bus 2A, 57A; Tram 1, 2, D

Als ›Kaisergarten‹ fürs Herrscherhaus 1819 angelegt, wurde der Burggarten 1919 ›republikanisch‹. Umfasst von Neuer Hofburg, Nationalbibliothek, Albertina und davor dem eleganten, secessionistisch beeinflussten **Palmenhaus** Friedrich Ohmanns (1902, mit *Schmetterlingshaus*; April–Okt. Mo–Fr 10–16.45, Sa/So 10–18.15 Uhr, Nov.–März Mo–So 10–15.45 Uhr), wachsen darin Platanen, Ginkgos, Kastanien, Eschen, gar eine Libanonzeder, zur Eröffnung des Suezkanals gepflanzt. Nicht minder wohlkomponiert ist der Denkmal-

Tropische Temperaturen – sommers im Burggarten, winters im Schmetterlingshaus

›Wuchs‹! Am Ringstraßeneingang das **Mozart-Denkmal**, ferngewendeten Blicks am Notenpult, Putti turnen den Sockel empor, Reliefs (Viktor Tilgner, 1896) erinnern an Don Giovanni und das Wunderkind Amadeus. Links davon **Franz I. von Lothringen**, Gemahl Maria Theresias, unpathetisch zu Pferde: frühklassizistischer Bleiguss (1781) von Balthasar Moll. Rechts steht **Kaiser Franz Joseph I.** in Uniform mit Befehlshaberstab, Bronzenachbildung (1901) einer Steinstatue von Johann Benk. Vor dem Eingang hinterm Albertinaplatz der Prediger **Abraham a Sancta Clara** im Habit mit Rosenkranz (Hans Schwathe, 1928). Außerhalb des Gartens am Opernring **Goethe** als gravitätischer Prunksessel-Olympier (Edmund von Hellmer, 1900), und zwar mit konservativer politischer Absicht so gestaltet – als Kontrast zum nationalheroischen Schiller gegenüber.

Alles um die Marmelade!

Im rotgoldenen **Café** und der **Confiserie des Hotel Sacher** gibt es die Original-Sachertorte mit rundem Schokoladesiegel und Marmelade in der Mitte. Um diese ›Mittelschicht‹ entbrannte 1960 ein Prozess zwischen Sacher und dem ebenfalls Sachertorte produzierenden Demel; doch wiewohl die Marmeladenschicht erst später in die von Sacher 1832 erfundene Torte gerutscht ist, obsiegte Sacher durch den genehmigten Zusatz ›Original‹.

92 Hotel Sacher

Weltberühmtes Hotel mit ebensolcher Torte.

1., Philharmonikerstraße 2–6
www.sacher.com
U-Bahn Karlsplatz (U1, U2, U4);
Tram 1, 2, D (Oper)

Schon vor mehr als 100 Jahren schwärmten englische Reisende von den »Grand Dukes at Sacher's« und der zigarrenrauchenden, schwarzseiden gewandeten jahrzehntelangen Allein-Chefin Anna Sacher (1859–1930). Als die Fleischhauerstochter den Restaurateur Eduard Sacher heiratete, der das Hotel 1876 durch Wilhelm Fraenkel bauen ließ, sprach man von der »Hochzeit von Tafelspitz und Sachertorte«. Tafelspitz war (und ist) der Gipfel der Sacher-Kochkunst, und die Torte erfand der Vater des Gründers 1832.

Die altmodische Distinktion, die das Hotel atmet, ist vollgesogen mit dem Bewusstsein elitärer Historie, die illustre Gäste von Kaiser Franz Joseph über Karajan bis Bruce Willis, kitzlige Hotelskandale und der Ruf exquisiter Gastronomie schrie-

Lebensgroß: ›Hallo, Hotel Sacher, Portier!‹

ben. Nachprüfbar an Fotos, Widmungen und Reliquien, wie dem mit erlauchten Namen der Zeit um 1900 gezeichneten Tischtuch.

93 Wiener Staatsoper

Eines der führenden Opernhäuser der Welt – einst wie heute.

1., Opernring 2
Tel. 01/514 44 22 50,
Tel. 01/513 15 13 (Karten)
Stehplätze vor der Vorstellung, alle anderen Karten auf Vorbestellung
Führungen Juni–Aug. tgl. zu unterschiedlichen Zeiten (außer bei Proben), Information und Anmeldung Tel. 01/514 44 26 06
www.wiener-staatsoper.at
U-Bahn Karlsplatz (U1, U2, U4);
Bus 3A, 59A; Tram 1, 2, D

Wiewohl seinen beiden Architekten mit dem ersten monumentalen Ringstraßenbau, der Oper, ein Werk von wahrhaft großbürgerlicher Gründerzeit-Attitüde gelang, geriet es ihnen zum Verhängnis. Der tiefer gelegene Baugrund im ehemaligen Stadtgrabens ließ das Haus wie eine »versunkene Kiste« erscheinen. Solcherlei Nörgelei trieb Eduard van der Nüll zum Selbstmord, und zwei Monate danach traf August von Siccardsburg der Herzschlag. Sie erlebten die Gala-Eröffnung im Mai 1869 mit dem ›Don Giovanni‹ nicht. Dabei hatten sie das riesige **Gebäude** geschickt gegliedert und klar proportioniert durch ihren historisierenden »Renaissancebogenstil«: ein Mittelbau mit imponierender Loggia zum Ring, angesetzten Querflügeln, abgeflachtem Kuppeldach über Treppe, Zuschauerraum, Bühne. Grad so ist es nach der schlimmen, auf die Wiener wie ein Schock wirkenden Kriegszerstörung wieder aufgebaut und 1955 mit dem ›Fidelio‹ eröffnet worden.

Rekonstruiert und ergänzt wurde auch die opulente Dekoration aus dem Repertoire venezianischer, spanischer, französischer Gotik und Renaissance. Teilweise erhalten blieb die **Loggia** mit *Allegorien* von Heroismus, Drama, Fantasie, Komik und Liebe in den Arkaden (E. J. Hähnel) und den *Wandgemälden* mit ›Zauberflöte‹-Szenen Moritz von Schwinds, ebenso die großartige marmorne **Festtreppe** mit ihren *Statuen* der sieben freien Künste (Josef Gasser), *Reliefdarstellungen* von Oper und Ballett (Johann Preleuthner) und *Porträt-Medaillons*, darunter jenen der beiden Architekten (Josef Cesar).

Das **Schwind-Foyer** im 1. Stock prunkt mit *Opern-Szenerien* des Wiener Spätromantikers und darauf bezogenen *Komponisten-Büsten*. Die *Mahler-Büste* auf dem rechten Kamin stammt von keinem Geringeren als Rodin, das Pendant, *Richard Strauss*, von Hugo Lederer. Beidseitig des Treppenhauses die neu gestalteten Pausenräume: rechts **Gobelinsaal** mit einem ›Zauberflöte‹-Zyklus von Rudolf Eisenmenger, links **Marmorsaal** mit Marmorintarsien zum Thema Opernalltag von Heinz Leinfellner. Der von Erich Boltenstern neu geschaffene **Zuschauerraum** fasst 2200 Sitz- und Stehplätze, und das gigantische, modern ausgestattete **Bühnenhaus** reicht über 1500 m^2; es wird bei den empfehlenswerten Führungen einbezogen.

Der Ruhm des Hauses wurde zwischen Bravissimo-Rufen und Pfiffen geboren. Denn hier herrschen seit je das Orchester der Wiener Staatsoper, ein konservatives, aber sensibles Publikum und streitbare Kritiker. In die dadurch entstehenden Turbulenzen geraten weniger die bejubelten Weltstars als die leitenden Dirigenten. Gustav Mahler wurde angebetet und vertrieben, Richard Strauss geachtet und angefeindet, Karl Böhm und Clemens Krauss geliebt. Und Herbert von Karajan wehrte sich dagegen, 1,6 Mio.

Wiener als Mitdirektoren zu haben: Kompliment für einen ›flächendeckenden‹ Musikfanatismus, dem Theaterkräche die schiere Seligkeit sind. Derzeit erlebt Generalmusikdirektor Franz Welser-Möst diese für die Verantwortlichen recht anstrengende Form des Glücks.

94 Akademie der bildenden Künste

Eine der ältesten Kunstakademien Europas mit kostbarer Gemäldegalerie und Kupferstichkabinett.

1., Schillerplatz 3
Tel. 01/588 16 18 18
www.akbild.ac.at
Gemäldegalerie: Di–So 10–18 Uhr
U-Bahn Karlsplatz (U1, U2, U4), MuseumsQuartier (U2);
Tram 1, 2, D

Ob die frommen Nazarener gegen den ›unchristlichen‹ Klassizismus aufbegehrten und nach Rom abzogen, ob Professor Waldmüller gegen Akademien schlechthin rebellierte und Naturanschauung predigte, ob Otto Wagner statt Historismus Progressismus lehrte (und Hitler 1907 wegen Unbegabung als Architekturstudent abgewiesen wurde): So ›würdevoll akademisch‹ war diese Akademie nicht, wie es ihr der italienischen Hochrenaissance nachempfundener Baukörper mitsamt all dem Ehrfurcht einflößend Antikisierenden auf Gebälk und Gesims suggerieren mag.

1872–77 wurde das Gebäude von Parlamentserbauer Hansen errichtet. Anselm Feuerbach, auch er Akademieprofessor, setzte das Antikische in der feierlichen **Aula** in seinen *Titanensturz*-Deckenbildern 1880 fort – sehenswert allemal.

Die 1692 gegründete Akademie residierte u. a. rund 100 Jahre im Pilgrimshaus St. Anna, bevor sie hier sesshaft wurde. Schon 1821 stiftete ihr Graf Anton Lamberg-Sprinzenstein seine wertvolle Gemäldesammlung. Um Preisstücke und Aufnahmewerke der Akademiemitglieder ergänzt, entstand eine hochinteressante **Gemäldegalerie**, die Bilder des 14.–20. Jh. im Bestand hat. Hier sieht man das einzige großformatige Werk Boschs in Österreich: das ›*Weltgerichtstriptychon*‹ von 1504, das schreckliche Vision und zarten Lyrismus atemberaubend vereint. Hans Baldung Griens ›*Ruhe auf der Flucht*‹, Tizians Spätwerk ›*Tarquinius und Lukretia*‹, mehrere 1502–03 in Wien gemalte Cranach-Bilder sind der Glanz der

Alle Jahre wieder – pompöser Aufmarsch in Schwarz-Weiß beim Opernball in der Staatsoper

Renaissanceabteilung in der Akademie. Besonders reich vertreten ist flämisches und niederländisches Barock mit allen Gattungen – vom Landschaftsbild Ruisdaels bis zum Genre Pieter de Hoochs. Von Rubens gibt es neben Gemälden faszinierende Deckenbildentwürfe für Amsterdam, von van Dyck das *›Selbstbildnis mit 15 Jahren‹*, Aushängeschild der Galerie, von Rembrandt die *›Junge Frau im Sessel‹*. Höhepunkt des italienischen 17./18. Jh. mit Magnasco, Molinari, Giordano u. a. sind acht Guardi-Veduten und Deckenskizzen Tiepolos. Auch die Akademiemitglieder Gran, Maulpertsch und der ›Kremser-Schmidt‹ sind natürlich mit reizvollen Entwürfen vertreten. Unter den Malern des 19. Jh. – Amerling, Tischbein, Füger u. a. – bildet der große Biedermeier-Realist Waldmüller das Zentrum. Den Akademiemitgliedern unserer Zeit von Boeckl bis Wotruba ist ebenfalls eine Raumflucht gewidmet.

Das **Kupferstichkabinett** (Tel. 01/588162400) besitzt mit rund 40 000 Zeichnungen, 100 000 Druckgrafiken und 20 000 Fotografien ebenfalls großartige Schätze, ist aber Fachbesuchern vorbehalten. Mitunter sind in der Galerie im Obergeschoss wechselnde Themenausstellungen aus den Sammlungsbeständen zu sehen; ergänzend dazu werden im Mezzanin aktuelle Arbeiten aus den Klassen der Akademie gezeigt.

Aula der Akademie der bildenden Künste

Das monumentale **Schiller-Denkmal** (1876) vor der Akademie konzipierte Johannes Schilling nach der furchtbar verlorenen Schlacht von Königgrätz im nationalen und liberalen Geist jünglingshaft-heroisch.

95 Secession

Originellster Wiener Jugendstilbau. Innen Klimt-Fries-Installation.

1., Friedrichstraße 12
Tel. 01/587 53 07 10
www.secession.at
Di–So 10–18 Uhr
Führungen Sa 15 und So 11 Uhr
U-Bahn Karlsplatz (U1, U2, U4)

›Krauthappel‹ nennen die Wiener mit Blick auf den nahen Naschmarkt den filigranen güldenen Lorbeerblätterball, der den kubischen Block des Secessionsgebäudes als außergewöhnliche **Kuppel** krönt. 1897 hatte sich eine Gruppe Widerspenstiger unter den Protagonisten Gustav Klimt, Koloman Moser u. a. von der etablierten Künstlergenossenschaft im Künstlerhaus losgesagt und zur ›Wiener Secession‹ (Absonderung) formiert. Fortan bedeutete ›Secessionismus‹ die österreichische Variante des Jugendstils. Wagner-Schüler Joseph Olbrich baute ihnen 1898 diesen wahren Kunsttempel eines ›Heiligen Frühlings‹ (Ver sacrum), verzauberte seinen architektonischen Purismus durch florale Goldornamentik – und erntete dennoch unheiligen Zorn dafür.

Das innen inzwischen weitgehend veränderte Haus, in dem heute Wechselausstellungen moderner Kunst stattfinden, präsentiert in einem eigenen Raum Gustav Klimts grandiosen **Beethovenfries**, für eine Ausstellung des Beethovendenkmals von Max Klinger 1902 gemalt. Klimt interpretiert Beethovens *Neunte Symphonie* als Weg durch Krankheit, Wahnsinn, Wollust zur reinen Liebe, die in die berühmte Liebesakt-Apotheose »Diesen Kuss der ganzen Welt« mündet. Sein linienedles Beglückungspathos, damals so missverstanden, ist heute freilich postkartenfeil.

Das Löwengespann mit dem bronzenen **Marc Anton** neben der Secession schuf Arthur Strasser für die Pariser Weltausstellung 1901. Es hatte sich provisorisch hierher verirrt – und blieb.

›Der Zeit ihre Kunst, der Kunst ihre Freiheit‹ fordert die Inschrift über dem Portal der Secession, mit deren Bau der Wiener Jugendstil ein architektonisches Gesicht und eine Heimat bekam

96 Stadtbahn-Pavillons

Originalgetreu restauriertes Jugendstil-Juwel Otto Wagners.

1., Karlsplatz
Tel. 01/50 58 74 78 51 77
www.wienmuseum.at
April–Okt. Di–So 9–18 Uhr
U-Bahn Karlsplatz (U1, U2, U4)

Die zierlichen und fein gezierten **Pavillons** scheinen als Teesalons geschaffen – doch waren sie Teil eines technischen Gesamtkunstwerks, mit dem Architekt Otto Wagner 1894 als Stadtplaner in Erscheinung trat und den Sprung in die Moderne schaffte. Mit der Planung der Stadtbahn entlang Gürtel, Donaukanal und Wienfluss beauftragt, errichtete er alle Bahnhöfe, Brücken und Nebengebäude des 45 km langen Schienennetzes, fantasievoll verschiedenartig und doch identifizierbar ›wagnerisch‹ Funktion und Dekoration verbindend. 20 Stationsgebäude sind erhalten geblieben – ohne Zweifel die charmantesten sind diese beiden Pavillons (1894–97), die grün gefasstes Eisenskelett, Marmorplatten und goldene Sonnenblumenornamentik so fröhlich einen.

Heute dient der eine der beiden Pavillons, näher am Künstlerhaus, als *Café*. Der andere bietet als **Otto Wagner Pavillon Karlsplatz** einen authentischen Rahmen für die umfassende Dokumentation zu Leben und Werk Otto Wagners. Seine stadtplanerischen Entwürfe werden ebenso gezeigt wie die ihnen zugrunde liegenden theoretischen Gedanken.

97 Künstlerhaus

Das Neurenaissancegebäude beherbergt große Ausstellungen.

1., Karlsplatz 5
Tel. 01/587 96 63
www.kuenstlerhaus.at
Fr–Mi 10–18, Do 10–21 Uhr
U-Bahn Karlsplatz (U1, U2, U4)

Effektvoll dargebotene Ausstellungen anlässlich der Wiener Festwochen, Resümees glanzvoller Kunst- und Kulturepochen, haben das Künstlerhaus so international bekannt gemacht, wie es wegen seiner ›Gschnasfeste‹ zum Fasching stadtbeliebt ist. Für die 1861 gegründete, konservativ orientierte ›Genossenschaft der bildenden Künstler Wiens‹ 1868 von August Weber im Stil italienischer Renaissance vollendet, wurde es später durch Flügelbauten erweitert. Sie beherbergen heute das ›Theater im Künstlerhaus‹ und Kinos, das Haus gehört dem aus Künstlern bestehenden *k/hausverein*. Die acht

Dürer, Tizian und sechs weitere Steinfiguren bewachen den Zugang zum Künstlerhaus

Marmorstatuen am Haupteingang stammen von mehreren Bildhauern der Jahrhundertwende und stellen dar: Dürer, Michelangelo, Raffael, Rubens, Leonardo, Velazquez, Bramante, Tizian.

98 Musikverein

Neurenaissancebau mit Konzertsaal von unerreichter Akustik.

1., Bösendorferstr. 12
Tel. 01/505 81 90
www.musikverein.at
Führungen nach Vereinbarung
U-Bahn Karlsplatz (U1, U2, U4)

Das gerühmte ›Wunder‹ dieses Hauses ist, nüchtern gesagt, die Nachhallzeit von 2,05 Sekunden bei voll besetztem, also mit 2000 Personen gefülltem Saal. Alle Nachahmer scheitern. Sie können nur erahnen, dass die optimale Akustik des **Goldenen Saals** durch die an einer Stahlkonstruktion hängende Kassettendecke, den Hohlraum unter dem Parkett, das viele Holz und natürlich auch dadurch zustande kommt, dass die 36 güldenen Karyatiden unter der Galerie – hohle ›Frauenzimmer‹ sind.

Parlamentserbauer Theophil Hansen hat mit dem Resonanzkörper des Hauptsaals in seinem sienaroten Gebäude (1867–70) à la italienische Renaissance den berühmten ›Wiener Klangstil‹ aus der Taufe gehoben. Das Haus der 1812 gegründeten ›Gesellschaft der Musikfreunde‹ wurde zum Heim der seit 1842 bestehenden Wiener Philharmoniker.

Konzerte im Goldenen Saal des Musikvereinsgebäudes sind dank seiner wundervollen Akustik ein erlesener Kunstgenuss

Majestätische Größe: Die Karlskirche, Wiens ›Hagia Sophia‹, ist das sakrale Hauptwerk von Johann Bernhard Fischer von Erlach, wurde aber erst nach seinem Tod vollendet

Am Konservatorium lehrte Bruckner, lernten Mahler, Hugo Wolf, Nikisch, Richter. Pultstars: Furtwängler, Böhm, Karajan, Bernstein, Abbado. Vielfach holten sie sich ihre Inspirationen aus den Originalnoten im überwältigenden **Archiv**, das 300 000 Kompositionen birgt, von Schuberts ›Großer‹, der C-Dur-Symphonie, bis zu Johann Strauß' berühmtem Donauwalzer ›An der schönen blauen Donau.‹

99 Karlskirche

TOP TIPP *Majestätisches Wahrzeichen Wiens: Vollendung habsburgischer Reichskunst.*

4., Karlsplatz
www.karlskirche.at
Mo–Sa 9–12.30 und 13–18,
So 12–17.45 Uhr
U-Bahn Karlsplatz (U1, U2, U4);
Tram 1, 2, D

Von »Großheit« hätte Goethe angesichts dieser Kirche gesprochen, deren Unnahbarkeit den Bann des Außergewöhnlichen hat. »Ich will mein Gelöbnis erfüllen vor denen, die Gott fürchten«, lautet ihre strenge Widmungsinschrift. Kaiser Karl VI. hatte sie im Pestjahr 1713 dem Pestpatron Karl Borromäus gelobt und schon 1714 – für über 300 000 Gulden – bauen lassen, als die 8000 Opfer fordernde Seuche erlosch. Seine Votivkirche, 1737 geweiht, wurde ein »Programmwerk habsburgischen Kaiserstils« (Hubala). Salomonischer Tempel, Erinnerungsmonument an die Türkensiege, Blickpunkt der Stadt an der Verlängerung der einstigen Limesstraße, hat man sie die ›Hagia Sophia Wiens‹ genannt. Denn der Monumentalbau misst nahezu 80 m in der Länge und 60 m in der Breite, die Kuppel wölbt sich auf 72 m Höhe.

Johann Bernhard Fischers von Erlach Hochbarockbau, nach seinem Tod 1723 von Sohn Joseph Emanuel vollendet, setzt die religiöse und imperiale Symbolik architektonisch um: Der mächtigen **Kuppelrotunde** mit dem Kreuz des himmlischen Herrschers ist ein **Säulen-**

Johann Michael Rottmayrs Kuppelfresko in der Karlskirche thematisiert die Verherrlichung des hl. Borromäus. Es war das letzte Werk des großen Freskanten, 1725–30

bau in griechischer Tempelform vorgestellt. Ein kolossales *Säulenpaar* nach Art der Trajanssäule flankiert ihn, fängt schlank die Kuppelrundung auf, verkörpert die Herkules-Säulen des Weltreichs ebenso wie Karls VI. Wahlspruch »Beharrlichkeit und Tapferkeit«, bekrönt mit Adlern und Kronen als Zeichen irdischer Herrschaft. Zwei pagodenartige **Torpavillons** ziehen sich beidseitig hinter den Säulen zurück, erinnern an fernöstliche Kulturen. Der ganze Baukörper ist raumgreifend gestaffelt, gipfelt auf, schwingt nieder, gibt wechselnde Perspektiven.

Im Bild des hl. Karl Borromäus sind die Herrschertugenden von Karl dem Großen bis Karl VI. assoziiert. Die reliefierten Szenen aus Leben und Wirken des Pestpatrons auf den Säulen ordnen sich den Begriffen Beharrlichkeit (links) und Tapferkeit (rechts) unter. Christoph Mader, Jakob Schletterer und der Münchner Johann Baptist Straub waren die Meister. Lorenzo Mattielli schuf die *Heiligengestalt* am Giebel der Säulenhalle und die *Engel* am Rundbau, Franz Caspar skulptierte die *Freitreppenengel*.

Der Ovalraum des **Inneren** ist kühn und kühl in seiner entschiedenen Formstrenge und subtil in Farb- und Lichtwirkung. Das *Kuppelfresko* des überragenden Deckenmalers Rottmayr, ein Spätwerk von 1725–30, zeigt die Fürbitte des hl. Borromäus vor der Heiligen Dreifaltigkeit um Erlösung von der Pest. Der gewaltige Figurenreigen, Allegorien göttlicher und menschlicher Tugenden, ist in der Entwicklung der Freskenkunst bedeutsam durch seine Auflösung des Idealporträthaften in bewegte Figurenchoreografie. *Chorbogen-, Seitenkapellen-, Orgelemporenfresko* ebenfalls von ihm. Glorios in seiner Strahlwirkung der **Hochaltar** mit dem zum Licht Gottes emporschwebenden Pestpatron, entworfen von Fischer Vater, ausgeführt von dem Stuckateur A. Camesina. Die *Anbetungsengel* unten sind von Mattielli. *Altarbilder* von Daniel Gran in der Taufkapelle links und der Seitenkapelle rechts, von Martino Altomonte in der ersten rechts.

Harnische und Rüstungen stehen im Wien Museum Karlsplatz in Reih' und Glied

Im westlichen Glockenturm können im **Museo Borromeo** kostbare sakrale Goldschmiedearbeiten und Textilien bewundert werden, während das **Museo Nuovo** barockes Ambiente und Klassische Moderne – von Kokoschka über Nitsch bis Rainer – gekonnt in Verbindung setzt.

Unter der Devise ›Erlebnis Karlskirche‹ bringt ein gläserner **Panoramalift** Besucher auf eine Terrasse in 32 m Höhe. Dort können sie die Fresken aus ungewöhnlicher Nähe betrachten sowie über 118 Treppenstufen in die sog. **Laterne** aufsteigen und dort aus der luftigen Höhe von fast 60 m einen berauschenden Panoramablick über Wien genießen.

Einen barockschwüngigen Kontrapunkt zur Kirche bildet Henry Moores große **Plastik** ›Hill Arches‹ im Wasserbassin am Karlsplatz.

100 Wien Museum Karlsplatz

Augenwanderung durch Wiens Geschichte.

4., Karlsplatz
Tel. 01/50 58 74 70
www.wienmuseum.at
Di–So 9–18 Uhr
U-Bahn Karlsplatz (U1, U2, U4); Tram 1, 2, D

Feierlich angestrahlt ist das Kostbarste des Doms im Wien Museum Karlsplatz zu sehen: jene sechs sensibel individualisierten **Fürstenfiguren** von unglaublicher aristokratischer Anmut, die Rudolfs IV. ›Herzogenwerkstatt‹ in Stilnähe zum Parlerkreis 1360–65 schuf: Kaiser Karl IV. und Blanche von Valois, Herzog Rudolf IV. und Katharina von Böhmen, Herzog Albrecht II. und Johanna von Pfirt. Auch die schönen **Fürstenfenster** entstammen jener Werkstatt. Und was sonst noch an wundervollen Madonnen- und Heiligenfiguren der Witterungsschäden wegen vom Dom entfernt und durch Kopien ersetzt werden musste, ist hier beglückend augennah gerückt.

Dass dies ein künstlerischer Höhepunkt der vielgestaltigen Sammlung ist, kann freilich nur als ›Zugabe‹ gelten. Im 1888 als *Historisches Museum* gegründeten Wien Museum Karlsplatz, dem Hoffmann-Schüler Oswald Haerdtl 1954–58 dieses Haus baute, soll Kunst vor allem Zeitdokument sein. So beschwören im **Erdgeschoss** noch vielfältige andere Zeugnisse das mittelalterliche Wien – von den ›*Wiener Pfennigen*‹ (12.–16. Jh.) über den ›*Albertinischen Plan*‹ als älteste Stadtdarstellung (1421–22) bis zu *Bürgerfahnen* und *Reiterharnischen*.

Im **1. Stockwerk** – der Neuzeit bis zu Maria Theresias Tod gewidmet – dominieren zunächst die Türkenkriege 1529 und 1683: *Haudegen, Lanzen, Trommeln, Turbane, Banner, Notmünzen* für den Sold, *Pläne* der belagerten Stadt bis hin zur kühnen *Rundansicht*, die Topografie und Kampfbericht zugleich ist (1530). Franz Geffels trefflichem Gemälde der ›*Entsatzschlacht von 1683*‹ assistiert einerseits die *türkische Planzeichnung*, die dem Steffl den Halbmond aufsetzt und die Hofburg zu einem mittleren Bauernhaus macht, andererseits eine moderne vielfigurige *Diorama-Darstellung* des Geschehens.

Kunterbunt eingefangen ist die Fortsetzung, ob Pestschreck oder Festlichkeit, ob Kaiserfamilie oder Handwerkerschilder, ob Zahnoperation oder Freimaurerloge (berühmtestes Bild: ›*Loge zur Gekrönten Hoffnung*‹ mit Schikaneder und Mozart). Raumfüllend ist das *Modell der Innenstadt* von 1852–54, kapriziös das *Modell eines Lustschlosses* im Laxenburger Park von 1799.

Das **2. Stockwerk**, welches 19. und 20. Jh. präsentiert, fasziniert durch historische Environments: dem ›*Pompejanischen Salon*‹ in Empire, den die Bankiersfamilie Geymüller im Palais Caprara [Nr. 72] einrichtete (um 1800), der rekonstruierten *Wohnung Grillparzers* aus der Spiegelgasse 2 (1849–72) mit Originalmöbeln und -gegenständen des Biedermeier, schließlich dem *Wohnzimmer* mit Kaminnische des Architekten *Adolf Loos* aus der Bösendorfer Straße 3 (1903) – alle drei in ihrer edlen Linienreinheit durchaus vergleichbar. Das Theatralisch-Üppige des 19. Jh. bringen die Gemälde Makarts ins Spiel: Sein *Atelier* – von Rudolf von Alt und Eduard Charlemont gemalt – wurde Vorbild für den gehobenen Wohnstil Wiens.

Die Welt des ›Niederen‹ in Stadt und Land hielten Waldmüller (qualitätvoller Bestand!) oder Fendi engagiert fest, die Revolution von 1848 Ziegler, Neder oder Goebel. Vormärz-Theater von Raimund und Nestroy bis Strauß Vater und Lanner. Dann die große Zeit nach 1900 mit Kunsthandwerk der ›Wiener Werkstätte‹ und Malern von Klimt bis Gerstl. Klimts ›*Emilie Flöge*‹ (1902), eine Modesalonbesitzerin, gab durch ihr Bild wie in der Wirklichkeit den Modeton an. Das 21. Jh. muss freilich noch auf seine Musealisierung warten.

101 Konzerthaus mit Akademietheater

Weitläufiger historistischer Bau mit Konzertsälen und Theater.

3., Lothringerstraße 18–20/
Lisztstraße 1
Tel. 01/24 20 00
www.konzerthaus.at
Mo–Fr 9–19.45, Sa 9–13 Uhr
U-Bahn Stadtpark (U4);
Tram D

Mittelpunkt der Musikstadt Wien, die epochenweise eine Musikhauptstadt der Welt war, ist das Dreieck Oper – Musikverein – Konzerthaus. Das **Konzerthaus-Gebäude** wurde nach Plänen der Theaterarchitekten Fellner und Helmer 1912–13 als Mischung aus Historismus und Jugendstil errichtet. Im Foyer begrüßt das *Modell* des michelangelesken Beethovendenkmals von Zumbusch am nahen Beethovenplatz (1880) jenseits der Ringstraße

›Walzerkönig‹ Johann Strauß Sohn als goldener Geiger im Stadtpark

die Musikliebhaber. Im Osttrakt birgt das Konzerthaus den reich ornamentierten Säulenraum des *Großen Saals* (1865 Plätze) sowie *zwei kleinere Säle* (704 und 366 Plätze). Der *Neue Saal* verfügt über weitere 400 Plätze. Hier kommen moderne Stücke zur Aufführung.

Hausherren (wenn auch globetrottende) des Konzerthauses sind die **Wiener Symphoniker**, die auf eine Tradition seit 1899 zurückblicken und seit je mit den Philharmonikern rivalisieren, wie sich das für eine Musikstadt gehört. Sie bespielen auch den Musikverein, die Oper, die Bregenzer Festspiele sowie mit verschiedenen ihrer Ensembles bei den Festwochen Plätze der Stadt. Zu ihren Chefdirigenten gehörten Karajan, Sawallisch, Krips – derzeit Fabio Luisi, ab 2014 Philippe Jordan.

Im Westtrakt ist ein Teil der *Hochschule für Musik und darstellende Künste* sowie das **Akademietheater** (520 Plätze) untergebracht. Es wurde 1922 vom Dramatiker und Burgtheaterndirektor Anton Wildgans als Dependance der ›Burg‹ hier eingerichtet und zeigt heute neben Kammerspielen auch Vielpersonenstücke.

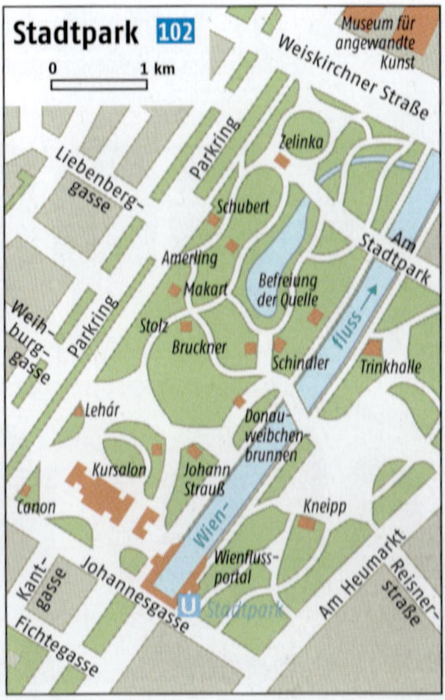

102 Stadtpark

Englischer Park mit Teich, Fluss und vielen Denkmälern, von Jugendstil gerahmt.

1., Parkring
U-Bahn Stadtpark (U4), Stubentor (U3); Bus 74A; Tram 2

Als Basteien und Glacis, das freie Vorfeld der Befestigungsanlagen, der Ringstraße wichen, ging man auch daran, den Wienfluss zu regulieren und das Wiental für die Stadtbahn zu erschließen. Östlich des Parkrings entstand der 60 ha umfassende Stadtpark, der das Flüsschen einbezog (Josef Selleny, Rudolf Sieböck, 1862). Der **Kursalon** im Neurenaissancestil wurde zur heiß geliebten Konzertattraktion des Parks (Hans Gasser, 1865), und das **Wienflussportal** (1903–06) zur Uferpromenade zeigt sich mit Flussüberwölbung, Treppen, Pavillons und Gartenmauer als Anlage im beschwingten Jugendstil, ebenso die schlichtere **Trinkhalle** aus den Jahren 1930–37, beides von Friedrich Ohmann und Josef Hackhofer.

Wiens Lieblinge in Stein und Bronze bevölkern den Park: Ein ›goldiger‹ *Johann Strauß Sohn* (Edmund von Hellmer, 1921) steht geigend vor einem Himmelstor; als modernes Pendant der ernste Monumentalkopf *Lehárs* (Franz Coufal). Der Maler *Emil Jakob Schindler* (Hellmer, 1895) sitzt in Wanderkluft, *Bruckners* Büste (Viktor Tilgner, 1899) wird von der Muse lorbeerbekränzt, *Schubert* (Carl Kundmann, 1872) thront mit Notenheft, *Makart* (Tilgner, 1898) steht in Fürstenattitüde. Die Büste des Malers *Amerling* schuf Johann Benk 1902, die des Komponisten *Robert Stolz* der Bildhauer Rudolf Friedel. Nackte Riesen (›Befreiung der Quelle‹) und das Männer verderbende ›Donauweibchen‹ figurieren an den beiden **Brunnen**.

103 Museum für angewandte Kunst/ Gegenwartskunst

Erstes Kunstgewerbemuseum auf dem Kontinent. Progressives, ›unmusealstes Museum Wiens‹.

1., Stubenring 5
Tel. 01/71 13 60
www.mak.at
Di 10–24, Mi–So 10–18 Uhr
U-Bahn Stubentor (U3), Landstraße (U3, U4); Bus 1A, 74A; Tram 2

Keineswegs nur als Ausstellungshaus des Vergangenen, sondern auch als Umschlagplatz für Innovationen wurde 1863 das damals sog. ›Österreichische Museum für Kunst und Industrie‹ gegründet,

Spannende Reduktion – die Renaissance-Eingangshalle des Museums für angewandte Kunst bietet reichlich Raum für Modelle und Pläne

wollte doch die Kunstgewerbebewegung dem durch die Industrie ausgelösten Verfall des Handwerks entgegentreten und geschmacksbildend wirken. Ferstel schuf dafür 1868–71 eine Architektur, die im Äußeren der Repräsentativform eines Renaissance-Palastes, im Inneren dem Pragmatismus eines Galeriebaus gehorchte, 1909 kam der Erweiterungsbau zum Wienfluss hin dazu.

Elf **Schausammlungen**, von internationalen Gegenwartskünstlern gestaltet, versammeln in wohltuender Untertreibung jeweils wenige Highlights einer Stilepoche. Dass die Inszenierungen der verschiedenen Künstler nicht unumstritten sind, gehört zum progressiven Programm des auch in den Themen seiner Wechselausstellungen, Symposien und Vorträge voll auf die Zukunft eingestellten ›MAK‹.

Mittelalter und Renaissance sind auf *kirchliche Gewänder* und *italienische Majolika* konzentriert, Barock und Rokoko auf *Glas, Spitzenwerk* und das fulminante Brünner *Palais-Dubsky-Zimmer*. Die *Biedermeierstücke* werden von elektronischen ›signs‹ Jenny Holzers kommentiert. Eine Schattenallee von *Thonet-Stühlen*, *Vasen* in schwebenden Vitrinen, *Friese* von Klimt und Margaret Macdonald dominieren in den Historismus- und Jugendstil-Räumen, Objekte von Josef Hoffmann und Koloman Moser bei den *Wiener Werkstätten*, indes das 20. Jh. natürlich einem verwirrenden Pluralismus das Wort spricht. Meditativ karg die Präsentation der berühmten *Orientteppiche*, opulenter die der Skulpturen und Porzellane der *Ostasien-Sammlung*.

In herkömmlicher Weise, den ganzen Umfang zeigend, werden die Bestände dagegen in der **Studiensammlung** im Tiefgeschoss dargestellt. Das ausgeschnittene Fenster als ›Tor zum Ring‹ vor der Hauptfassade (James Wines), Pichlers ›Tor zum Garten‹ oder das Terrassenplateau überm Wienfluss (Peter Noever) sind pointiert gesetzte Akzente der architektonischen Neugestaltung.

Ganz aktuell ist die Schau im **Gegenwartskunstdepot** (Dannebergplatz, Tel. 01/71136231, Mai–Nov. So 14–18, Führungen So 15 Uhr) in einem Gefechtsturm des Zweiten Weltkriegs im zwei Kilometer entfernten Arenbergpark.

Die Innenbezirke – von Prinz Eugen bis Dr. Freud

Zwischen dem Ring und dem zweiten ›Gürtel‹ – der auch so heißt, ursprünglich der äußere Verteidigungswall war, jetzt ein turbulenter Verkehrsweg ist – liegt der Kranz der *früheren Vorstädte* von der **Leopoldstadt** bis zum **Alsergrund**, im Osten von der Donau begrenzt (2.–9. Bezirk). Großstädtisch vielfältig, dennoch mancherorts von einem Hauch *Vorstadtmelancholie* berührt, wechselt hier die fein aufpolierte oder vergilbte Pracht von Adelspalais, Patriziervillen und Biedermeierhäusern mit Gemeindebauten der Zwischenkriegszeit, Industrieanlagen, Klinikkomplexen, Mietskasernen, Großkaufhäusern. Ein Drittel der Wiener wohnt in diesen Bezirken, eine bunte Mischung von Diplomaten, Kleingewerbetreibenden, Medizinstudenten, Beamten, Hofratswitwen, Arbeitern. Die Skala des Sehenswerten reicht von Prinz Eugens Sommerpalast bis zu Dr. Freuds Psycho-Praxis.

104 Leopoldstadt

Abglanz der einst florierenden Judenstadt.

U-Bahn Nestroyplatz, Praterstern, Vorgartenstraße (U1), Taborstraße, Praterstern, Messe Prater (U2)

1938 lebten rund 180 000 Juden in Wien. 1945 nur noch 2000. Etwa 100 000 waren emigriert, die anderen deportiert, 65 000 davon in Konzentrationslagern umgebracht worden. Heute gibt es etwa 7500 Juden in Wien, doch nicht mehr viele von ihnen wohnen in diesem Viertel, das einst eine blühende Judenstadt war, benannt nach dem Landespatron Markgrafen Leopold III. Kaiser Ferdinand II. hatte die Juden aus der Innenstadt 1624 hierher verwiesen, Leopold I. sie auf Drängen seiner bigotten Gemahlin 1670 wieder vertrieben. Erneute Zuwanderungen beförderte das Toleranzedikt Josephs II. von 1782; ein Strom von Menschen aus dem Osten kam nach der Gleichstellung unter Franz Joseph I. 1867. Gewiss, die Assimilierten, Arrivierten lebten im ersten Bezirk und anderswo, wiewohl sich auch Wohlhabende aus Solidarität hier niederließen, etwa die Familien Schnitzler, Freud, Polgar.

Hitlers Holocaust vernichtete das bunte Leben auf der ›Mazzesinsel‹. Lange blieb die Leopoldstadt verödet. Heute ist sie ein Wohnviertel wie viele andere, nur schütter durchsetzt mit jüdischen Bethäusern, Schulen, koscheren Restaurants, kaftangewandeten Gestalten.

Hauptmeile der Leopoldstadt ist die **Taborstraße**, Wiens Handelsweg nach Mähren und Böhmen schon seit dem Bau der ersten Donaubrücke, 1439. Im gründerzeitlich pompösen Gebäude an ihrem Beginn wird in der **Börse für Landwirtschaftliche Produkte** (Nr. 10) mit Getreide gehandelt – heutzutage aber nur noch am Computer. So wird der säulenumstandenem Getreidesaal inzwischen nicht mehr zur Präsentation von Korn gebraucht. Stattdessen macht das *Theater Odeon* (www.odeon-theater.at) nonverbales Schauspiel.

Nahbei, in die Straßenfront eingebunden, folgen die Turmfassade der **Kirche der Barmherzigen Brüder** (Nr. 16) und die lange Front des ehemaligen **Klosters**, dessen früherer Eingang durch Barockgiebel und Nischen akzentuiert ist. Die *Apotheke* mit Empire-Einrichtung ist sehenswert. Die 1614 gestiftete Kirche wurde 1692 in ihre heutige Form gebracht, der Turm erst 1748 umgebaut. Sie kann sich eines *Hochaltars* zweier großer Barockmeister rühmen: Daniel Gran schuf das *Altarbild* der ›Taufe Jesu‹, Lorenzo Mattielli die *Assistenzfiguren* der hll. Joachim, Zacharias, Elisabeth, Anna (1736).

Die **Leopoldkirche** weiter nördlich (Große Pfarrgasse 15) entstand 1670/71 nach der Judenvertreibung anstelle einer damals zerstörten Synagoge und wurde einige Jahre später bei der Türkenbelagerung zerstört. 1724 erbaute sie Anton Ospel in Form eines Kreuzes mit zwei Seitenkapellen, quadratischem Chor und Ovalkuppel neu. Martino Altomontes *Hochaltarbild* des hl. Leopold als Beschützer Wiens ist eine Nachbildung, wie einiges andere, denn die Kirche wurde im Krieg ausgebombt. Ihre breite *Turmfassade* mit dem schönen Barockhelm ist das Wahrzeichen der Leopoldstadt.

105 Wiener Circus- & Clownmuseum

Von Augustin und Hanswurst, Akrobaten und Artisten.

2., Ilgplatz 7
Tel. 0676/460 47 94
www.bezirksmuseum.at
So 10–13, jeden 1. und 3. Do im Monat 19–21 Uhr
U-Bahn Messe-Prater (U2).

So einfach ist das mit der Lustigkeit nicht: Nicht der Hanswurst ist der Vater des Clowns – er ist eher sein Bruder –, sondern der akrobatische Bajazzo. Und eine Wissenschaft für sich ist, wie die genialen Söhne ihre spezielle Zirkuskomik ausprägten: Charles Godlewski, der Springer über den Elefanten, der in Wien zu Hofoperehren kam, Tom Belling jun. oder Grock oder Charlie Rivel. Solche Wissenschaft als Anschauungsspaß und 200 Jahre Zirkusgeschichte vermittelt dieses Museum, dessen Grundstock der Schriftsteller Heino Seitler legte. Es präsentiert ein buntes Sammelsurium an Volkstümlichem und Gauklerglanz für Nostalgiker.

106 Augarten

Ältester Park Wiens mit zwei Wiener ›Exportschlagern‹ und einem modernen Ausstellungsgebäude.

2., Obere Augartenstraße 2
Bus 5A; Tram 2, 31

Der einen halben Quadratkilometer umfassende Augarten ist eine alte Anlage. Schon Kaiser Matthias hatte im unregulierten Auengebiet der Donau 1614 ein Jagdschloss gebaut. 1650 ließ Ferdinand III. den Garten rundum anlegen. Nach der Zerstörung des Jagdschlosses durch die Türken errichtete man unter Leopold I. das barocke **Augartenpalais** und das Saalgebäude (Ende 17./Anfang 18. Jh.), später wurde der Park im französischen Stil erneuert. Joseph II. liebte die Anlage, ließ sie 1775 für das Publikum öffnen und 1781 von seinem Hofarchitekten Isidor Canevale noch das **Kaiser-Joseph-Stöckl** hinter das Palais bauen. Nachdem er die Morgenkonzerte hier einrichtete, die auch Mozart dirigierte, wurde der Augarten Ort der Musik: Beethoven (Uraufführung der ›Kreutzer-Sonate‹) oder Strauß Vater gaben viel besuchte Konzerte. Die Künstlerabende der Makartzeit im Augartenpalais adelten auch Wagner und Liszt durch ihre Anwesenheit.

Heute birgt der Augarten zwei Attraktionen: Sängerknaben und Porzellan. Die **Sängerknaben** [s. S. 174] allerdings verbirgt er eher, nämlich in der Internatsschule des Augartenpalais rechts vom Haupteingang. Der Knabenchor wurde 1498 von Maximilian I. gegründet. Damals sangen 20 Buben in der Hofmusikkapelle des Kaisers, heute sind es 100 in vier Chören, reisegewohnte TV-Stars bis zum Stimmbruch. Berühmteste ›Spatzn‹ waren Haydn und Schubert.

Der zweite zarte ›Exportschlager‹ wird vorgezeigt: Die **Wiener Porzellanmanufaktur** (Tel. 01/211 24 200, www.augarten.at, Mo–Sa 10–18 Uhr, Führungen Mo–Fr 10.15, 11.30 Uhr) im niedrigen barocken *Saalgebäude* hinter dem Triumphbogen des Haupteingangs präsentiert ihre Erzeugnisse mit dem blauen Bindenschild in Ausstellungs- und Verkaufsräumen. Sie wurde 1718 von Claudius du Paquier gegründet und war acht Jahre nach Meißen die zweite Manufaktur Europas. 1744 übernahm sie der Staat und verlegte sie aus der Rossau hierher. Zur Zeit des Wiener Kongresses, 1814–15, nahm sie einen Aufschwung, gleichfalls nach ihrer Neugründung 1923. Werke aus ihren künstlerischen Glanzzeiten wie Services, Figurinen, Tierplastiken des Rokoko, des Klassizismus, des Biedermeier, bis hin zu Art déco und Gegenwartsmoderne sind seit 1864 im Museum für angewandte Kunst [Nr. 103] zu sehen.

Die Ausstellung des Augarten **Porzellanmuseum** im Obergeschoss gilt der Geschichte des Porzellans, vom Ursprung in China über die Porzellanbegeisterung europäischer Fürsten, bis zur Entdeckung der Rezeptur des echten Porzellans in

Gar herrlich lässt es sich in den Anlagen und Alleen des Augartens lustwandeln

Europa. Außerdem erklärt sie die Schritte der Porzellanherstellung.

Moderne Kunst zeigt am östlichen Rand des Augartens in lichtdurchfluteten Räumen **Thyssen-Bornemisza Augarten Contemporary** (Scherzergasse 1 a, Tel. 01/216 86 16 21, www.tba21.at, Do–So 11–19 Uhr). Das 1956 entstandene Gebäude war einst Atelier des Bildhauers *Gustinus Ambrosi* (1893–1975). Besonderes Augenmerk legen die Ausstellungsmacher um Francesca Habsburg auf Installationen und künsterische Performances. Auch Videokunst wird gezeigt, Gesprächsrunden ergänzen das Angebot.

107 Johann-Nepomuk-Kirche

Erste historistische Kirche Wiens.

2., Praterstraße/Nepomukgasse
U-Bahn Nestroyplatz (U1); Bus 5A

Der hohe Spitzturm der Kirche ist der Blickpunkt der Praterstraße, die als zweite Hauptverkehrsader früher ein quirliges Zentrum der Leopoldstadt war, Schauplatz der Premieren und Auftritte von Raimund und Nestroy im Leopoldstädter Theater und Carl-Theater. Carl Rösner vollendete die Kirche 1846 in romanisch-byzantinischen Formen, Führich malte die *Kreuzwegfresken*, Kupelwieser das Fresko der ›*Nepomukglorie*‹ hinter dem Hochaltar, beides Monumentalmalereien der Nazarener-Romantik. Die Kirche ist der erste Sakralbau des romantischen Historismus. Dieser Stil fand später in der Altlerchenfelder Kirche seinen Höhepunkt.

108 Johann Strauß Wohnung

TOP TIPP *Gutbürgerliches Wohnidyll von Johann Strauß Sohn.*

4., Praterstr. 54
Tel. 01/214 01 21
www.wienmuseum.at
Di–So 10–13 und 14–18 Uhr
U-Bahn Nestroyplatz (U1); Bus 5A

Das Haus, in dem der Donau-Walzer 1867 entstand und der Walzerkönig Johann

Bürgerliche Wohlhabenheit strahlt die in weiten Teilen originalgetreue Einrichtung der Johann Strauß Wohnung aus, in der der erfolgreiche ›Walzerkönig‹ sieben Jahre lebte

Strauß Sohn (1825–1899) sieben Jahre lang (1863–70) mit seiner ersten Frau Jetty wohnte, liegt in der Leopoldstadt, in der sein Vater und seine jüdischen Vorfahren geboren wurden (was man in der Nazi-Zeit sorgsam verschwieg). Die **Erinnerungsgegenstände** von Manuskript bis Notenkasten illustrieren Biografie und Werk des Weltberühmten: den Vater, seinen größten, zuweilen auch erbitterten Konkurrenten, dessen Ehrentitel ›Hofball-Musikdirektor‹ auf ihn überging, wiewohl er sich 1848 mit dem ›Revolutionsmarsch‹ bei Hof in die Nesseln gesetzt hatte (Strauß Vater komponierte damals brav den ›Radetzky-Marsch‹); den begabten Bruder Josef, mit dem er in anregendem Wettstreit den Biedermeier-Walzer zum symphonischen Konzertwalzer machte; die Tanzsäle in Wien, St. Petersburg, Paris, wo er bejubelt wurde; Manuskripte und Erstausgaben seiner Dreivierteltakt-Hits, Dokumente seiner Operetten-Erfolge (nicht der Opern-Misserfolge); die drei Ehefrauen Henriette (Jetty), Angelika (Lili) und Adele; seine Villen, vor allem das ›Strauß-Palais‹ in der Igelgasse; *Porträts, Büsten, Fotografien*, die die Bedeutendsten ihres Metiers von Kriehuber bis Lenbach schufen, von ihm, dem feschen, gewinnenden und populärsten aller Seligkeiten-Erzeuger.

Den *Praterstern* am Abschluss der Praterstraße dominiert das aufwendige **Tegetthoff-Denkmal**, 1886 zur Erinnerung an den Sieg des Admirals Wilhelm von Tegetthoff in der Seeschlacht bei Lissa gegen Italien (1866) im Preußisch-Österreichischen Krieg errichtet.

109 Prater

Pläsir für jedermann: Ringelspiel und Elektronik-Sause, Pappbecher und Lusthaus-Schmaus, Museal-Nostalgie und Sternguckerei.

2., Hauptzugang am Beginn der Ausstellungsstraße
www.prater.at
Hauptsaison Mitte März–Okt.
tgl. 10–1 Uhr, sonst eingeschränkte Öffnungszeiten des Praterareals
U-Bahn Praterstern (U1, U2); Bus 80A; Tram 1, 5, O

Die bittersüßesten und bitterbösesten Geschichten der Wiener Literatur um die Jahrhundertwende spielen im Prater. Wo sonst auch lägen Menschengewühl und Menschenleere so Geschichten stiftend nah beisammen?

Gewühl freilich gab es erst, nachdem Joseph II. den Prater 1766 für die Allgemeinheit freigegeben hatte. Vorher war das etwa 10 km weitreichende Auengebiet zwischen Donau und Donaukanal kaiserliches Jagdareal gewesen, ›Prado‹

Superkonstruktion, Spielzeug und Symbol: das geliebte Riesenrad im Prater.

(span. Wiese) genannt. Ferdinand I. hatte 1538 eine schnurgerade Kastanienallee durchlegen, Maximilian II. das Terrain 1560 einzäunen lassen und sein Jagdpersonal in der ›Jägerzeile‹, der heutigen Praterstraße, angesiedelt. Auf der **Hauptallee** fanden seit der Barockzeit Wagenkorsi des Adels statt, der am 1. Mai mit Vorliebe den Wettrennen der livrierten Boten, noch lieber sich selbst beim Mode-Ausführen zusah. Absichtlich am gleichen Tag trafen sich ab 1890 hier die Arbeiter zu ihren Maifeiern. Heute ist die 4,5 km lange Hauptallee für den Autoverkehr gesperrt, und die Wiesen und Wälder des ›Grünen Praters‹, einst ideale Verstecke für Liebespaare und Duellanten, sind durch Verbauung zwar geschmälert, aber immer noch ein prächtiger ›Auslauf‹.

Vom Beginn der Hauptallee ...

Als ›das Volk‹ vom Prater Besitz ergreifen durfte, ließen sich am Beginn der Hauptallee im Westen, gleich beim Praterstern, Weinwirte, Kaffeesieder, Lebzelter, Limonihändler nieder; Feuerfresser, Bänderspeier, Tierbändigerinnen, Bauchredner produzierten sich; Schausteller boten Wurstel (Kasperl) und Watschenmänner dar; Herr Basileo Calafatti installierte sein erstes ›Ringelspiel‹, ein Karussell, bei dem man während der Fahrt herunterbaumelnde Ringe mit Stangen treffen musste; Volkssänger und Harfenisten traten auf, aber auch Lanner, Strauß und Ziehrer gaben Konzerte. 1895 feierte der Vergnügungspark ›Venedig in Wien‹ mit Miniaturkanälen und Palastkulissen hier Triumphe, 1909 die erste Hochschaubahn.

Poesie der Pratervergangenheit: Das **Pratermuseum** (Oswald-Thomas-Platz 1, Tel. 01/7267683, www.wienmuseum.at, Di–Do 10–13, Fr–So 14–18 Uhr) am Beginn der Hauptallee lässt sie Revue passieren.

Der Wirklichkeit entfliehen kann man auch im angeschlossenen **Planetarium** (Tel. 01/7295494 0, www.planetarium-wien.at, Di, Do 8.30–12, 13–14.30, Mi 8.30–12, 18–20, Fr 15–20, Sa/So 14–19 Uhr) einem der ersten in Europa, 1927 von der Firma Zeiss gestiftet und nach Kriegszerstörung von der Innenstadt hierher verlegt. Es besitzt einen der modernsten Sternenprojektoren der Welt.

Volksprater

Der Volksprater (Wurstelprater) ist so hochtechnisiert »mit elektronisch gesteuerten Lustgeräten der vorletzten Chip-Generation« (Elfriede Jelinek) wie alle großen Rummelplätze der Welt. Nostalgische *Ringelspiele* und *Kasperltheater* sind rar geworden, wenn es auch immer wieder Versuche gibt, Altwienerisches neu aufleben zu lassen.

Aber das **Riesenrad** (Tel. 01/7295430, www.wienerriesenrad.com, Mai–Sept. tgl. 9–23.45, März/April und Okt. tgl. 10–21.45, Nov.–Febr. tgl. 10–19.45 Uhr) reißt's raus. Das mächtige und doch filigran wirkende Ding stammt von 1897, hat einen Durchmesser von 61 m, ein Gesamtgewicht von 430 t, dreht sich 75 cm in der Sekunde und kommt bis auf knapp 65 m Höhe. Nicht für den Volksprater, sondern für den Kaisergarten wurde es zum 50-jährigen Regierungsjubiläum Franz Josephs 1898 vom englischen Marineleutnant Walter Basset konstruiert, der ähnliche Räder auch für London oder Paris schuf. Indes jene bald in Schutt versanken, erhob sich dieses zum geliebtesten Wahrzeichen Wiens nach dem Steffl. Als 1945 alle Wagen ausbrannten, wurde es nach der Restaurierung aus Sicherheitsgründen nur noch schütter mit roten Waggons behängt und bald durch den Film ›Der dritte Mann‹ zum Mythos. Neben dem Riesenrad startet die teils dampf-, teils dieselgetriebene, 4 km lang dahinratternde **Liliputbahn** (Tel. 01/7268236, www.liliputbahn.com, März–Aug. tgl. 10–19 Uhr).

In **Madame Tussauds** Wachsfigurenkabinett (Riesenradplatz, Tgl. 10–18 Uhr, letzter Einlass 17 Uhr, Heiligabend geschl.) gegenüber dem Riesenrad warten historische Personen, Politiker, Sport- und Hollywoodstars auf Besucher.

Messegelände und Sportstätten

Dem Wurstelprater schließt sich das **Messegelände** an. 1873 fand hier die Weltausstellung statt. Einige Grünflächen des Praters sind für **Sportanlagen** genutzt worden. Hinter dem Messegelände liegen die *Trabrennbahn* (1913), das 50000 Zuschauer fassende *Ernst-Happel-Stadion* (1931, Umbau 2008), das *Radstadion* (1952), das *Stadionbad* (1931, 1959). In der Freudenau hinter dem Ende der Hauptallee entstand 1860 die *Galopprennbahn* mit einer 2800 m langen Grasbahn um einen *Golfplatz*.

... bis zum Ende der Hauptallee

Das schöne Prater-Restaurant **Lusthaus** (Tel. 01/7289565, www.lusthaus-wien.at, Mi geschl.) beendet die Hauptallee charmant: Kaiser Josephs Lusthaus für jeder-

Hundertwassers Fata Morgana entpuppt sich als praktische Wohnsiedlung

mann ist ein zweistöckiger **Pavillon** auf Podest, mit acht Ecken und acht Säulen, umlaufendem Balkon und Zeltdach. Des Kaisers treuer Architekt Canevale baute ihn 1783 anstelle eines heruntergekommenen Jagdschlösschens, und wenn er zur Erinnerung daran auch den *Grünen Salon* mit Diana-Darstellungen und Jagdhorn-Dekor schmücken ließ, hatte Kaiser Joseph II. doch mit dem Waidwerk so wenig im Sinn, dass er sein Lusthaus sogleich als Gaststätte freigab. Mag man in der Schnitzler-Zeit hier vielleicht wirklich parlierende *Morbidezza* zur Schau getragen haben – in der Fernseh-Zeit wird sie jedenfalls eifrig nachgestellt.

110 Hundertwasserhaus

TOP TIPP *Gemeindearchitektur mit Fantasie, kreatives Bauen und Komfort.*

3., Ecke Löwengasse/Kegelgasse
www.hunderwasserhaus.info
Tram 1 (Hetzgasse)

In einem Quartier der verdienstvollen, aber gesichtslosen Gemeindebauten, gelegentlich untermischt mit Gründerzeit-Ostentation, wirkt diese knallbunte Burg wie eine schiere Fata Morgana. »Ein Haus im Harlekinskleid« (Manfred Sack), das gegen das Lineal protestiert: Mauern in Rutschbahn- und Wellenschwüngen, durchbrochen von seligem Fensterdurcheinander, bebändert oder gesprenkelt mit Keramikmosaiken, durchsetzt mit Loggien, Erkern, venezianischen Balkönchen, geziert mit Zwiebeltürmen, Dickmadame-Säulen, Gipslöwen und Bäumen auf allen Terrassen. Die 50 Wohnungen sind individuell, aber nicht exzentrisch, die Mieter glücklich (wie sie sagen), die Mieten (mittlerweile) teuer. Die pittoreske Öko-Architektur ist ein Gemeindebau, 1983–85 für umgerechnet 5,7 Mio. € vom Maler Friedensreich Hundertwasser (1928–2000) und dem Architekten Josef Krawina errichtet und als Pilotobjekt eines »menschenwürdigen Wohnens der Zukunft« aufgefasst. Heute wirkt das experimentelle Glanzlicht des traditionsreichen Wiener Kommunalbaus, dessen offizieller Name Hundertwasser-Krawinahaus lautet, auf Reisebusse wie das Kerzenlicht auf Motten.

Gegenüber im **Kalke Village** (Kegelgasse 37–39, Tel. 01/710 41 16, www.kalke-village.at, tgl. 9–19 Uhr) wird das farbenfröhliche Unregelwerk aus Ziegeln, Holz, Glas, Keramik und welligen Fußböden auch als Innenarchitektur erlebbar. Zusammen mit dem Eigner des Anwesens, Klaus Kalke, schuf Hundertwasser ein Ensemble mit Cafés, Galerien und Souvenirshops.

Im *Kunst Haus Wien* zeigt das **Museum Hundertwasser** (3., Untere Weißgerberstr. 13, Tel. 01/712 04 91, www.kunsthauswien.com, tgl. 10–19 Uhr, Führungen So 12 Uhr) Malerei, Druckgrafiken und architektonische Entwürfe des Künstlers.

111 Fälschermuseum

Den Kunstfälschern auf der Spur.

3., Löwengasse 28
Tel. 01/715 22 96
www.faelschermuseum.com
Di–So 10–17 Uhr
Tram 1 (Hetzgasse)

In dem Kellergewölbe im dritten Bezirk verbergen sich ›Kostbarkeiten‹ der Malerei vom Mittelalter bis zum 21. Jh. Bekannte Kunstwerke zieren die Wände, darunter eine Handzeichnung Egon Schieles, ein von Paul Cézanne gemaltes Stillleben und Gustav Klimts Femme fatale *Judith I*. Der Besucher sollte sich allerdings nicht täuschen lassen, denn bei den Exponaten handelt es sich keinesfalls um die Originale. Im Mittelpunkt dieser einzigartigen Ausstellung steht gefälschte Kunst, die Illusion des scheinbar Echten. Der Besucher erfährt den Unterschied zwischen Stil- und Identfälschungen sowie Meisterkopien. Das Künstlertum wird dem Fälscher nicht abgesprochen, ist er doch selbst oft Maler, Zeichner oder Restaurateur – allerdings mit Hang zur Illegalität. Zeitungsberichte und Anekdoten geben Einblicke in Leben und Werk bekannter Meister der Täuschung wie Han van Meegeren, Tom Keating oder Konrad Kujau. Letzterer schlug nach seiner Haftstrafe, die er für die gefälschten Hitlertagebücher verbüßen musste, eine Karriere als ›legaler‹ Kunstfälscher ein.

112 Palais Rasumofsky

Einer der prachtvollsten klassizistischen Bauten Wiens mit großer Musik- und Kunstvergangenheit.

3., Rasumofskygasse 23–25
U-Bahn Rochusgasse (U3); Bus 4A

Beethoven widmete seine ›Pastorale‹ und mehrere Streichquartette dem russischen Gesandten in Wien, Andreas Graf Rasumovsky (1752–1836), seinem Mäzen. Dieser lebte seit 1807 in diesem Palais und umgab sich mit Künstlern, Kunstwerken und einem privaten Kammerorchester. Bei einem der glanzvollen Wiener-Kongress-Feste brannte die ganze Pracht ab, doch der Bau wurde wieder hergestellt. Erhalten blieb auch der musische *Genius loci* unter dem Nachbesitzer Johann Fürst Liechtenstein, der wiederum die Biedermeiermaler um sich versammelte.

Das Palais, Meisterwerk des belgischen Architekten Louis von Montoyer, 1806–07 erbaut, vereint strengen französischen Klassizismus mit dekorativen Schmuckformen des Empire: hochrepräsentativ die **Fassade** mit ihrem mächtigen Säulenvorbau, der kreisrunde, kassettierte **Kuppelsaal**, der **Große Saal** mit seinen korinthischen Säulen.

Ein Hauptwerk der Moderne von einem Außenseiter steht in der Parkgasse 18: der kompromisslos karge Kubus des **Wittgenstein-Hauses** (Tel. 01/713 31 64, www.haus-wittgenstein.at, Mo–Do 10–12, 15–16.30 Uhr), das der Philosoph Ludwig Wittgenstein nahezu im Alleingang für seine Schwester Margarethe Stonborough-Wittgenstein baute. Beraten wurde er bei diesem Unterfangen von Paul Engelmann, einem Schüler des großen Adolf Loos. Inzwischen residiert hier das Bulgarische Kulturinstitut.

113 Rochuskirche

Barocke Dominante der Geschäftsstraße, die einst Fernhandelsweg nach Ungarn war.

3., Landstraßer Hauptstraße, bei Nr. 56
Tel. 01/712 10 15
www.oratorium.at
U-Bahn Rochusgasse (U3); Bus 4A, 74A

Im Zuge der gegenreformatorischen ›Klosteroffensive‹ in der ersten Hälfte des 17. Jh. erbauten die Beschuhten Augustiner in der Vorstadt Landstraße anstelle eines zerstörten Gotteshauses 1642 ihre neue Klosterkirche St. Rochus und Sebastian. Den einfachen Saalraum flankieren flache Seitenkapellen und schmalerem Langchor. Die Bauleidenschaft nach der zweiten Türkenbelagerung gab auch ihr Opulenz: Stadtbaumeister Anton Ospel blendete ihr eine hochbarock-frühklassizistische **Doppelturmfassade** mit Pilastern sowie kombiniertem Segment- und Dreiecksgiebel vor, reich mit *Heiligenfiguren* von Anton Eberl bevölkert: Oben Augustinus und Augustinereremiten, in der Mitte Ulrich und Rosalie, unten die Patrone Sebastian und Rochus. Vorwiegend hochbarock ist die **Ausstattung** mit qualitätvoller *Kanzel* (1695) und dem *Hochaltarblatt* ›Vertreibung der Pest‹ (1690) von Paul Strudel. In der Rochuskirche heirateten im Jahr 1837 der Autor Adalbert Stifter und die Modistin Amalie Mohaupt.

114 Sünnhof

Preisgekröntes Durchhaus-Schmuckstück.

3., Ungargasse 3 (zwischen Landstraßer Hauptstr. 28 und Ungargasse 13)
U-Bahn Landstraße (U3); Bus 74A

An einem handtuchschmalen Hof zwei lang gestreckte Biedermeier-Zeilen reinsten Wassers, beidseitig Schänken, Boutiquen, ein Hotel, ein Kaffeehaus – dies köstliche Durchhaus liegt zwischen den Stirnhäusern der oben genannten Straßen. Es besteht aus einer Aneinanderreihung von 59 dreigeschossigen Achsen zum Hof – so etwas nannte man früher verächtlich ›Zinskaserne‹, heute löst die einheitliche Biedermeier-Noblesse Entzücken aus. Das Ensemble entstand 1837 aus einem Baukern des 18. Jh. 1845 wurde die Passage ausgebaut; Peter Gerl und Joseph Dallberg waren die Architekten, Rudolf Sünn der Auftraggeber. Die gediegene Idylle birgt das Vier-Sterne-Hotel ›Biedermeier‹ [s. S. 180].

In der Landstraßer Hauptstraße wohnten Berühmtheiten wie *Beethoven* (Nr. 26), *Balzac* und *Stifter* (Nr. 31), *Marie von Ebner-Eschenbach* (Nr. 74), *Kolo Moser* (Nr. 138); in der Ungargasse *Johannes Brahms* (Nr. 2), *Beethoven* (Nr. 5) und *Ingeborg Bachmann* (Nr. 26), die sie in ›Malina‹ verewigt hat.

115 Elisabethinenkirche mit Spital

Elegante Spätbarockkirche mit auffallender Fassade; sehenswerte Klosterapotheke.

3., Landstraßer Hauptstraße 4a
Tel. 01/711260
Mo–Sa 9.30–10.30 Uhr sowie nach Voranmeldung
U-Bahn Landstraße (U3); Bus 74A

Am Beginn der Straße fesselt eine barocke Schaufront mit reicher Gliederung und schwungvollen schmiedeeisernen Fensterkörben. Was wie eine Palaisfassade anmuten mag, ist die Längsfront der Elisabethinenkirche, die mit dem Klostergebäude (Spital) verschmolzen ist. Der Eingang des Gotteshauses mit Kirchturm markiert die Verbindungsstelle.

Die krankenpflegenden Elisabethinen sind seit 1710 hier, 1782 erhielten sie als *Reliquien* Haupt und Gebeine der hl. Elisabeth, die in der Schwesternkapelle des

Erinnerung an die Rote Armee – Befreiungsdenkmal am Schwarzenbergplatz

Klosters aufbewahrt werden. Ihre **Kirche** baute 1711 Matthias Gerl und erneuerte 1749 Franz Anton Pilgram. Er entwarf den barocken *Hochaltaraufbau*, für den Q. J. Cimbal das meisterliche *Bild* ›Aufnahme der hl. Elisabeth in den Himmel‹ und Ignaz J. Bendl die *Statuen* von Franziskus, Joseph, Anna und Antonius schuf.

Ausgesprochen sehenswert ist auch die barocke **Klosterapotheke**, die nach wie vor in Betrieb ist.

116 Schwarzenbergplatz

Großzügige Platzanlage, ursprünglich zur Rahmung des Reiterdenkmals, dann weit darüber hinausgewachsen.

U-Bahn Karlsplatz (U1, U2, U4);
Bus 4A; Tram 2, D, 71

Als hätten sie sich nach Metternichs berühmtem Diktum gerichtet: »Am Rennweg fängt der Orient an«, setzten die Sowjets 1945 ihr Raum greifendes **Befrei-**

ungsdenkmal just an den Beginn des Rennwegs: auf den Schwarzenbergplatz. Längst hat man sich an den 20 m himmelwärts erhobenen Rotgardisten gewöhnt, auch wenn er den Blick zum Schwarzenberg-Palais stört und über das weiter vorne platzierte **Reiterstandbild** des Feldmarschalls Karl Philipp Fürst Schwarzenberg triumphiert, der in der Völkerschlacht bei Leipzig 1813 (auch mit russischen Truppen) den militärischen Hauptschlag gegen Napoleon führte.

Einen Akzent zwischen den beiden Geschichtssymbolen setzen die markanten Fontänen des **Hochstrahlbrunnens,** die ihrerseits astronomische Symbole für Monate, Monatstage, Tagesstunden und Jahrestage sind. Antonio Gabrielli schuf den Brunnen zur Eröffnung der ersten Wiener Hochquellwasserleitung 1873.

117 Palais Schwarzenberg

Gartenpalais der Meistergarde des Hochbarock.

3., Schwarzenbergplatz 9
und Rennweg 2
derzeit geschl.
U-Bahn Karlsplatz (U1, U2, U4);
Bus 4A; Tram 2, D, 71

Der den Schwarzenbergplatz im Süden in erhöhter Lage abschließende Bau gehörte zum Kranz der Gartenpalais am Glacis. Lukas von Hildebrandt begann dieses Frühwerk 1697 im Auftrag des Ministers Leopolds I., Fürst Mansfeld-Fondi, und vollendete den Rohbau 1704. Fürst Adam Franz Schwarzenberg übernahm ihn 1716 und beauftragte Johann Bernhard Fischer von Erlach mit der Fertigstellung, die sein Sohn Joseph Emanuel nach dessen Tod im Jahr 1723 fortsetzte.

Die von Nebengebäuden flankierte, zur Stadt orientierte **Hoffront** des langgestreckten Palais mit zentralem *Arkadenvorbau* und der darüberliegenden Krone der *Saalkuppel*, dazu das belebende Vor- und Zurücktreten der Fassadenteile bietet sich als geistvoller Wurf Hildebrandts dar, bei dem der plastischer empfindende Fischer nur den Mittelteil stärker akzentuierte. Bei der **Gartenfront** unternahm er einschneidende Eingriffe, indem er den Mittelteil halbrund vorwölbte und durch Rundbogenfenster noch betonte. Orangerie und Reitschule beiderseits der Gartenfront baute Andrea Altomonte 1751 dazu.

Das Innere wurde nach schweren Kriegsschäden wieder hergestellt. So sind von Daniel Grans Fresken im **Kuppelsaal** nur wenige Teile in den Lünetten erhalten, indes jene im **Marmorsaal** mit seiner prächtigen Barockgalerie unversehrt blieben (1725). Der schöne **Terrassenpark**, später verändert, geht auf Jean Trehet zurück. Der Beginn des Umbaus zum **Luxushotel** wurde 2011 erneut verschoben.

Einladung zur Walzerseligkeit – der barocke Marmorsaal des Schwarzenbergpalais scheint wie gemacht für rauschende Feste

Die Französische Botschaft am Schwarzenbergplatz schmücken vergoldete Reliefs

118 Französische Botschaft

Jugendstil-Charme aus Paris.

4., Schwarzenbergplatz 12/
Technikerstraße 2
www.ambafrance-at.org
keine Besichtigung
U-Bahn Karlsplatz (U1, U2, U4);
Bus 4A; Tram D, 71

Auch dieses **Palais** am Schwarzenbergplatz fällt aus dem Rahmen der Ringstraße, obendrein auch aus dem des österreichischen Jugendstils. Die Eleganz seiner Rundbogen an Fenstern und Balkon sowie der hohen Giebelschwünge unterm Mansarddach, geschmückt mit vergoldeten *Reliefs*, die ›Austria‹ und ›France‹ in pflanzenhaften Frauengestalten verkörpern – das ist Jugendstil von Pariser Art. Baumeister war der Chefarchitekt des französischen Außenministeriums, Georges-Paul Chédanne, 1906–09.

119 Palais Hoyos

Frühes Otto-Wagner-Werk.

3., Rennweg 3
U-Bahn Karlsplatz (U1, U2, U4);
Bus 4A; Tram D, 71

Metternichs »Orient« fing viel weiter hinten an, der beginnende Rennweg, an dem er selbst wohnte (Nr. 27), gehörte den Noblen und heute den Botschaften. Das spätere Palais Hoyos baute Otto Wagner 1890/91 als Wohnhaus für sich selbst, als er noch dem Historismus anhing. Die **Fassade** wirkt originell durch ungewöhnliche Fenstergliederung, zwei tiefe Loggien, das vorkragende Dachgesims und zauberhaft durch den zarten und reichen Reliefschmuck.

Auch **Nr. 1** (völlig verändert) und **Nr. 5**, wo Gustav Mahler 1898–1909 wohnte, stammen von Wagner.

120 Gardekirche Zum Hl. Kreuz

Pacassis sakrales Hauptwerk mit spätem Rokoko-Interieur.

3., Rennweg 5a
Tel. 01/712 31 58
U-Bahn Karlsplatz (U1, U2, U4);
Bus 4A; Tram D, 71

Mit sakralem Rokoko ist Wien nicht gerade reichlich gesegnet. Auch dieser 1763 vollendete Bau Pacassis, des Lieblingsarchitekten Maria Theresias, wurde schon sechs Jahre später von Peter Mollner außen klassizistisch verändert.

Das reizvolle **Innere** blieb unversehrt: ein damals schon ›unmodern‹ gewordener Zentralraum mit flacher Rippenkuppel, Laterne und Ochsenaugenfenstern,

Beeindruckend großzügig ließ Prinz Eugen das Obere Belvedere gestalten, hier empfing und unterhielt er seine Gäste

dessen elegante Stuckdekoration durch jene breit gezogenen und astartig geschlungenen Rocaillen auffällt, wie sie auch für Schönbrunn kennzeichnend sind. Innerhalb der **Ausstattung** des 18. Jh. ist Peter Strudels Hochaltargemälde ›Christus am Kreuz‹ (1712) und eine Ribera zugeschriebene ›Trauernde Maria‹ am rechten Seitenaltar (2. Viertel 17. Jh.) von Bedeutung.

Als Gotteshaus des Kaiserspitals gestiftet, kam die Kirche nach Aufhebung des Spitals 1782 an die polnische Leibgarde und ist seit 1897 Polnische Nationalkirche, betreut vom Resurrektionsorden.

121 Salesianerinnenkirche Mariae Himmelfahrt

Kuppelakzent des Stadtbildes und bedeutendes Barockensemble.

3., Rennweg 10
Tel. 01/798 71 26
Mo–Sa 7–7.45, So 9–13.30 und 17–17.30 Uhr
U-Bahn Karlsplatz (U1, U2, U4); Bus 4A; Tram D, 71

Als Witwensitz für sich und Erziehungsinstitut für Adlige stiftete Kaiserin Amalia Wilhelmine, Gemahlin Josephs I., den aus Mecheln berufenen Salesianerinnen 1716 Kloster und Kirche. Baumeister des großen, um zwei Ehrenhöfe gruppierten Komplexes war Felice d'Allio; an der **Fassade** wirkte 1717–30 Josef Emanuel Fischer von Erlach mit.

Der eindrucksvoll aufragenden Kirchenfront mit figurenbesetztem Dreiecksgiebel vor der ausladenden Kuppel entspricht innen ein längsovaler **Zentralraum** von harmonischer Wirkung und einheitlicher Ausstattung aus der Erbauungszeit. Das in Öl auf Putz ausgeführte *Kuppelbild* ›Mariae Himmelfahrt‹ malte 1727 der vielbeschäftigte Venezianer Giovanni Antonio Pellegrini, das *Hochaltargemälde* Antonio Beduzzis zeigt die Heimsuchung Mariens. Unter dem Hochaltaraufbau von Antonio Bellucci liegt das *Grab* der Gründerin.

Die von der Universität für Musik und darstellende Kunst genutzte Anlage ist eines der bedeutendsten barocken Ensembles in Österreich.

122 Belvedere

Unvergleichliche barocke Schlossanlage und Glanzleistung Lukas von Hildebrandts.

3., Rennweg 6 (unterer Eingang), Prinz-Eugen-Straße 27 (oberer Eingang)
Tel. 01/79 55 70 (Bandansage),
Tel. 01/79 55 71 34 (Besucherservice)
www.belvedere.at
U-Bahn Karlsplatz (U1, U2, U4); Bus 4A; Tram D, 71

Ein Franzose, der Österreich zur Großmacht führte, ein Staatsmann ohne Machtgelüste, ein Schlachtenlenker mit unerhörtem Kunstverstand, zur Idolgestalt in der Kunst verklärt, in Wirklichkeit klein, unansehnlich, verschlossen – das war Prinz Eugen von Savoyen.

Der ›Heimliche Kaiser‹ ließ sich auf steigendem Terrain hinter dem Glacisgürtel die Sommerschlossanlage Belvedere bauen, nicht kaiserlich-würdevoll,

sondern fürstlich-verschwenderisch: das **Untere Belvedere** [Nr. 123] als Wohnschloss unten, Repräsentationsschloss **Oberes Belvedere** [Nr. 125] oben, dazwischen Park mit **Orangerie** [Nr. 124], Menagerie, Wirtschaftsgebäuden.

Der **Park** (Tel. 01/798 41 20, April–Okt. 6 Uhr bis Sonnenuntergang) schon 1700 begonnen, wurde dem Versailler Gartenarchitekten Dominique Girard anvertraut, der auch die Schlossgärten Nymphenburg und Schleißheim in München anlegte. Höchst geschickt fing er die Höhenunterschiede des Terrassengartens durch Querachsen auf. Dem unteren Schloss legte er einen Heckengarten italienischer Herkunft vor, dem oberen Rasen in französischen Geometrien mit *Kaskaden, Treppen, Wasserspielen*. Die einst zahlreicheren *Skulpturen* gehorchten ursprünglich einem strengen Programm. Unten: Vier Elemente, Mitte: Parnass, oben: Olymp. Geblieben sind die *Acht Musen* und vor allem des Prinzen Symbolfiguren *Herkules* und *Apoll* im unteren Parterre, die *Zwölf Monatsputten* bei den Treppen, die prachtvollen *Sphingen* und *Rossebändiger* vor der Hofseite.

Übrigens nahe liegend, sich da oben auf dem Olymp zu fühlen: Der Blick auf die voller Grazie auf schmalem Raum dennoch weit atmend ausgebreitete Anlage und auf die zauberhafte Silhouette der nahen Stadt wäre der Unsterblichen durchaus würdig. Bel vedere!

Die Nichte und Erbin des unverheirateten Prinzen Eugen zog Turin vor und verschleuderte den größten Teil des Anwesens. Der Hof installierte hier zunächst eine Bildergalerie, später bezog Thronfolger Franz Ferdinand im Oberen Belvedere seine Residenz, dann Kanzler Schuschnigg seine Dienstwohnung. Im Kustodentrakt östlich des Ehrenhofs wohnte Anton Bruckner (1824–1896) in seinen letzten Lebensjahren. Einmal erlebte das Obere Belvedere im 20. Jh. nochmals große politische Repräsentation: Am 15. Mai 1955 wurde im Marmorsaal der **Österreichische Staatsvertrag** unterzeichnet.

Heute ist die Anlage der **Kunst Österreichs** gewidmet: Meisterwerke vom Mittelalter bis zur Gegenwart im *Oberen Belvedere* und *Prunkstall*, Prunkräume des Barock im *Unteren Belvedere*, Zeitgenössisches in der *Orangerie*.

123 Unteres Belvedere

TOP TIPP

Ein barockes Gesamtkunstwerk: Prunkräume aus Marmor, Gold und edlen Malereien.

3., Rennweg 6a
Tel. 01/79 55 70
www.belvedere.at
Do–Di 10–18, Mi 10–21 Uhr
U-Bahn Karlsplatz (U1, U2, U4);
Bus 4A; Tram D, 71

Das 1714–16 errichtete Untere Belvedere mit den prunkvollen Wohn- und Repräsentationsräumen des Prinzen Eugen sollte für den Kunstfreund Entree oder Resümee eines Wien-Besuchs sein, denn hier wird ebenso detailreich wie konzentriert überschaubar, was die Stadt so verschwenderisch, aber oft nur durch Fleiß und Feldstecher erreichbar ausbreitet: Österreichisches und Europäisches des Wiener Barock.

Der langgestreckte, eingeschossige Baukörper wendet seine Schauseite dem Garten zu, indes sich seine Seitenflügel mit Eingangstor um einen polygonalen Ehrenhof schließen. Nur der Mittelteil steigt zu zweigeschossiger Höhe auf, noch durch architektonische und plastische Gliederung hervorgehoben. Unkonventionell, wie die Räume treppenlos in den Garten übergehen.

Durch das initialengeschmückte Mitteltor und einen Ehrenhof gelangt man zunächst in den zweigeschossigen **Marmorsaal**: Seine ganze Pracht farbigen Marmors und goldener Ornamente, gemalter Scheinarchitekturen (Gaetano Fanti) und Stuckreliefs feiert den Hausherrn als Türkensieger, wie er im *Deckenfresko* Hut und Schwert entgegennimmt, gleich Apoll auf Wolken ruhend (Martino Altomonte, 1714). Berückende Reliefs von Georg Raphael Donner sind im ehemaligen **Schlafgemach** zu bewundern, das Altomonte und Fanti ausgestalteten.

Der **Groteskensaal** mit seinen launischen Groteskenmalereien von Jonas Drentwett widmet sich dem Prinzen in seinen Funktionen als Kriegsherr und Förderer der Kunst, umgesetzt in mythologischen Darstellungen etwa der ›Schmiede des Vulkans‹ oder der ›Drei Grazien‹. Einen Verweis auf den Kreislauf der Natur bietet das Deckenfresko mit Motiven der vier Jahreszeiten und der vier Elemente.

Die anschließende **Marmorgalerie** mit Stuckdekorationen von Santino Bussi und lebensgroßen mythologischen Nischenfiguren von Domenico Parodi ist durch zwei Spiegel ins scheinbar Unendliche vergrößert.

Am Ende wartet ein Paukenschlag des Hochbarock: Das **Goldkabinett** mit seinem Rausch an Golddekoration stammt aus dem Stadtpalais des Prinzen Eugen und wurde 1770 hierher transferiert. Die feinen Goldgrundmalereien zeigen Personifikationen der Erdteile, Jahreszeiten und Elemente sowie naturgetreue Pflanzendarstellungen.

Darüber hinaus werden in den Räumlichkeiten des Unteren Belvederes sowie in der Orangerie fulminante Wechselausstellungen gezeigt.

Wenngleich das Untere Belvedere als Wohnschloss konzipiert wurde, hat es Räume wie das nicht eben bescheidene Goldkabinett

124 Orangerie

Einst Wintergarten und Bilddepot für die Kaiserlichen Sammlungen, heute Rahmen für Wechselausstellungen.

3., Rennweg 6a
Tel. 01/79 55 70
www.belvedere.at
Do–Di 10–18, Mi 10–21 Uhr
U-Bahn Karlsplatz (U1, U2, U4);
Bus 4A; Tram D, 71

Ihren Namen verdankt die 1719 fertiggestellte Orangerie ihrem ursprünglichen Zweck als Wintergarten für Orangenbäume. Eine Fußbodenheizung sorgte für zusätzliche Wärme, Südfassade und Dach ließen sich entfernen, sodass ein offener Zitrushain entstand. 2008 verwandelte die Architektin Susanne Zottl den Bau in ein Ausstellungszentrum mit moderner Licht-, Klima- und Sicherheitstechnik. Herzstück ist eine fensterlose Halle namens ›White Cube‹, in der Wechselausstellungen mit Kunstwerken aller Epochen gezeigt werden. Die südseitigen Fenster geben den Blick auf den Kammergarten frei.

Im *Prunkstall* des Prinzen Eugen hinter der Orangerie sind im **Schatzhaus Mittelalter** (tgl. 10–12 Uhr) Meisterwerke der Tafelmalerei und Bildhauerei prominenter Künstler wie Friedrich Pacher oder Hans Klocker versammelt. Dicht an dicht hängen hier die Gemälde, und allesamt haben sie eine Qualität, deren Strahlkraft andernorts für ganze Räume reichen würde. Nicht minder eindrucksvoll sind die gotischen Flügelaltäre, darunter der um 1400 entstandene Obervellacher Altar. Seine Tafelmalerei setzte neue Maßstäbe in der Altargestaltung.

Geradezu königliche Pracht kennzeichnet auch die Marmorgalerie im Unteren Belvedere

125 Oberes Belvedere

TOP TIPP

Heimstatt der bedeutendsten Sammlung österreichischer Kunst vom Mittelalter bis zur Gegenwart mit Hauptwerken Gustav Klimts.

3., Prinz-Eugen-Straße 27
Tel. 01/79 55 70
www.belvedere.at
tgl. 10–18 Uhr
U-Bahn Taubstummengasse (U1); Tram D, 71

Den Luxusbau, der allein der Repräsentation, dem Fest und den Kunstschätzen diente, vollendete Hildebrandt 1723. Er hatte einen langgestreckten Bau mit oktogonalem Mittelpavillon und vier ebensolchen Eckpavillons geschaffen, überwölbt von bewegten, eingekerbten Dachformen. Hofmannsthal nennt das Schloss ein »fürstliches Prunk- und Lustgezelt«, das an Kara Mustaphas Feldzelt erinnere. Bewundernswert, wie die *Gartenfront* ohne Schwere über den Terrassen steht, »in flacher Wellenbewegung gedehnt«, deutlich auch vertikal gegliedert und durch gestochen durchgebildete Einzelformen reliefiert, indes die *Hoffront* niedriger, weicher gestaltet und durch Torhalle und Giebel weiter geöffnet, sich im Wasserbassin spiegelt.

Um Licht, Luft und Festgäste hereinfluten zu lassen, öffnete Hildebrandt das Schloss in seiner Mitte durch die Raumeinheit von Sala terrena und Treppenhaus weit zu Ehrenhof und Garten. Die **Sala terrena**, deren Gewölbe vier kraftvolle *Atlanten* von Mattielli tragen, und das zuerst ein-, dann zweiläufige **Treppenhaus** leuchten in anmutigen weißen *Stuckdekorationen* von Santino Bussi, die thematisch auf die Fürstentugenden anspielen. Im **Gartensaal** rechts ist mit Carlo Carlones *Apollo-Aurora-Fresko* ›Sieg des Lichts über die Finsternis‹ Prinz Eugen als Lichtbringer gemeint.

Herz des Schlosses ist der farbenprächtige, durch elegante Doppelpilaster gegliederte **Marmorsaal** im Hauptgeschoss: Hier wird im *Deckengemälde* in der ›Allegorie des Ruhms‹, gleichfalls von Carlo Carlone, der Kriegssieger Eugen verklärt – ein Thema, das sich noch in zwei weiteren Ostsälen in *Deckenbildern* von Giacomo del Pò fortsetzt. Nur in der **Kapelle** im Südostturm darf man sicher sein, dass mit *›Gottvater‹* in der Kuppel (Carlone) und *›Christi Auferstehung‹* im Altarbild (Solimena) die Allegorisierung ein Ende hat. Im **Goldkabinett** im Nordwestturm entstand Canalettos berühmter Blick auf Wien von 1760!

Heute beherbergt das Schloss die bedeutendste Sammlung österreichischer Kunst. Der Streifzug beginnt mit der großartigen **Mittelaltersammlung** im Westflügel. Exemplarisch wird hier die besondere österreichische Kunstleistung der Gotik vorgeführt. Frühen Meisterwerken der gotischen Skulptur widmet sich der Carlone Saal mit Höhepunkten wie der ausdrucksstarken *Sonntagberger Madonna* aus der Zeit um 1300. Grazie und Gefühlstiefe offenbart sich auch in den Skulpturen des in Österreich lange dominierenden Weichen Stils, den *Schönen Madonnen* oder den Heiligenfiguren des steirischen Meisters von Großlobming (um 1415). Handfester Realismus setzt sich Mitte des 15. Jh. durch. Conrad Laibs *Kreuzigungstafel* (1449) zeigt passionsspielähnliche ›Kreuzigungen im Gedräng‹, der detailreich geschnitzte *Znaimer Altar* um 1427 noch drastischeres Figurengeknäuel. Des Tirolers Michael Pacher kühne Meisterwerke setzen 20 Jahre später die Renaissance-Raumperspektive in Szene; schwerblütig-ahnungsvolle Physiognomien und das Spiel der Gesten schlagen einen neuen Ton an (›*Papst Sixtus nimmt Abschied vom hl. Laurentius*‹, um 1470, oder ›*Vermählung Mariens*‹, um 1499). Weitere Werke des Mittelalters sind im Prunkstall bei der Orangerie [Nr. 124] zu sehen.

Der Passauer Maler Roland Frueauf d. Ä. siedelt seine monumentalen Salzburger Tafeln der *Christus-Passion* in der Voralpenlandschaft an (1490/94), der Meister des *Krainburger Altars* reißt hinter großer Figurenbewegung eine niederländische ›Weltlandschaft‹ auf (um 1510): Solche Anfänge der Landschaftsmalerei kulminieren in der farbigen, märchenhaft-drastischen Erzählweise der ›Donauschule‹ (1490–1540), die Österreichs großer Beitrag zur Kunst der Dürerzeit ist.

Die fulminante **Barocksammlung** ist im Ostflügel des Oberen Belvedere zu sehen. Die Künstler, die hier präsentiert werden, vielfach geadelt, nahmen teil am aristokratischen Leben: Die erste Generation kulminiert in den Freskanten Rottmayr und Martino Altomonte, hervorhebenswert sind Rottmayrs Gemälde ›*Susanna und die beiden Alten*‹ oder ›*Tarquinius und Lukretia*‹ (1690/92) sowie sein *Freskenmodell* für Breslau (1703). Daniel Grans und Paul Trogers Freskenentwürfe und Altarblätter, so Trogers wundervoller ›*Christus am Ölberg*‹ (um 1750), veranschaulichen die ›Klassik‹ der zweiten Generation, fortgesetzt bei vielen anderen Künstlern, u.a. etwa in Krackers ein-

Eine Schatztruhe der Jahrhunderte erwartet Besucher des Obere Belvedere

Ewig lockt das Weib, jedenfalls Klimts ›Judith und das Haupt des Holofernes‹ im Belvedere

drucksvollem *Apostel Andreas*, indes der ›Kremser Schmidt‹ (Martin Johann Schmidt) dem bürgerlichen Andachtsbild huldigt und in seinen mythologischen Szenen schmelzende Rokoko-Liebenswürdigkeit verbreitet, wie in ›*Venus in der Schmiede des Vulkan*‹ (1771). Betörend sind die Originalfiguren von Georg Raphael Donners *Providentia-Brunnen* vom Neuen Markt, die an Emphase und klassischer Schönlinigkeit ihresgleichen suchen und deren warme, fleischliche Suggestion beim Bleiguss weit eher hervortritt als bei den Bronzekopien am Neuen Markt. Höhepunkte des ausgehenden Barocks sind die Gemälde des genialen Franz Anton Maulpertsch. Da lässt sich kaum beantworten, was packender ist: die visionäre Kraft von Altarblättern wie ›*Kreuzaufrichtung*‹ (1757), ›*Hl. Narcissus*‹ (1754), gar des todesahnungsvollen ›*Selbstbildnisses*‹ (um 1767) oder die kühnen Kompositionen und glühende Farbigkeit der Ölskizzen? Berühmt sind auch Franz Xaver Messerschmidts *Charakterköpfe*, eine ebenso beklemmende wie artistische Typologie grimassierender, hyperrealistischer Physiognomien, die das Ende des barocken Repräsentationsbildes markiert (nach 1770).

Die **Kunst des 19./20. Jh.** ist in der Beletage und im zweiten Stock des Oberen Belvedere zu sehen. Den Anschluss zum Barock bilden Klassizisten wie Füger, Krafft oder Koch. Bei den Romantikern wie Führich, Kupelwieser, Schnorr von Carolsfeld oder Scheffer von Leonhardshoff sei erinnert, dass die ›Nazarener‹ ihre religiöse Erneuerung der Malerei zwar in Rom ins Werk setzten, ihre Opposition gegen die Akademie aber von Wien ihren Ausgang nahm. Die biedermeierliche Flucht ins Private – welch einen augenbeglückenden Realitätssinn für das Alltägliche hat sie in der Malerei hervorgebracht! Waldmüllers reiches Werk ist hier breit vertreten, seine Landschaften voll Licht, Duft und Melancholie, seine rührenden Kinder, seine ungeschönten Porträts (›*Frau Aloisia Eltz*‹, 1834). Meisterhafte Bildnisse gibt es auch von Amerling, feine Veduten von Rudolf von Alt (›*Stephansdom vom Stock-im-Eisen-Platz*‹, 1832), eindrucksvolle Landschaften von Friedrich Gauermann, Friedrich Loos, Thomas Ender – um nur einige zu nennen. Dazwischen finden sich Schwinds märchenhaft-spätromantische Szenerien, u. a. die berühmten Bilder ›*Rübezahl*‹ (1851) oder ›*Kaiser Max auf der Martinswand*‹ (1840). Repräsentanten eines pathetischen Historismus sind Canon, Defregger, Karger u. a., die jedoch gegen Makart verblassen. Er übte nach seiner Berufung nach Wien (1869) einen wahren Schönheitsterror aus, der sich um Wirklichkeit nicht scherte: Die Geschichte war ihm lediglich Vorwand für Ästhetisierung (›*Einzug Karls V. in Antwerpen*‹), so in den großen Ausstattungsbildern.

Knapp vor 1900 macht die *Secession* Schluss mit dem Eklektizismus. Das »Experiment Weltuntergang« beginnt: Dieser Zeit ist mit dem Œuvre von **Gustav Klimt, Oskar Kokokschka und Egon Schiele** ein Schwerpunkt gewidmet. Während Klimt in viel bestaunten Ikonen wie ›*Judith*‹ (1901) ›*Fritza Riedler*‹ (1906) oder ›*Der Kuss*‹ (1908) noch hocherotisch und preziös ornamentiert, radikalisieren Schiele und Kokoschka zur aggressiven Ausdruckskunst (›*Tod und Mädchen*‹, 1915, ›*Stilleben mit totem Hammel*‹, 1909). Ebenso kompromisslos zeigt sich Richard Gerstl, der im Alter von nur 25 Jahren Selbstmord beging (›*Selbstporträt*‹, 1908).

Das **20. und 21. Jh.** sind vertreten durch Herbert Boeckl, Albin Egger-Lienz, Anton Kolig, Carl Moll, Koloman Moser, Max Oppenheimer oder Oskar Laske, dessen bruegelhaft kribbelndes ›*Narrenschiff*‹ ein eindrucksvolles Zeitbild von 1923 darstellt. Die Kunstentwicklung bis in die 1960er-Jahre, die auf diesen Traditionen aufbaute, aber weit zum Internationalen geöffnet war, belegen Werke der ›Wiener Schule des Phantastischen Realismus‹.

Der unter Maria Theresias Patronat 1754 entstandene **Botanische Garten der Universität Wien** (Tel. 01/4277 54100, tgl. 9 Uhr bis Sonnenuntergang) bildet mit seiner vielfältigen Gliederung in ›natürliche‹ Pflanzenensembles einen reizvollen Kontrast zu den ›künstlichen‹ Symmetrien des Belvedereparks, neben dem er sich hinzieht. Der Eintritt ist frei, anders als zum **Alpengarten** (Tel. 01/798 3149, Zugang im obersten Teil des Belvedereparks sowie unten über Rennweg und Mechelgasse, März–Anf. Aug. tgl. 9 Uhr bis Sonnenuntergang), 1803 von Erzherzog Johann gegründet. Rund 4000 Pflanzenarten sind hier versammelt, vor allem Frühjahrsblüher, dazu eine interessante Bonsai-Sammlung.

126 21er Haus

Ein ideales Ausstellungsgebäude als Dependance des Belvedere.

3., Schweizergarten
www.belvedere.at
Mi–So 10–18 Uhr
U-Bahn Südtiroler Platz (U1);
Tram 18, D, O

Der luftige **Stahl-Glas-Pavillon** des 21er Hauses ist mit dem Namenszug des Architekten auf einem Schild signiert wie ein Bild. Karl Schwanzer (Hauptwerk: BMW-Gebäude in München) hat es 1958 aufs Weltausstellungsgelände in Brüssel gestellt und 1962 hierher verfrachtet.

Seine kantigen Räume bilden den Rahmen für Wechselausstellungen zur Kunst des 20. und 21. Jh. Das Hauptaugenmerk liegt auf Arbeiten österreichischer Herkunft. Sie sollen aber stets in den europäischen Kontext eingebunden werden. Einige Räume sind dem Schaffen des Architekten und Bildhauers Fritz Wotruba (1907–1975) vorbehalten.

In unmittelbarer Nähe des 21er Hauses drehen sich noch bis 2013 Kräne über der größten Baustelle Europas. Hier entsteht rund um den neuen **Wiener Hauptbahnhof** ein ganzes Viertel zum Wohnen und Arbeiten.

127 Heeresgeschichtliches Museum

Sarajewo-Auto, Schlachtenbilder, Haubitzen und andere Kriegserinnerungsstücke aus drei Jahrhunderten.

3., Arsenalstraße, Objekt 1
Tel. 01/79 56 10
www.hgm.or.at
tgl. 9–17 Uhr
U-Bahn Südtiroler Platz (U1), Schlachthausgasse (U3);
S-Bahn Südbahnhof (S1, S2, S3);
Bus 13A, 69A; Tram D, O, 18

Geschockt von den Revolutionsaufständen 1848, bei denen u. a. das Zeughaus gestürmt wurde, ließ sich Kaiser Franz Joseph I. von seinen späteren Ringstraßenarchitekten hier auf der Anhöhe einen gegen die Stadt befestigten Riesenkomplex mit Kommandantur, Kasernen, Waffenfabriken und Museum bauen: das Arsenal (dessen Gebäude heute zivilen Zwecken dienen). Das **Museum** war ohne Zweifel ein Beschönigungselement: Außen ähnelt es einem maurisch-byzantinisch-gotischen Fantasiepalast, und in seinen Sälen sind die Kriege ästhetisch aufbereitet. Von Hansen und Förster 1850–56 erbaut, sollte es vor allem ein Helden-Pantheon sein. So prangt in kalter Feierlichkeit die *Feldherrenhalle* im Erdgeschoss mit 52 lebensgroßen Marmorstatuen österreichischer Heerführer sowie die darüberliegende überkuppelte *Ruhmeshalle* mit den Fresken siegreicher Schlachten (Karl Blaas).

Die **Schausammlungen** im Obergeschoss beginnen im 17. Jh., als die Türkeneinfälle ein stehendes Heer erzwangen, und reichen bis zur Niederlage von Königgrätz 1866, die zur Auflösung des Deutschen Bundes führte. Im Mittelpunkt stehen Prinz Eugen, Maria Theresias Feldmarschälle, Napoleon-Besieger Erzherzog Carl oder der Armeebefehlshaber im revoltierenden Italien, Radetzky.

Unter den Schlachtengemälden, Heldenporträts, Uniformpuppen und Trophäen gibt es Prunkstücke wie ein *türkisches Zelt*, den *Olmützer Pokal* als freiwillige Kriegssteuer, einen erbeuteten französischen *Kriegs-Ballon* von 1796 als ältes-

Das Heeresgeschichtliche Museum zeigt das Auto, in dem das Thronfolgerpaar im Juni 1914 in Sarajewo ermordet wurde, vorn Franz Ferdinands blutiger Uniformrock

tes erhaltenes militärische Luftfahrzeug, auch Zeugnisse wie Wallensteins blutbeschmierte *Schlachtorder* für Pappenheim oder Napoleons *Elba-Mantel*, doch ein Verzweiflungsbild wie Ottenfelds *Königgrätz-Gemälde* ist die Ausnahme.

Nach Königgrätz währte 48 Jahre lang Friede. So ist der **Franz-Josephs-Saal** im Untergeschoss vor allem eine Uniform-Modenschau. Das Friedensende markiert der offene *Personenwagen*, in dem 1914 das Thronfolgerpaar in Sarajewo ermordet wurde, und Franz Ferdinands blutiger *Uniformrock*. Ebenfalls im Untergeschoss: der **Marinesaal** mit historischen *Schiffsmodellen* sowie der **Artilleriesaal**, in dem die bullige 38-cm-Haubitze von 1916 das martialischste Stück ist. In den **Hallenbauten**, die das Eingangsgebäude flankieren, sind weitere *Geschützsammlungen* untergebracht. Viele Kanonenrohre sind verziert.

128 St. Marxer Friedhof

Gut erhaltene Biedermeier-Tristesse mit Mozarts Grab.

3., Leberstraße 6–8
Tel. 01/400 04 23 84
April, Okt. tgl. 7–17, Mai, Sept. tgl. 7–18, Juni–Aug. tgl. 7–19 Uhr, Nov.–März tgl. 7 Uhr bis Einbruch der Dunkelheit
S-Bahn Simmering/Aspangbahn (S7); Bus 74A

Als Joseph II. 1783 Beisetzungen innerhalb des Linienwalls verbot, entstanden fünf Kommunalfriedhöfe, die nach Eröffnung des Zentralfriedhofs 1874 aufgelassen wurden. Dieser ist 1937 instand gesetzt und zugänglich gemacht worden. Dies vor allem, weil hier Mozart beigesetzt wurde. Nach der Einsegnungszeremonie im Dom kam sein Sarg in ein Schachtgrab für etwa sechs Personen, wie zu josephinischer Zeit Usus. Grabgeleit und Grabpflege waren damals unüblich, Einzelgräber und Gedenksteine eher selten. Seine vermutliche Grabstätte ziert seit 1895 ein Trauerengel. Den Gottesacker von still verwilderter Melancholie teilt *Mozart* u. a. mit dem Bildhauer *Donner*, dem Maler *Daffinger*, dem Architekten *Kornhäusel*, dem Komponisten *Diabelli*.

129 Ehem. Zentralsparkasse

Ein durchdachtes, durchformtes, funktionierendes Architektur-Skulptur-Gemälde.

10., Favoritenstraße 118
Tel. 01/718 05 85
www.domeniggalerie.at
U-Bahn Taubstummengasse (U1); Bus 557, 566, 666

Die Wölbungen, Wülste und Waben der vorgehängten **Stahlfassade** lassen ein bisschen an Barock und sehr stark an Autokarosserie denken und sind inmitten der Rasterhörigkeit der Favoritener Fußgängerzone ein Labsal. Das *Portal* ist eine begehbare Plastik, das *Dach* eine Felsenformation, das **Innere** ein farbiger

Raumfluss aus weich geformtem Beton, verschlungenen Rohren, Metallnetzwerk, einer Blutbahnenlandschaft gleich. Eine *Riesenhand* ist zugleich Verkleidung, Skulptur, ›Bauhütten‹-Symbol.

Der Grazer Günther Domenig hat den eminent organischen Bau aus Beton, Stahl und Blech 1975–79 für die Zentralsparkasse geschaffen. Heute haben in dem ›Haus mit dem Knick‹ ein Medienhaus sowie die Domeniggalerie für zeitgenössische Kunst ihren Sitz.

130 Bestattungsmuseum

Gruseln gilt nicht! Hier ist der Tod kurzweilig.

4., Goldeggasse 19
Tel. 01/50 19 50
www.bestattungsmuseum.at
Mo–Fr 12–15 Uhr, Besichtigung nur mit Führung nach tel. Vereinbarung
U-Bahn Südtiroler Platz (U1);
Tram 18, D, O

Zweieinhalbtausend Gulden hat im 19. Jh. eine Bestattung gekostet, denn eine ›Schöne Leich'‹ musste sein: allerlei Reiter in allerhand Galalivréen auf Rappen mit Trauerschabracken (bei Kindern auf Schimmeln), dazu Sargträger in Monturen nach spanischem Hofstil, prunkvolle Bahrtücher und Baldachine, endlose Zeremonien und Utensilien für die Hausaufbahrung. Die ›Entreprise des Pompes Funèbres‹ stand bereit. Dieses private Leichenbestattungsunternehmen hat die Gemeinde Wien 1907 gekauft. Seit 1967 kann man in der Städtischen Bestattung ein höchst modernes Museum besichtigen, das barocken Leichenpomp und skurrile Bestattungsbräuche Stück für Stück und, sei's gesagt, amüsant vorführt: einen militärischen *Trauerzug* von 1855 als musikuntermaltes Papiertheater, den von Joseph II. verordneten *Mehrweg-Klappsarg*, die *Alarmvorrichtung* für Scheintote, das *Messer* für den Herzstich an Scheintot-Ängstlichen (auf dem Nestroy bestand), die Unsitte des *Leichenporträts*, bei dem der Tote angezogen auf den Lehnstuhl gezerrt und geknipst wurde (noch bis 1891 Usus), andere Wunderlichkeiten mehr, die einst alltäglich, besser: alltödlich waren.

Pilgerziel für Musikfreunde – die Grabstätte Mozarts auf dem St. Marxer Friedhof

131 Schuberts Sterbewohnung

Erinnerungsstücke an Schuberts letzte Wochen: ein melancholisches Puzzle.

4., Kettenbrückengasse 6, 2. Stock
Tel. 01/581 67 30
www.wienmuseum.at
Mi/Do 10–13 und 14–18 Uhr
U-Bahn Kettenbrückengasse (U4);
Bus 59A

Franz Schubert (1797–1828) zog zum älteren Bruder Ferdinand, weil der Arzt seiner fortschreitenden Krankheit die bessere Vorstadtluft empfahl. Der Bruder, Schulmann und Musikus, gewährte ihm in dem soeben fertig gestellten Biedermeierhaus auf der Wieden reduzierte Miete und seine sowie der Stiefschwester Josepha Fürsorge. Hier lebte er vom 1. September bis 19. November 1828. »Hier, hier ist mein Ende.« Das Typhusfieber, das er sich zuzog, zehrte seinen syphilitisch geschwächten Körper schnell auf.

Da hängen die **Porträts** letzter Gefährten: der Musiker Franz Lachner; der Lehrer Simon Sechter, bei dem er sich noch kurz vor dem Tod zum ›strengen Satz‹ anmeldete; die Sänger Ludwig Tietze und Baron Schönstein, Pioniere seiner Lieder; die Dichter Ludwig Rellstab, Johann Gabriel Seidl, Heinrich Heine, deren Verse er vertonte. Da sieht man die **Erstausgabe** der ›Winterreise‹, deren erste Hälfte Haslinger im März 1828 herausbrachte, seine letzten Lieder ›Hirt auf dem Felsen‹ und ›Taubenpost‹, die Ankündigung der Totenmesse für ihn in St. Ulrich …

Schubert starb mit 31 Jahren, hatte die letzten Tage im Delirium unaufhörlich gesungen, in hellen Stunden den zweiten Teil der ›Winterreise‹ korrigiert, von dessen 24 Liedern 16 in Moll stehen.

132 Naschmarkt

Gaumenfreuden und Genusslehre für Anfänger und Fortgeschrittene.

Tel. 01/54 63 40 54 30 (Marktamt)
U-Bahn Kettenbrückengasse (U4)

Das Gedankenleben der Wiener sei ausschließlich von Problemen der Viktualien beherrscht, so der maliziöse Karl Kraus. Aber am Naschmarkt muss es so sein! Der verlockende Name kommt nicht von ›naschen‹, sondern von ›Aschen‹ = Eimer. Als Milchmarkt also begann um 1775 am damals noch nicht überwölbten Wienfluss, was bald **Obst- und Gemüsemarkt**, heute Spezialitätenmarkt obendrein ist. Das Gaumengefälle verläuft von Ost nach West. In Secessionsnähe ist noch alles ›vom Feinsten‹: Früchte, Meeresgetier und Publikum. In der Mitte besinnt sich der Markt mit Knoblauch- und Hammelfettdüften samt den dazugehörigen Sprachen auf Österreichs Vielvölkervergangenheit, die wieder Gastarbeitergegenwart ist. Und am Ende zerrinnt er zum billigen Abglanz seiner selbst, umschlichen von Strizzis und Dealern.

Am Samstagvormittag residiert der **Bauernmarkt** mit Rustikalem von Rauchfleisch bis Ruster Wein im mittleren Teil, und daneben der **Flohmarkt** (Sa 6.30–18 Uhr) mit Krimskrams von zuweilen verwegenster Skurrilität. Allzeit umsonst zu haben ist hier der Volksmund mit seinem witzigen, groben, doppelbödigen, seinem unsterblichen *Wiener Schmäh*.

Süß, salzig oder sauer – der Naschmarkt hält für jede Gemütslage das Passende bereit

133 Otto-Wagner-Häuser

Jugendstil-Fassaden-Poesie.

4., Linke Wienzeile 38 und 40
U-Bahn Kettenbrückengasse (U4)

Wer den Blick von den Naschmarkt-Begehrlichkeiten emporschweifen lässt, sieht hier einen wahren Goldregen, dort einen luftigen Blumenvorhang zwei Fassaden überziehen: berühmte Mietshäuser Otto Wagners von 1898, die so auffallend ausfielen, weil man eine Zeit lang plante, die Linke Wienzeile zum Luxusboulevard nach Schönbrunn auszubauen. Das goldene Pflanzendekor (mit Frauenmedaillons von Kolo Moser) mit Blüten bemalten Fliesen, die das **Majolikahaus** (Nr. 40) verkleiden, zieren im poetischen Secessionsstil rational durchkonstruierte, innen funktional gestaltete Häuser, wie sie Wagners moderner Konzeption und den damals neuen Baumaterialien, vor allem Eisen und Aluminium, entsprachen. Interessant ist die architektonische Ecklösung zur Köstlergasse hin. Im Innern sind vor allem die Geländer und Aufzugstüren in den *Treppenhäusern* sehenswert.

Jugendstil-Poesie in Gold: Stuckornamentik und Frauenporträts in Wandmedaillons von Kolo Moser an der Hausfassade in der Linken Wienzeile Nr. 38

134 Theater an der Wien

Der Sitz der Oper der Stadt Wien.

4., Linke Wienzeile 6/Millöckergasse
Tel. 01/58 83 02 00
www.theater-wien.at
U-Bahn Kettenbrückengasse (U4)

Das Theater an der Wien ist Heimat der Oper der Stadt Wien. Jeden Monat wird eine Premiere geboten, das musikalische Repertoire umfasst sowohl Barockopern als auch Werke des 20./21. Jahrhunderts. Eine Art Gründungsdatum der Bühne war der 30. September 1791: An jenem Tag fand die Uraufführung von Mozarts ›Zauberflöte‹ durch ihren Librettisten und ersten Papageno, den genialen Spektakelmacher Emanuel Schikaneder, im ›Freihaustheater‹, der Vorläuferin dieser Bühne statt. 1801: Direktor Schikaneder eröffnet das von Franz Jäger erbaute Theater an der Wien, auf dessen klassizistischem **Papagenotor** (Millöckergasse) er in der reizenden Gruppe ›Papageno mit seinen Kindern‹ zu Lebzeiten bereits verewigt ist – eine der wenigen übrig gebliebenen Reminiszenzen des oft restaurierten Hauses an seine Anfänge.

Weitere Marksteine des Ruhms: 1805 Uraufführung von Beethovens ›Fidelio‹, 1810 von Kleists ›Käthchen‹, 1818 von Grillparzers ›Ahnfrau‹, 1833 von Nestroys ›Lumpazivagabundus‹. Nestroy, Wenzel Scholz und Therese Krones genießen Komödiantentriumphe. Mit Offenbach beginnt hier 1864 der Wiener Siegeszug der Operette. ›Die Fledermaus‹ (1874) und die meisten anderen Operetten von Strauß (Sohn), Millöcker, Zeller und Heuberger werden auf diesen Brettern aus der Taufe

In Szene gesetzt – die Darsteller des Theaters an der Wien

gehoben. Lehár, Fall, Kálmán, Abraham sind die Fixsterne der zweiten Operettenblüte Wiens, die das Publikum 1900–35 in Atem hält. Und an diese reiche Tradition will man sich anschließen.

135 Mariahilfer Straße

Quirlig belebte Plastiktütenmeile.

U-Bahn Neubaugasse, Zieglergasse, Westbahnhof (U3); Bus 2A; Tram 52, 58

Die tosende, verkehrsdurchflutete, 4 km lange Hauptgeschäftsstraße von Wien findet in Schönbrunn ihr Ende. Zugleich bildet sie bis zum Gürtel die Grenze zwischen dem 6. Bezirk Mariahilf und dem 7. Bezirk Neubau, der den Spottnamen ›Brillantengrund‹ bekam, als sich am Ende des 18. Jh. dort die Textilindustrie und damit der Neureichtum entwickelte.

Moderne Großkaufhäuser säumen die Straße, zu den größten zählt Gerngross (Nr. 42–48, www.gerngross.at). Neben alteingesessenen Geschäften sind zwischen Westbahnhof und dem Getreidemarkt die sattsam bekannten globalen Marken versammelt, von H&M über Benetton bis Esprit. Nur noch die Taufpatin, die Mariahilfer Kirche, mit dem edlen **Haydn-Denkmal** von Heinrich Natter davor (1887), das **Geburtshaus Ferdinand Raimunds** und, in der Nähe, die Haydn-Gedenkstätte [Nr. 137] erinnert an längst vergangene Vorstadtidylle. Ob die Gänseliesl und ihre Tiere sich im neumodischen Ambiente noch wohl fühlen? Den **Gänsemädchenbrunnen** bei der Rahlstiege schof Anton Paul Wagner 1866.

Ein Augentrost der Straße ist der spielerisch geformte *Barockhelm* (1772) der **Stiftskirche zum Hl. Kreuz**. Zwar hat der ungestüme Verkehr ihre Vorhalle ganz einfach zum Gehsteig degradiert, doch die *Barockfassade* (1739) mit Nischenplastiken ist so sehenswert geblieben wie ihr enger, vorwiegend klassizistisch ausgestatteter *Innenraum*, dessen Kanzel, Orgel, Bilder des beginnenden 19. Jh. mit den Seitenaltar-Skulpturen des 18. Jh. harmonieren. Blickfang am **Haus Nr. 78–80** ist das 210 m^2 große *Glasmosaik* (1996) des Künstlers Christian Ludwig Attersee an der Fassade. Dahinter kann man nächtigen, befindet sich hier doch ein Hotel (www.nh-hotels.de)

Im nahen Esterházypark hat man in einem unsprengbaren Flakturm aus dem Zweiten Weltkrieg ein **Haus des Meeres** (Fritz-Grünbaum-Platz 1, Tel. 01/5871417, www.haus-des-meeres.at, Fr–Mi 9–18, Do 9–21 Uhr), den *Aqua Terra Zoo*, eingerichtet: Terrarien und Aquarien mit 3500 Prachtexemplaren mittelmeerischer und tropischer Meeresfauna, vom Schwarzspitzen-Hai bis zur Grünen Mamba.

136 Mariahilfer Kirche

Glanzvolle spätbarocke Wallfahrtskirche mit viel verehrtem Gnadenbild, das dem Bezirk den Namen gab.

6., Mariahilfer Straße, zwischen Nr. 55 und 57
U-Bahn Neubaugasse (U3);
Bus 2A, 13A; Tram 52, 58

Die Befreiung Wiens von den Türken schrieb man der Fürbitte jenes Madonnenbilds zu, das die Barnabiten in einer Holzkapelle auf dem damals hier liegenden Friedhof aufgestellt hatten. So reichte die kleine, 1689 gebaute Steinkirche für den Wallfahrerandrang bald nicht mehr aus. Hildebrandts Bauführer, Franz Jänckl, erweiterte sie 1715–26 zum einschiffigen Langhausbau mit Querschiff. Für großzügige Ausstattung sorgte u. a. Maria Theresia höchstpersönlich, die hier Marias Hilfe gegen den Preußenkönig erflehte.

›Maria Hülf‹ heißt auch die Kartuschen-Inschrift über dem Portal der vertikal betonten, reich mit Statuen besetzten **Zweiturmfassade**. Im **Inneren** bildet das *Gnadenbild* eines byzantinischen Madonnentypus, von unbekannter Hand auf dem Umweg über ein Passauer Mariahilf-Bild von einem Cranach-Bild abgeleitet, den strahlenumgebenen Mittelpunkt des spätbarocken *Hochaltars* (Jakob Mösl). Die opulenten, zwischen Rokoko und Klassizismus angesiedelten *Deckenfresken* mit Marienszenen in virtuosen Scheinarchitekturen stammen von den Troger-Schülern Johann Hauzinger und Franz Xaver Strattmann, 1760. Eindrucksvoll die beiden Altarbilder der *Querschiffaltäre*: links ›Der hl. Alexander Sauli in der Glorie‹ von Paul Troger (1760), rechts ›Verkündigung der Geburt Mariens‹ von Rottmayr (1700). Qualitätvolle *Plastiken* von Johann Georg Dorfmeister: Kreuzaltar, Paulusaltar, Tabernakelaufbau (nach 1770). Zauberhafte *Rokoko-Orgel* von Leitner und Hencke.

137 Haydnhaus

Wohn- und Sterbehaus Haydns.

6., Haydngasse 19
Tel. 01/596 13 07
www.wienmuseum.at
Di–So 10–13 und 14–18 Uhr
U-Bahn Zieglergasse (U3); Bus 57A

Dr. Joseph Haydn (1732–1809), Ehrendoktor der Universität Oxford, bezog nach seiner zweiten Englandreise 1797 als gefeierter 65-jähriger Komponist dieses Haus in Gumpendorf, das damals noch Vorstadt von Wien war. Er ließ das Gebäude aufstocken, um im Erdgeschoss seinen Kopierer und Diener Johann Elßler, Vater der berühmten Tänzerin Fanny Elßler, unterzubringen. Haydn selbst bezog die gassenseitige **Wohnung** im ersten Stock. Hier entstanden seine wichtigsten Alterswerke – die Oratorien ›Die Schöpfung‹ und ›Die Jahreszeiten‹ sowie die ›Schöpfungsmesse‹ für die Fürstin Esterházy –, hier empfing er zahlreiche Gäste aus dem In- und Ausland. Die Besucherliste liest sich wie das *Who is Who* der damaligen Kulturszene: Ludwig van Beethoven, Luigi Cherubini, Johan Nepomuk

Das Haydnhaus gewährt dem Besucher Einblicke in Leben und Werk des Komponisten

Zu den Objekten, die das Kaiserliche Hofmobiliendepot verwaltet, gehören die wertvollen Stühle der Maria Theresia

Hummel oder August Wilhelm Iffland. Er entzog sich unliebsamen Einladungen durch Entsendung einer Visitenkarte mit der selbstironischen Aussage »Hin ist all meine Kraft, alt und schwach bin ich«.

Seiner Lebensphase in der Gumpendorfer Wohnung widmet sich die hier beheimatete Dauerausstellung *Haydns letzte Jahre*. Anhand zahlreicher Handschriften, Partituren und Bilder illustriert die Sammlung sein Alltagsleben zwischen Schöpfung und Erschöpfung: Im Schlafzimmer sind gerahmte Notenabschriften zu sehen, dort, wo sie bereits zu seinen Lebzeiten an der Wand hingen. Tragisch wirkt hier eine ausgestellte Kanonenkugel. Sie steht stellvertretend für jenes Geschoss, das im Mai 1809 bei einem Angriff der Napoleonischen Truppen in den Innenhof einschlug. Von diesem Ereignis erschüttert, verstarb der Komponist noch im selben Monat. In einem weiteren Raum werden die in späten Jahren erworbenen Auszeichnungen wie Urkunden und Medaillen gezeigt. Im Salon ist neben Haydns Fortepiano sein Klavichord aufgestellt, das später in den Besitz von Johannes Brahms (1833–1897) überging. Dem glühenden Verehrer Haydns, der von 1862 bis zu seinem Tod 1897 in Wien lebte, ist ein eigener **Gedenkraum** gewidmet. Im Anschluss an den Besuch lädt im Innenhof der idyllische Garten, bürgerlichen Idealen um 1800 nachempfunden, zum Lustwandeln ein.

138 Kaiserliches Hofmobiliendepot

Wie die Habsburger wohnten: ein Muss für Möbelliebhaber und Biedermeierfreunde.

7., Andreasgasse 7
Tel. 01/524 33 57
www.hofmobiliendepot.at
Di–So 10–18 Uhr
U-Bahn Zieglergasse (U3);
Bus 13A, 14A

Im ehem. k. k. Hofmobiliendepot verbirgt sich die größte Möbelsammlung der Welt, von Barock bis Historismus, qualitativ hochkarätig und überreich bestückt.

Maria Theresia gründete 1750 das ›Hofmobiliendepot‹, das alle Möbel aus kaiserlichem Besitz verwaltete und 1899 in diesem Haus untergebracht wurde. Heute unterstehen dem Bundesmobiliendepot 240 000 Objekte in Schlössern, Museen, Ministerien, Ämtern zur Pflege und Verteilung. Aus seinem enormen Bestand präsentiert es überdies in seinen Schauräumen rund 5000 exemplarische Stücke, mit Teppichen, Tapeten, Lüstern, Uhren zu Wohnensembles arrangiert.

Gediegenes Barock, flirrendes Rokoko, gedämpftes Louis-seize mischen sich bei

den Meublements der theresianischen Zeit, und im **Prinz-Eugen-Zimmer** aus Schlosshof im Marchfeld kommen noch indische Baumwolldrucke hinzu. Reformkaiser Josephs **Rollschreibtisch** hingegen atmet klassizistische Nüchternheit. Man entdeckt einen *Aufsatzkasten* mit dem Gärtnergerät des Kaisers Franz (jeder Habsburger musste einen Handwerksberuf erlernen) und seinen persönlichen Ohrenfauteuil. Das **Doppelbett** des Feldmarschalls Radetzky gibt sich neobarock-beschwingt, bombastisch-beklemmend hingegen der **Privatthron** des Kaisers für Familiensitzungen, bei denen die Familienmitglieder knien mussten. Reizvoll nebeneinander gestellt sind ›echte‹ und historistische Stile, so das noble Barock Maria Theresias und das ostentative Neobarock Franz Ferdinands, ebenso das Rokoko und seine ›aufgemascherlte‹ Zweitauflage in der Makartzeit.

Beeindruckend sind die **Biedermeierkojen** genannten Salons und Zimmer, in denen den Spitzenstücken österreichischer Tischlerkunst das entsprechende Kunsthandwerk assistiert.

Mit einem *Sonderausstellungsraum* präsentiert sich das Hofmobiliendepot auf vier Ebenen, zudem laden Museumsshop und Café zum Verweilen ein.

139 Spittelberg

Saniertes Vorstadt-Wien: Legeres Wohn- und Vorzeigviertel.

7., zwischen Burg- und Siebensterngasse
U-Bahn Volkstheater (U2, U3); Bus 48A; Tram 49

Von der erhöhten **Vorstadt** Spittelberg beschossen alle Belagerer die Stadt, ob Matthias Corvinus, Kara Mustapha oder Napoleon. Von einem Bürgerspital leitet sich der Name der Siedlung ab, in der sich »Hungarn und Crobaten«, Hofbedienstete, Handwerker, Künstler und im 18. Jh. zunehmend Beiselbesitzer, Zuhälter und Dirnen niederließen. Für die Architektur bedeutet das nüchtern: kleinteiliges Parzellengefüge. Die Gründerzeit konnte da nicht groß prunken: doch moderner Denkmalschutz machte sich für die historische und baukünstlerische Substanz stark.

So wurde der Spittelberg ein **kunterbuntes Stadtgefilde**, mit bilderbuchrestaurierten Häusern, alten Wienern, jungen Globetrottern, Nobel-, Normal- und

Stimmungsvolles Ambiente, lauschige Weinstuben und feine Restaurants – der Spittelberg hat sich zur Ausgehmeile gemausert

Alternativ-Wirtshäusern, feinen Boutiquen, progressiven Galerien, Esoterik-Shops und Kunstmärkten.

In parallelen Querstraßen zwischen Burg- und Siebensterngasse – der Stifts-, Spittelberg-, Gutenberg- und Kirchberggasse – häufen sich Fassaden aus Barock, Régence, Rokoko, Biedermeier, meist von trefflicher, zuweilen von naiver Art, viele geziert mit schönen Portalen und Nischenfiguren; und einige verbergen köstliche *Pawlatschenhöfe*. So das Barockhaus **Stiftsgasse 8**, in dem der Biedermeier-Maler Friedrich von Amerling (1803–1887) geboren wurde. Recht kauzig schaut in der **Burggasse 13** ein barockes Gasthaus her: Es serviert Altwiener Küche und heißt nestroy-bissig ›*Zu ebener Erde und erster Stock*‹ (Tel. 01/523 62 54, www.zu-ebenererde-und-erster-stock.at), was den Unterschied zwischen Suppe und Braten markiert. An den berüchtigten ›Weißen Löwen‹ in der **Gutenberggasse 13**, in den Kaiser Joseph II. angeblich inkognito hinein- und hochbogig wieder hinausgeriet, erinnert nur noch das Hauszeichen und ein Spruch im Flurgewölbe. Das heutige Lokal heißt gemütlich ›*Zur Witwe Bolte*‹ (Tel. 01/523 14 50, www.witwebolte.at) und serviert Leckeres aus Bio-Produkten. Stilkunde einiger Fassaden **Spittelberggasse**: *Nr. 9* Klassizismus (Malerei 18. Jh.), *Nrn. 11, 15, 18* Régence, *Nr. 19* Rokoko, *Nr. 20* Barock (hl. Josef), *Nr. 22* Barock (hl. Christophorus), *Nr. 26* Art déco von 1920.

Nobel residiert das Österreichische Justizministerium im bedeutenden Barockpalais Trautson

140 Ulrichskirche

Vorstadt-Wien, zweiter Teil, mit bilderreicher Kirche.

7., St.-Ulrichs-Platz
Tel. 01/523 12 46 10
www.stulrich.com
U-Bahn Volkstheater (U2, U3);
Bus 48A; Tram 49

Wenige Schritte vom Spittelberg setzt sich das stimmungsvolle Ambiente rund um die Ulrichskirche fort. Im hellen, weiträumigen **Inneren** des 1721 von Josef Reymund neu errichteten Baus gibt es u. a. drei herrliche *Bilder* großer Barockmeister zu bewundern: Paul Trogers ›St. Ulrich auf dem Lechfeld‹ (Hochaltar), Maulpertschs ›Martyrium des Judas Thaddäus‹ (vorne links) und Franz Xaver Palkos ›Hl. Nepomuk‹ (vorne rechts), dazu ein ›kleiner Maulpertsch‹ im Chor rechts. In dieser Kirche wurde Gluck getraut, Strauß Sohn getauft und für Schubert die Sterbemesse zelebriert.

Die **Dreifaltigkeitssäule** vor dem Chor zur Burggasse hat eine ländlich-böhmische Anmutung (1713), und das barocke Bürgerhaus **›Zu den 12 Himmelszeichen‹** (Nr. 2) kann sich eines feinen *Laubenhofs* rühmen.

141 Palais Trautson

Justizministerium

Gartenpalast von kühler Vollkommenheit.

7., Museumstraße 7
Nicht zugänglich
U-Bahn Volkstheater (U2, U3);
Bus 48A; Tram 49

Leopold Donat Graf Trautson, Obersthofmeister der Kaiser Joseph I. und Karl VI., beauftragte 1710 Fischer von Erlach mit dem Bau dieses Gartenpalais am Rande des Glacis, das 1716 vollendet war.

Der mächtige, kubische, damals frei stehende Palast, mehr Schloss als Landsitz, schlägt mit seiner **Hauptfassade** ein *Maestoso* an: Aus seinen elf Achsen tritt sehr entschieden eine dreiachsige Mitte heraus, glanzvoll geformt durch ein dreibogiges *Portal* mit figurenbekrönten Doppelsäulen, durch Pilastergliederung und Dreiecksgiebel. Sehr hoch wirkt die Attika über den Seiten, kraftvoll das rustizierte Erdgeschoss, und die rundprofilierten Fensterverdachungen des Hauptgeschosses tragen über dem Portal Liegefiguren. Alles atmet Eleganz und gelassene Grandezza. Die groß gearteten Proportionen setzen sich im *Inneren* fort.

Das **Mechitaristenkloster** (Neustiftgasse 4, Tel. 01/523 64 17, Besichtigung nach Voranmeldung ca. 1 Woche im Voraus), von Kornhäusel im Jahr 1837 gebaut, beherbergt kostbare *Sammlungen* armenischer Handschriften, Münzen, Volks- und Sakralkunst, dazu *Bibliothek* und *Druckerei*. Zum Kloster gehört die heute armenisch-katholische *Neorenaissancekirche Maria Schutz* von Camillo Sitte, 1873.

142 Palais Auersperg

Bälle, Konzerte, Barockgarten.

8., Auerspergstraße 1
Tel. 01/401 07
www.auersperg.com
Tickets unter www.wro.at
U-Bahn Volkstheater (U2, U3);
Bus 2A, 48A; Tram 1, 2, D, 46, 49

Das Palais Auersperg mit seinen Prunkräumen und Sälen dient als exquisiter Rahmen für Firmenfeiern. Wer es besuchen will, muss Karten für ein Konzerte des *Residenzorchesters* erwerben. Es spielt im *Rosenkavaliersaal* auf.

Historisch bedeutsamer: Das Palais war 1945 der Sitz der österreichischen Widerstandsbewegung O5 gegen den Faschismus [s. a. S. 21]. Von wechselnden Besitzern gebaut und umgebaut, so den Reichsgrafen Weltz, dem Marchese Rofrano (ein Mitglied der Familie Rofrano soll Hofmannsthals ›Rosenkavalier‹-Vorbild gewesen sein), den Fürsten Auersperg u. a., kann das Palais doch nach wie vor als

Stilvoll empfängt das Foyer des Palais Auersperg Konzertbesucher und Privatgäste

›liebenswürdig‹ gelten. Die Entwürfe von 1710 schreibt man vage Hildebrandt, die Pläne für den ersten Umbau 1720 ebenso unsicher Fischer von Erlach zu – jedenfalls wurde der Bau bis ins späte 19. Jh. verändert.

Dominant bleibt in der **Fassade** eine Mischung aus Barock und Klassizismus, die im polygonalen Mittelteil mit Säulenvorbau kulminiert, und das **Innere** präsentiert sich figuren- und ornamentreich in denselben Stilen.

143 Alte Backstube

»Barock und Kaiserschmarrn« – um es mit Hans Weigel zu sagen.

8., Lange Gasse 34
Tel. 01/406 11 01
www.backstube.at
Di–Fr 11–24, Sa 17–24, So 12–23 Uhr, im Sommer verkürzte Öffnungszeiten, Mitte Juli–Mitte Aug. geschl.
U-Bahn Rathaus (U2); Bus 13A

Schon die feine **Barockfassade** des niedrigen Hauses mit ihrer Dreifaltigkeitsskulptur überm Portal stoppt den Schritt. Innen findet der Gast eine kleine **Schau** von alten *Backöfen* und *Backutensilien*, dazu *Dokumente* vom ›Eindingungsbuch‹ eines bayerischen Bäckergesellen bis zur *Reichsbrotkarte* – denn das Haus war von 1701–1963 Backhaus. Jetzt ist es ein Café-Restaurant und Museum in der Schmuckschatulle.

144 Altlerchenfelder Kirche

Stimmungsvolles sakrales Hauptwerk des Romantischen Historismus mit bedeutenden Nazarener-Fresken.

7., Lerchenfelder Straße 111
Tel. 01/523 32 10
www.pfarrealtlerchenfeld.at
U-Bahn Rathaus (U2); Bus 13A

Die Baugeschichte ist aufschlussreich: Der Hof wünschte die Altlerchenfelder Kirche ›Zu den sieben Zufluchten‹ im italienischen Renaissancestil, doch als Hofbaurat Sprenger 1848 mit den Grundmauern bereits fertig war, setzte sich der während der Märzrevolution gegründete progressive ›Architektenverein‹ mit seinem Plädoyer für eine ›nationale‹ Architektur in mittelalterlichen deutschen Formen durch. Der Schweizer Baumeister Johann Georg Müller und nach dessen Tod Franz Sitte errichteten bis 1849 unter Beibehaltung der Grundmauern einen (westorientierten) Backsteinbau mit **Zweiturmfassade** und oktogonalem *Vierungsturm*: eine romantische Synthese sowohl italienisch-deutscher als auch romanisch-gotischer Elemente.

Dem Anspruch des Gesamtkunstwerks entsprachen die Bauplastik außen sowie die Freskierung des **Innenraums** (1858–60). Die Schar der Wiener Nazarener breitete nach Entwürfen ihres Lehrers Führich einen imponierenden *Freskenzyklus* vom Ersten Schöpfungstag bis zum Jüngsten Gericht auf allen Wänden aus. Hervorgehoben seien Kupelwiesers ›Jüngstes Gericht‹ und der ›Engelsturz‹ an den Eingangsseiten, seine ›Acht Seligkeiten‹ in der Kuppel sowie von Engerths ›Triumph Gottes‹ in der Apsis.

145 Theater in der Josefstadt

Bedeutende Bühne psychologischen Kammerspiels seit Reinhardt.

8., Josefstädter Straße 26
Tel. 01/42 70 03 00
www.josefstadt.org
U-Bahn Rathaus (U2); Bus 13A; Tram 2

›Die Josefstadt‹ begann 1788 als **buntscheckiges Vorstadttheater**. Nach dem klassizistischen Umbau durch Kornhäusl (1822) eröffnete Beethoven sie persönlich mit der ›Weihe des Hauses‹. In die Theatergeschichte schrieben sie vor allem die Schauspieler-Auftritte Nestroys und Raimunds ein, der seinen ›Verschwender‹ 1834 hier uraufführte, oder 1913 der Durchbruch von Molnárs ›Liliom‹ mit Jarno und der Niese.

Die subtile Darstellungskunst, eine Zigarette anzuzünden und dabei einen Seelen-Augenblick zu instrumentieren – war der Ruhm ›der Josefstadt‹ in der Ära Max Reinhardts 1924–38, befestigt durch Schauspieler wie die Thimigs, Attila Hörbiger, Kortner, Moser, Jaray, Gründgens. Auch äußerlich hatte der Regiezauberer den damals abgewirtschafteten Musentempel mit Hilfe des Hoffmann-Schülers Carl Witzmann und eines Finanziers mit dem Theaternamen Camillo Castiglioni zu einem reizvollen Theater mit venezianischem Touch verwandelt.

Untreu und liebreich – ›Völkertafel‹ (um 1725) im Östereichischen Museum für Volkskunde

146 Piaristenkirche Maria Treu

Bedeutende Spätbarockkirche mit großem Maulpertsch-Freskenzyklus.

8., Jodok-Fink-Platz
Tel. 01/405 04 25
www.mariatreu.at
U-Bahn Rathaus (U2); Bus 13A

Als die Josefstadt um 1700 als Vorstadt angelegt wurde, ließ sich auch der Piaristenorden mit einem Kloster hier nieder und begann seine Schultätigkeit. Der langwierige Kirchenbau währte bis ins Jahr 1753; die Pläne stammten wahrscheinlich von Johann Lukas Hildebrandt und wurden wohl von dem unter seinem Einfluss stehenden Prager Kilian Ignaz Dientzenhofer verändert, die Ausführung oblag am Schluss Matthias Gerl. Den schönen, von *Kloster* und *Gymnasium* flankierten Platz mit der *Immaculata-Säule* in der Mitte (Jakob Philipp Prokop, 1713) dominiert die charaktervoll-einfache, im Mittelteil ausgebauchte **Zweiturmfassade** der Kirche.

Schwingende Kurvaturen und schwebendes Licht machen die Suggestion des noblen **Inneren** aus. Der fast kreisförmig ovale Kuppelraum wölbt sich in zwei breiten Seitenkapellen aus und in vier Diagonalkapellen ein, in der Längsachse zum Chor wie zur Orgelempore verlängert: ein reizvoll-komplizierter Grundriss. Die **Deckenfresken** von Maulpertsch, Frühwerk des 28-Jährigen (1752/ 53), sind – trotz Beschädigung – ein Himmel an Couleurs und Temperament der figurenreichen Komposition. In der Mitte Szenen der Paradiesgeschichte bis zur ›Krönung Mariens‹, überm Chor ›Himmelfahrt Mariens‹ und ›Evangelisten‹, über den Seitenkapellen ›Jakob wälzt den Stein vom Brunnen‹ (mit Signatur ›A. M.‹ auf dem Halsband des Hundes des Kirchenherrn) und ›Der gute Hirte‹, über der Orgel ›Engelsturz‹. Das eindrucksvolle Altarblatt ›Christus am Kreuz‹ ist ein Alterswerk von Maulpertsch (1772).

Vor dem Hauptaltarblatt das *Gnadenbild* ›Maria Treu‹ (1721), in der Schmerzenskapelle *Vesperbild* ›St. Maria de Malta‹ (1. Hälfte 15. Jh.). Auf der klangvollen *Orgel* des Hirschbergers Carl Buckow (1858) spielten Liszt und Hindemith. Als der junge Bruckner hier seine Prüfung ablegte, sagte der Orgellehrer: »Er hätte *uns* prüfen sollen!«

147 Österreichisches Museum für Volkskunde

Volkskunst von Votivbild bis Bauernstube im Gartenpalais Schönborn.

8., Laudongasse 15–19
Tel. 01/406 89 05 22
www.volkskundemuseum.at
Di–So 10–17 Uhr
U-Bahn Rathaus (U2); Bus 13A;
Tram 5, 33, 43, 44

Die Löwen zu Seiten des Schönborn-Wappens schauen nur gespielt bärbeißig drein. Mit Figuren, Vasen, Girlanden und Schmiedeeisenbalkon sind sie Teil des

Schlank ragen die Zwillingstürme der Votivkirche in den blauen Himmel, hier von der Reichratsstraße aus gesehen

heiteren, dekorativen Lebens, das sich auf der Mittelpartie der lang gezogenen **Fassade** entfaltet. Lukas von Hildebrandt hatte das *Gartenpalais* für Reichsvizekanzler Friedrich Carl Graf Schönborn 1708–14 noch üppiger angelegt. Doch Isidor Canevale hatte es 1760 klassizierend verkargt, und unter den wechselnden Nachmietern der Grafenfamilie ging viel von der festlichen Attitüde verloren, die **Vestibül** und **Prunktreppe** bis heute bezeugen.

›Schlossherr‹ seit 1917 ist das Volkskundemuseum, das die Wiener Ethnografen Michael Haberlandt und Wilhelm Hein im Jahr 1895 gründeten und das sich heute eines immensen Bestandes rühmen kann. Der Schwerpunkt der **Sammlung** liegt auf der Volkskunst der Alpen- und Donauländer des 16.–21. Jh., wobei Verbindungen zu den Bayern, Schwaben und Franken einbezogen sind.

Im Mittelpunkt steht das *Bäuerliche Wohnen* mit verschiedenen Hofformen, Haustypen und vollständig eingerichteten Stuben, in denen sich Schränke, Kästen, Truhen (vor allem des 17./18. Jh.) mit Öfen, Keramik, Küchen- und Kellergerät vereinen. Offenbaren die geschnitzten und bemalten *Masken*, deren Ausdruck von Dämonie bis Heiterkeit reicht, die frappierende künstlerische Kraft von Volkserzeugnissen, so die *Krippen* ihre Detailfreude, die *Lebkuchenmodeln* ihre Ornamentfantasie, die *Votivbilder* ihr Kombinationsvermögen von traditioneller Ikonografie mit naivem Bildeinfall. *Trachten* und *Trachtenschmuck, Musikinstrumente, Schlitten, Puppentheater* und *Kinderspielzeug, Zunft-* und *Hauszeichen, Bildstöcke* – kein Sachgebiet, das nicht reich belegt wäre.

148 Votivkirche

Wichtiger Sakralbau des Historismus.

9., Rooseveltplatz
Tel. 01/406 11 92
www.votivkirche.at
Di–Sa 9–13, 16–18, So 9–13 Uhr
Museum: Di–Fr 16–18, Sa 10–13 Uhr
U-Bahn Schottentor (U2);
Tram 1, 37, 38, 40, 41, 42, 44, D

Wenn auch Imitation der französischen Kathedralgotik des 13. Jh., hat die harmonische **Fassade** der Votivkirche ›Zum göttlichen Heiland‹ mit den filigranen Türmen ihre durchaus eigene Anmut. Doch das aufwendige Erstlingswerk Heinrich Ferstels ist schwer mit Symbolismus beladen: Gestiftet wurde das Gotteshaus zum Dank für das Misslingen des Attentats von 1853 auf den jungen Kaiser Franz Joseph. Die Spendensammlung hatte sein Bruder, Erzherzog Ferdinand Maximilian, initiiert. Den Grundstein holte man 1856 vom Ölberg in Jerusalem, die Weihe fand erst 1879 am Tag der Silberhochzeit des Kaiserpaares statt.

Nichts Geringeres als ein sakrales Pantheon der Monarchie war mit der Kirche beabsichtigt. So dominieren an den *Figurenportalen* die österreichischen Landesheiligen und kaiserlichen Namenspatrone, und die Gemälde, Fenster, Skulpturen im **Inneren** der dreischiffigen Basilika sind vor allem auf die nationale Kirchengeschichte abgestimmt. Das wertvollste Kunstwerk aber ist alt: Die *Marmortumba des Grafen Niklas Salm*, Verteidiger Wiens bei der ersten Türkenbelagerung 1529, mit seiner knienden Gestalt auf dem Deckel und Flachreliefs seiner Taten an den Seiten gilt als Werk Loy Herings von 1530 (linke Seitenkapelle vor dem Querschiff).

Das **Museum** im Hoforatorium zeigt als herausragendes Exponat den ›Antwerpener Passionsaltar‹ aus der 2. Hälfte des 15. Jh., dessen dramatisch bewegte Schnitzfiguren noch ihre originale farbige Fassung aufweisen.

149 Narrenturm

Albtraum mit gemütlichem Spitznamen ›Kaiser Josephs Gugelhupf‹.

9., Spitalgasse 2 (Zugang über Van-Swieten-Gasse)
Tel. 01/40 68 67 22
www.narrenturm.at
Mi 15–18, Do 8–11, Sa 10–13 Uhr
Tram 5, 33, 43, 44 (Lange Gasse)

Der ursprüngliche Kern des von Joseph II. 1784 gegründeten **Alten Allgemeinen Krankenhauses**, das sich heute mit drei Baukomplexen im Alsergrund ausbreitet, liegt an Alserstraße und Spitalgasse. Die verdienstvolle Gründung, die damals als fortschrittlichste Europas galt, entwickelte sich bald zum Zentrum der ›Wiener Medizinischen Schule‹.

In einem der vielen Höfe erinnert der mächtige Rundbau der ehem. Geisteskranken-Station noch an jene Anfänge: der sog. **Narrenturm**, in dessen 139 Zellen rund 250 Kranke verwahrt wurden – gegen die vorherige Zurschaustellung der ›Narren‹ hinter Gittern am Hohen Markt damals ein Fortschritt, heute der schiere Alptraum. Die Form des Gebäudes trug ihm schließlich den Namen ›Kaiser Josephs Gugelhupf‹ ein.

Seit 1971 sind hier die Sammlungen des **Pathologisch-Anatomischen Bundesmuseums** mit ihren 42 000 Zeugnissen menschlicher wie tierischer Krankheiten und Missbildungen untergebracht und deren interessanteste Präparate und Nachbildungen ausgestellt: eine medizinisch-nüchtern präsentierte Horrorshow.

150 Josephinum

In alten Mauern zeigt das Medizinhistorische Museum den zergliederten Menschen.

9., Währinger Straße 25
Tel. 01/40 16 02 60 00
Mo–Sa 10–18 Uhr
Tram 37, 38, 40, 41, 42 (Schwarzspanierstraße bzw. Sensengasse)

Stehende und liegende Muskelmänner und -frauen und endlos hinter Glas gereiht, Glied um Glied unseres Körpers in fleischrosa Wachs, durchzogen von farbi-

Medizinisches Interesse und halbängstliche Schau(er)lust werden im Josephinum befriedigt

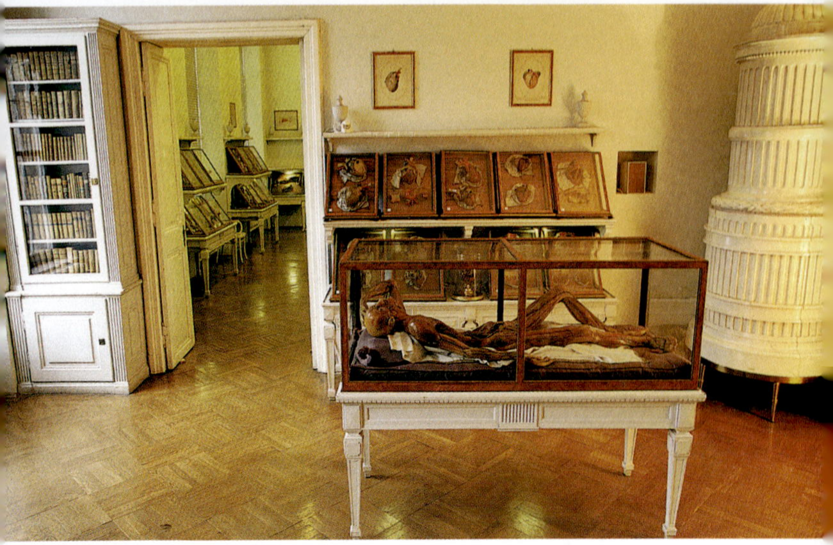

gen Blutbahnen, Lymphgefäßen, Nervenästen aus feinen Messingdrähten – auf den ersten Blick ist diese *Wachspräparatesammlung* des **Museums der Medizinischen Universität Wien** erschreckend surrealistisch, auf den zweiten ein stocknüchterner, akribischer Rechenschaftsbericht der menschlichen Anatomie: Adonis und Venus seziert.

Im Krieg sah Joseph II. die Missstände des Militärsanitätswesens. 1785 gründete er die ›Medizinisch-chirurgische Militärakademie‹, die durch bessere Ausbildung Abhilfe schaffen sollte. In Florenz lernte er zur selben Zeit die beiden Anatome Felice Fontana und Paolo Mascagni kennen, die unter Künstler-Assistenz anatomische Wachspräparate als Studienobjekte herstellten, denn sezierte Leichen konnten damals noch nicht präpariert werden. Er gab ihnen die Herstellung eben dieser immensen Sammlung für seine Josephs-Akademie in Auftrag. Unverändert ist sie hier zu sehen in ihrer frappanten Mischung aus Modellier-Kunst und exaktem Naturalismus – nur wenige der Modelle sind heute wissenschaftlich überholt.

Eine andere Abteilung des Museums gibt Einblick in die imponierenden **medizinischen Leistungen Wiens**, u. a. van Swietens Gründung der 1. Wiener Medizinischen Schule (1749), Auenbruggers Erfindung der Brustkorb-Perkussion, Semmelweis' Einführung der Desinfektion, Billroths erste Magenresektion, Wagner-Jaureggs Malariaimpfung, Landsteiners Blutgruppen-Entdeckung, Eiselsbergs und Schönbauers Begründung der Neurochirurgie, Neuerungen in der Röntgenologie durch Holzknecht, in der Psychopathologie durch Freud und Adler, in der Laryngologie durch Chiari, in der Gerichtsmedizin durch Haberda, in der Unfallchirurgie durch Böhler.

151 Sigmund-Freud-Museum

TOP TIPP

Bürgerheim, doch auch Geburtsstätte der modernen Seelenkunde.

9., Berggasse 19
Tel. 01/319 15 96
www.freud-museum.at
Juli–Sept. tgl 9–18, Okt.–Juni tgl. 9–17 Uhr
Bus 40A; Tram 37, 38, 40, 41, 42

Nein, die viel berufene Couch ist nicht da, sie steht in London. Aber das **Wartezimmer** mit *Plüschmöbeln, Bücherschrank* und *Teilen* seiner sachkundigen archäologischen *Sammlung* in einer Vitrine sind originalbestückt. Im engen Vorraum rühren karge Reliquien: Hut, Spazierstock, Handkoffer. Das übrige, *Fotos* und *Dokumente* in Fülle, fordert eher spröde Entzifferungsarbeit. Was den Andrang andächtiger Intellektueller aus aller Welt nicht hindert. Von der Berggasse 19 ging eine **geistige Revolution** von Weltwirkung aus, durchaus vom Geist Wiens geprägt: Die Zerstörung des selbstgewissen *Ich*.

Sigmund Freud (1856–1939) wohnte und ordinierte 1891–1938 in diesem gediegenen Wiener Bürgerhaus. Hier scharte er die ›Psychologische Mittwochsgesellschaft‹ um sich, aus der die ›Wiener Psychoanalytische Vereinigung‹ hervorging, entstanden 1900 der Durchbruch zu seinem Lebenswerk, ›Die Traumdeutung‹, und weitere grundlegende Schriften, erhielt er 1902 die kaiserliche Ernennung zum außerordentlichen Universitätsprofessor (»… als sei die Rolle der Sexualität plötzlich von seiner Majestät amtlich anerkannt …«), arbeitete er 1915–17 die ›Vorlesungen zur Einführung in die Psychoanalyse‹ aus, entwickelte er 1923 die Theorie von der Strukturierung des Psychischen, ›Das Ich und Es‹. Als im März 1938 die Wohnungsdurchsuchungen durch die SA begannen, emigrierte er im Juni mit seiner Frau nach London. Das hier ausgebreitete Mosaik von Leben und Werk Freuds ist zugleich ein Mosaik jener Epoche in Wien.

152 Servitenkirche

Frühbarockkirche mit architekturhistorisch wichtigem Innenraum.

9, Servitengasse 9
Tel. 01/317 61 95 0
www.rossau.at
U-Bahn Rossauer Lände (U4); Tram D

Die hohe **Zweiturmfassade** lässt in ihrer Vorstadt-Einfachheit nichts ahnen von der Schönheit des gerundeten, golddurchwärmten **Innenraums**, den sie birgt. Zur Zeit der ›Klosteroffensive‹ mit ihren eilig errichteten, schematischen Saalräumen entstand hier 1656–77 (unter den Architektenfamilien Carlone und Canevale) der erste Ovalraum des Wiener Barock, zum Kreuz erweitert in der Längsachse bis zum Mönchschor, in der Quer-

Kopffutter wird dem Besucher des Sigmund-Freud-Museums in der Berggasse geboten, wo der Begründer der Psychoanalyse sein bahnbrechendes Modell von Ich, Es und Überich entwarf

achse durch zwei Kapellen, denen sich in der Diagonale vier Altarnischen zugesellen. Karls- und Peterskirche erhielten dadurch ihr Vorbild! Dass der karge Stadel des 1640 in Wien gegründeten Servitenordens (›Diener Mariens‹) zu einem damals so ungewöhnlichen Bau kam, war der Stiftung des Fürsten Ottavio Piccolomini zu danken, dem Vertrauten Wallensteins und späteren Hauptakteur seiner Ermordung.

Eine Kirche der vortrefflichen **Stuckfiguren**! In den Turmkapellen an der Eingangshalle hat sich Johann Baptist Bussi 1766 ausgezeichnet durch beseelte Gestaltung des *hl. Nepomuk* (links) und der *hl. Juliana Falconieri*, ›Mutter der Servitinnen‹ (rechts), die eine auf ihre Brust gelegte Hostie wunderbarerweise in ihren Körper aufnahm. Neben dem kunstvollen *Renaissancegitter* ein *Wiesheiland* und ein *hl. Nepomuk*.

Johann Baptist Barbarinos harmonische Komposition des figuralen und ornamentalen *Stucks* im Hauptraum unterstützt dessen einheitliche Wirkung. Das Programm Mariae Verkündigung ist am Kuppelrand um die Uhr zentriert und in – den Messias erwartenden – herrlich modellierten Propheten und Sibyllen über den Altarbögen sowie den *Stuckmedaillons* der Evangelisten und Kirchenlehrer in der Decke paraphrasiert. Die *Fresken*, wohl von Carpoforo Tencala, sind leider ›über‹-restauriert.

Unter den durchweg qualitätvollen Altären hervorhebenswert der **Schmerzensaltar** nach Entwurf des Melker Meisters Antonio Beduzzi mit eindrucksvoller *Pietà* (um 1470) und die *Grabstätte des Fürsten Ottavio Piccolomini*, der sich aber ein Grabmal verbeten hatte (Stuck deshalb mit Kriegsmotiven als Hinweis). Die *Kanzelfiguren* der Evangelisten und der Drei Göttlichen Tugenden schuf der große Barockmeister Nikolaus Moll 1739. Viel besucht ist die (durch die Antoniuskapelle in der Mitte rechts zugängliche) *Wallfahrtskapelle* zum Servitenheiligen Peregrin (kanonisiert 1726), Patron der Fuß- und Krebsleidenden, mit qualitätvollen *Kuppelfresken* von Josef A. Mölk und einem originellen Schrein mit *Wachsplastik* des Heiligen (Holzoriginal im Kreuzgang).

153 Palais Liechtenstein

TOP TIPP *Majestätischer Barockpalast mit weltberühmter Kunstsammlung.*

9., Fürstengasse 1
Tel. 01/319576 7252
www.palaisliechtenstein.com
nur für Gruppen oder auf Anmeldung
Bus 40A; Tram D

Das Prachtmuseum wurde um 1700 als Gartenpalais des kunstpassionierten Fürsten Johann Adam Andreas I. von Liechtenstein parallel zu seinem Stadtpalais [70] in der Herrengasse gebaut und geriet zum Gesamtkunstwerk aus Gartenareal, Architektur, Deckenfresken, Dekor, Gemälden und Plastiken. Als der Fürst 1938 aus politischen Gründen seinen Sitz nach Vaduz verlegte, wurde sie in Etappen dorthin geschleust. 2004 kehrte sie triumphal ins zwischenzeitlich prächtig restaurierte Palais zurück.

Römische Grandezza atmet der ganze Bau: die Fassade mit ihren Rundbogentoren, die hohen, lichten Hallen, grandiosen Treppenläufe, von Freskenhimmeln überwölbten Säle. Fischer von Erlach, Rossi, Martinelli seien als Baumeister, Rottmayer

Die Decke des 600 m² großen fulminanten Herkulessaals malte Padre Andrea Pozzo 1704 aus

Bauherr Fürst J. A. Andreas I. von Liechtenstein plante sein Gartenpalais als Musentempel

und Pozzo als Freskanten hervorgehoben. Und allenthalben die Farbenpracht der Gemälde! Allen voran Rubens mit dem furiosen Decius-Mus-Zyklus (1616, mit van Dyck zusammen), seinen prangenden Faunen und Frauen, seinen zauberhaften Kindern. Nicht minder erlesen Porträts von Van Dyck, Hals oder Solimena, der den bedeutenden Fürsten Joseph Wenzel von Liechtenstein als hochfahrenden Jüngling zeigt. Italien ist mit Heiligenbildern von Trecento bis Renaissance, die Niederländer sind mit durchweg qualitätvollen Landschaften, Stilleben, Genreszenen vertreten. Und in allen Sälen und Kabinetten Meisterwerke der Skulptur von Adriaen de Fries, Mantegna, Sansovino, Giambologna, Susini u. a. Dazu das reizvollste Kunsthandwerk. Ein Haus der Superlative, die sich dem hohen Kunstverstand der Sammler verdanken.

Wem die Augen übergehen, kann sie im weitläufigen, teilweise barock gestalteten Park ausruhen lassen.

Das Liechtenstein Museum zeigt barocke Architektur, Malerei, Skulptur und Kunsthandwerk

Jugendstil-Eleganz und Funktionalität vereint die Strudlhofstiege in Wiens 9. Bezirk

154 Strudlhofstiege

Eine Treppe, die in die Literatur einging.

9., Strudlhofgasse
Bus 47A

Berühmt wurde sie durch den österreichischen Schriftsteller Heimito von Doderer (1896–1966). In seinem Roman ›Die Strudlhofstiege‹ von 1951 dient das Bauwerk als ruhender Pol, der die Zeiten überdauert und die Personen und Ereignisse miteinander verknüpft, während um die Strudlhofstiege herum ein Gesellschaftspanorama Wiens um die Zeit des Ersten Weltkriegs entsteht.

Doch verdient ihre anmutig-zeremoniöse **Jugendstilschönheit** ohnedies Ruhm. Johann Theodor Jäger schuf die rampen- und lampenreiche Anlage im Jahr 1910, um damit die Liechtensteinstraße mit der viel höher gelegenen Währinger Straße zu verbinden. Doch ihre Absätze und Knicke vertuschen die Steilheit. Im oberen Teil der Gasse, nach der sie benannt ist, lag der ›Strudelhof‹ des Barockmalers Peter von Strudel, in dem erst die Kunstakademie, später ein Waisenhaus eingerichtet war.

155 Schubert-Geburtshaus

TOP TIPP *Schubert und seine Zeit, durch Reliquien beschworen.*

9., Nussdorfer Straße 54
Tel. 01/317 36 01
www.wienmuseum.at
Di–So 10–13 und 14–18 Uhr
Tram 37, 38 (Canisiusgasse)

Das bescheidene zweigeschossige Haus ›Zum roten Krebs‹ ist so wiederhergestellt worden, wie es zu Franz Schuberts Geburt ausgesehen hat: Wiener Vorstadt 1797. Unten der **Schulraum** des Vaters, Lehrer aus Mähren, oben die *Ein-Zimmer-und-Küche-Wohnung*, in der die Mutter 13 Kinder gebar und fünf überlebende aufzog. Die heutigen Museumsräume sind zusätzlich geschaffen worden. 1801 erwarb die Familie das nahe Haus in der Säulengasse 3.

Um das wenige **Mobiliar** – den Flügel des Halbbruders, den Sekretär des Bruders u. a. – scharen sich reiche **Bild- und Fotozeugnisse**. Die Lichtentaler Kirche, in der Schubert getauft wurde und mit 17 Jahren seine erste Messe dirigierte. Die Qualifikationen als Lehramtsgehilfe. Die Jugendliebe Therese Grob, die der Mittellose nicht heiraten konnte. All seine Wohnungen in Wien, all die Freunde, Künstler und kunstnärrischen Beamten, die sich zu jenen als ›Schubertiaden‹ berühmt gewordenen Hauskonzerten nur mit Schubert-Musik um ihn scharten, auch zusammen Landpartien und Gesellschaftsspiele unternahmen: Kupelwiesers und Schwinds Blätter schildern es hier anschaulich. Wilhelm August Rieder schuf das bekannteste Porträt seiner barock-sinnlichen, warmherzigen Erscheinung, das oft als Vorlage für spätere Schubert-Bildnisse diente.

Und die **Noten**: Sein erstes Lied, ›Gretchen am Spinnrad‹, 1814, mit dem das moderne deutsche Lied begann, die Erstausgabe des ›Erlkönig‹, 1821, die ›Unvollendete‹, 1822, deren Partitur erst 1865 gefunden wurde, die Erstausgabe der ›Deutschen Tänze und Ecossaisen‹, 1825, die ›Winterreise‹ als Faksimile des Autografs und vieles mehr.

Im selben Haus befinden sich auch die **Adalbert-Stifter-Gedenkräume**. Hier gibt es *Manuskript-Faksimiles* und *Erstausgaben* sowie *Gemälde* und *Zeichnungen* Stifters zu sehen. Viele Bilder entsprechen dem romantischen Tonfall des Dichters, der 1826–50 in Wien lebte.

Im Geburtshaus Schuberts kann man auch seiner Musik lauschen

Die Außenbezirke – Experimentierfeld der Architektur

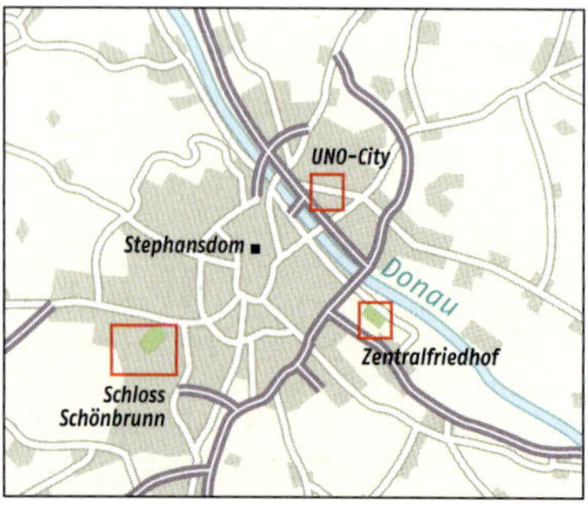

Das Terrain zwischen Gürtel und Donau ist im weiten Oval umlagert von den übrigen Bezirken (10.–23. Bezirk). Die innige Symbiose von Wien und der ›schönen blauen Donau‹ ist dennoch eine *Walzerillusion*. Denn die Zähmung des im Mittelalter noch verwilderten Flusses ließ Amputate zurück: den Donaukanal, die in Beton gebettete Donau, den Arm der Alten Donau. Ein renaturiertes **Erholungsgebiet** und die **UNO-City** geben dem Fluss in jüngerer Zeit wieder Anziehungskraft. Die westlichen Bezirke im Süden und Norden – Meidling, Hietzing, Währing, Döbling – sind schöne bis hochelegante Wohngebiete dörflichen Ursprungs, was nicht hinderte, dass sich dazwischen auch dicht besiedelte Arbeiterviertel wie Ottakring oder Favoriten ausdehnten. Die Architektur fand hier seit je Platz zum Experimentieren, ob bei Barockschlossanlage, Werkbundsiedlung oder Gemeindebau des ›Roten Wien‹ – und nicht nur die Villen, auch die Kirchen berühmter Architekten der Moderne sind hier exzentrische Gebilde.

156 Zentralfriedhof

Größter Friedhof der Stadt mit einzigartigem Ehrengräberfeld der Berühmten Wiens.

11., Simmeringer Hauptstraße 232–244
Tel. 01/76 04 10
Mai–Aug. tgl. 7–19, Sept.–Okt. und März/April 7–18, Nov.–Febr. 8–17 Uhr
Tram 6, 71 (zu Tor 1, 2 und 3)
Bus 171 (zu Tor 3)
S-Bahn S7 (zu Tor 11)

Nicht nur Fremde, auch die vergänglichkeitssüchtigen Wiener besuchen gern ihre prominenten Verblichenen, und die liegen hier an der Allee hinter Tor 2 so dicht beieinander, als umfasse der 1874 eröffnete Zentralfriedhof nicht 2,4 km² und berge nicht rund 3 Mio. Tote. Ein ›Ton‹ aus Familiarität und Feierlichkeit, Melancholie und Schönheitslust, bestimmt den Hain der **Ehrengräber** [**A**]. Namen von Johann Nestroy bis Arthur Schnitzler, Hans Makart bis Fritz Wotruba, Therese Krones bis Curd Jürgens sind hier zu lesen, dazu die von reizenden Trauergenien strotzende Grabmalskunst des 19. Jh. zu bewundern, manchmal zu belächeln: etwa die bombastische Baldachinarchitektur für den *Bürgermeister Prix*, der Tragödin *Charlotte Wolter* iphigenienhaftes Ganzfigurenporträt, die eher sinnliche als sinnende Musikmuse bei *Strauß Sohn*, das Jugendstil-Liebespaar bei *Hugo Wolf*, die eigene Plastik auf Bildhauer *Wotrubas* Grab … *Beethoven und Schubert* sind nachträglich hierher überführt worden.

Hinter der Rondellanlage der Ehrengräber und der **Gruft der Bundespräsidenten** [**B**] erhebt sich die wuchtige **Dr. Karl-Lueger-Gedächtniskirche** [**C**], die Otto-Wagner-Mitarbeiter Max Hegele als secessionistischen Zentralbau 1907–10 schuf. Pharaonengräber und der Petersdom standen seiner Bauidee Pate, doch die Verwirklichung geriet zum erdrückenden Klassizismus mit appliziertem Jugendstil. In der Hauptgruft der von der halben Secessionisten-Garde ausgestatteten Kirche liegt der beliebte Bürgermeister Dr. Karl Lueger (1844–1910). Er prägte Wiens Geschicke um das Jahr 1900 und sorgte dafür, dass sich die Infrastruktur der Stadt der gewachsenen Einwohnerzahl anpasste. Zugleich war sein Antisemitismus Vorbote für all die Schrecken, die das 20. Jh. bringen sollte.

Links der Kirche *Mahnmale* für die Opfer des Blutbads zwischen Konservativen und Sozialisten von 1927 [**D**], des Fa-

Besucher aus aller Welt erweisen den Ehrengräbern von Beethoven und Mozart ihre Reverenz

schismus [**E**], der Februarkämpfe von 1934 [**F**], die *Ehrengräber der Sozialdemokraten* [**G**], das *Mahnmal für die Märzgefallenen von 1848* [**H**]. Tor 1 und 3 bzw. 5 führen zu zwei israelitischen Abteilungen.

Jenseits der Straße gegenüber Tor 2 steht das **Krematorium** (1921–23), ein expressionistischer Bau von Clemens Holzmeister. Daneben die Riesenanlage des Renaissanceschlosses *Neugebäude* (www.schlossneugebaeude.at, Führungen auf Anmeldung Tel. 0664/5745210). 1573 für Kaiser Maximilian II. erbaut, steht für so beliebte Kulturveranstaltungen wie ›Sommer im Schloss‹, einen Weihnachts- und Ostermarkt zur Verfügung.

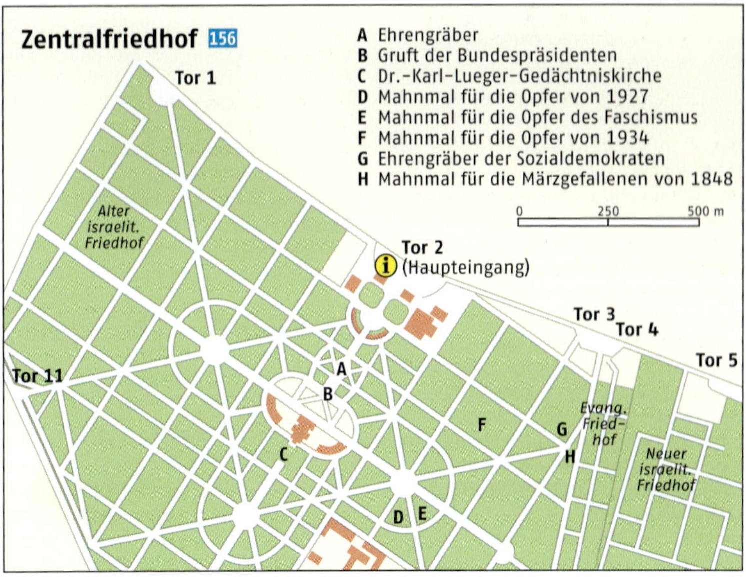

Schöner Schauer in alle Ewigkeit

Der Tod könnte gar nicht besser aufgehoben sein als in Wien. Die **Wiener** und der **Tod** – eine Liebe, die nicht rostet. Von den Dichtern der Fin-de-siècle-Ära als Todessehnsucht nuancenreich angestimmt, von Dr. Freud nüchtern als Todestrieb erkannt. Beim Heurigen besingen die Einheimischen den Tod launig-larmoyant, auf dem Friedhof schwärmen sie von der ›schönen Leich'‹, einem ›Begräbnis Erster Klasse‹ mit vielen Trauergästen, viel Musik, vielen Reden – und einem feucht-fröhlichen Ende beim Leichenschmaus in einem der nahe gelegenen Gasthäuser. Wenn auch der Wiener nicht immer von Todessehnen geplagt ist, so genießt er doch stets den **schönen Schauer**, der damit zusammenhängt. Und wo sonst fährt man mit der Linie 71 samt Kind und Kegel los, um den sonntäglichen **Familienspaziergang** auf dem Zentralfriedhof abzuhalten? Maroni und Würstel inbegriffen.

157 Friedhof der Namenlosen

Eindringliches Memento mori im Abseits.

11., Alberner Hafen
www.friedhof-der-namenlosen.at
Bus 76A

Das kleine Gräberfeld liegt verloren in einer von Lagerhallen und Gleisen verdorbenen Auenlandschaft, versteckt hinterm Hochwasserdamm, wo Donaukanal und Donau nah zusammen fließen. Wasserleichen wurden hier angeschwemmt, Selbstmörder, Unfallopfer, einst mehr als heute, denn die Verbauung hat die Strömung verändert. In den Jahren 1845–1940 wurden sie hier begraben.

Die 102 Gräber mit schlichten schmiedeeisernen Kruzifixen sind nicht alle namenlos. Manche Toten konnten identifiziert werden; man liest, dass sie meist jung starben. Der einzige Stein gehört einem der Gasthauswirte ›von nebenan‹. Nachkommen des letzten Friedhofswärters pflegen die Gräber. Eine Sehenswürdigkeit? Gewiss. Die andere Seite der *schönen blauen Donau*.

Im 12 m hohen gotischen Bildstock harrt seit Jahrhunderten die ›Spinnerin am Kreuz‹ aus

158 Spinnerin am Kreuz

Sagenumwobenes frühes Denkmal.

10., Triester Straße, bei Nr. 52
Bus 15A, 65A; Tram 65

Der außergewöhnliche, 12 m hohe gotische **Tabernakelpfeiler** mit Baldachin und Skulpturen wurde 1452 von Dombaumeister Hans Puchsbaum anstelle einer älteren Säule errichtet. Die ursprüngliche Säule war ein Denkmal an die Teilung Österreichs in Donau- und Alpenländer im Jahre 1379. Ihr Name, erst im 19. Jh. entstanden, geht auf eine reich variierte Sage zurück, wonach eine Penelope des Mittelalters hier jahrzehntelang spinnend der Rückkehr ihres Geliebten aus dem Heiligen Land geharrt habe. Daneben stand viele Jahrhunderte, bis 1868, der Galgen!

159 Schmelzer Pfarrkirche

Avantgarde in Ottakring – die erste mitteleuropäische Eisenbetonkirche.

16., Herbststraße 82
Bus 48A; Tram 9

Wagner-Schüler Josef Plečniks architektonisches Plädoyer für ein bescheideneres Christentum gerade im Arbeiterbezirk Ottakring kam nicht an. »Heumagazin« verspotteten die Leute mit Thronfolger Franz Ferdinand diesen revolutionären Kirchenbau von 1911–13. Hinter der schroffen Tempelfront der Kirche ›Zum Heiligen Geist‹ tut sich ein blockhafter **Innenraum** mit stützenlosen Emporen auf (daher Eisenkonstruktion), beherrscht vom *Altarwandmosaik* der ›Sieben Gaben des hl. Geistes‹ von Ferdinand Andri und dem goldschimmernden *Hauptaltar* von Otto Holub. Noch eindrucksvoller wirkt die **Krypta** mit ›Felsenwänden‹ aus Ziegelbruchstücken in Betonmasse, in die Grotten für das Heilige Grab, den Bethlehem-Stall und den Ölberg eingelassen sind. Auch hier gibt es meisterliche Jugendstilwerke zu bewundern, darunter das *Taufbecken* von Andri.

160 Technisches Museum

Naturwissenschaften und Technik auf 22 000 m² Ausstellungsfläche.

14., Mariahilfer Straße 212
Tel. 01/89 99 80,
www.technischesmuseum.at
Mo–Fr 9–18, Sa/So/Fei 10–18 Uhr
Bus 10A, 57A; Tram 10, 52, 58

›K. k. Fabriksproduktenkabinett‹ hieß die *Mustersammlung von Manufakturerzeugnissen*, die Kaiser Franz I. zur Geschmacksbildung und Industrie-Anregung schon 1807 gründete. Ähnliche, der Technik gewidmete ›Kabinette‹ ließen auch seine Nachfolger einrichten. Weniger Fortschrittsgeist legte Franz Ferdinand an den Tag, als er den prämierten modernen Entwurf Otto Wagners für einen Museumsbau prompt konterkarierte. So fand denn die Sammlung 1918 in einem konservativen Riesengehäuse mit glasgedeckter hoher Mittelhalle und umlaufenden Galerien (Hanns Schneider, 1909–13) ihre Heimstatt.

Trotz oder gerade wegen dieser über zwei Jahrhunderte hinwegreichenden Tradition werden die Ausstellungen immer wieder auf den neuesten Stand der Technik gebracht. Filme, Computerterminals und Experimente ergänzen die spannenden Exponate in den vielen Sälen. Hier einige Highlights: Zunächst werden in **Natur und Erkenntnis** Geschichte und Stand der Naturwissenschaften erforscht, Physik als Grundlagenwissenschenschaft wird anschaulich gemacht und Astronomie spannend präsentiert.

LOK.erlebnis nennt sich die Eisenbahnsammlung und präsentiert schwergewichtige Lokomotiven und Waggons im Erdgeschoss rund um die Mittelhalle.

Aufbruch in die Moderne – das Technische Museum zeigt seine handwerklich-industrielle Seite

Verträumt liegen Gloriette und Neptunbrunnen im Schlosspark von Schönbrunn

Sodann geht es um die **Schwerindustrie**, der eine Schlüsselrolle in der Technik- und Industriegeschichte zukommt. Ein originalgetreues Kohlebergwerk und ein Hochofen zählen zu den Prunkstücken der Ausstellung.

Chronologisch ist die Abteilung zum Thema **Energie** geordnet, die Exponate illustrieren die einzelnen Epochen: vorindustrielle Zeit, Industrialisierung bis zum Beginn des 20. Jh. und schließlich die Gegenwart mit modernen Kraftwerken. Die Funktion der Dampfmaschine wird hier ebenso erläutert wie jene des Motors.

Musikinstrumente, insbesondere der Klavier- und Orgelbau sind Thema einer weiteren Ausstellung, die auch elektronische Instrumente und Musikautomaten, die ältesten aus dem 17. Jh., umfasst. Im Bereich **Verkehr** werden Fortbewegungsmittel aller Art gezeigt, vom Hofsalonwagen der Kaiserin Elisabeth über den Mercedes Silberpfeil bis hin zu allerlei skurrilen Fluggeräten.

Die Vergangenheit mit der Zukunft verbindet schließlich die Abteilung **medien.welten**. Hier wird die Geschichte der Kommunikation von der Postkutsche bis zum Internet und die Entwicklung der Datenverarbeitung vom Rechenschieber zum Computer nachgezeichnet.

161 Schloss Schönbrunn

Sommerresidenz der Habsburger und epochenweise Zentrum von Regierungsgeschäften wie Familienleben.

13., Schönbrunner Schlossstraße 13
www.schoenbrunn.at
U-Bahn Schönbrunn oder
Hietzing (U4); Bus 10A; Tram 10, 58

Der **Ehrenhof** ist dem Eintretenden eine Umarmung. Niedrige Kavalierstrakte umfangen ihn rings, steigern sich in der Front zum breit gelagerten, dreigeschossigen **Schlossbau**, der ihm seitlich zwei vorspringende Gebäudestufen, in der Mitte eine Freitreppe entgegenschickt. Der Schlossdurchgang öffnet sich zum farbig gestalteten **Gartenparterre**, das ein Neptunsbrunnen begrenzt und das zugleich höher leitet zum fernen »Diadem« der Gloriette. Grüne Wände säumen Achse und ausstrahlende Diagonalen. Götter und Nymphen halten Gesimse, Baumnischen, Brunnen besetzt. Doppeladler setzen zum Flug an übers prangende ›Schönbrunner Gelb‹.

Eine Anlage von seltener Liebenswürdigkeit, Liebenswürde. Das Herrscherliche wirkt nicht demonstrativ, das Großartige nicht pompös. Das Festliche hat hier Maß und Anmut.

Das Jagdgebiet zwischen Wienfluss und ansteigenden Wienerwaldbergen, das eine Quelle, der ›Schöne Brunnen‹, taufte, kam Mitte des 16. Jh. in Habsburger-Besitz. Ein bürgerlicher Herrensitz an dieser Stelle wurde kaiserliches Jagdschloss, eines von vielen. Nach dessen Zerstörung durch die Türken hatte Kaiser Leopold I. auf dem Terrain für seinen Sohn Joseph I. Größeres im Sinn. Freilich nicht das hochfliegende ›Über-Versailles‹ mit dem Schloss auf der Anhöhe und gigantischen Terrassenbauten, das Fischer von Erlach zunächst plante. Nach seinem stark zurechtgestutzten zweiten Entwurf in den heutigen Umrissen begann er 1696 zu bauen. Joseph I. bewohnte bis zu seinem Tod 1711 den Mitteltrakt, danach wurde die Anlage nur noch in großen Zügen fertig gestellt und – links liegen gelassen.

Erst Maria Theresia machte Schönbrunn zum strahlenden Mittelpunkt ihrer Residenzen. Ihr junger Favorit unter den Architekten, Nikolaus Pacassi, griff 1744–49 ändernd und vollendend ein, lockerte die strenge Würde des Fischer-Schlosses im spätbarocken, rokokonahen Geist zur fließenden Bewegtheit auf. Er ersetzte die Prunkauffahrt zum Hauptsaal im Obergeschoss durch eine **Freitreppe** und schuf eine **Durchfahrtshalle** zwischen Ehrenhof und Garten – womit er freilich Fischers gesteigerte Schlossmitte nivellierte –, verwandelte den quer gestellten Hauptsaal in zwei längs gerichtete, fluktuierende **Galerien**, fügte für den überquellenden Hofstaat ein Mezzaningeschoss ein. In die neuen Räume – Wendepunkt der Stile – zog das Rokoko ein, und Maria Theresia bekam ihr **Schlosstheater**. 20 Jahre später beauftragte sie den jungen, schon zum Frühklassizismus neigenden Architekten Johann Ferdinand Hetzendorf von Hohenberg mit der Parkausschmückung, die in der **Gloriette** kulminierte. Spätere Fassadenveränderungen fielen optisch kaum ins Gewicht.

Immer nachhaltiger etablierte sich die Hofhaltung in Schönbrunn. Joseph II. feierte seine beiden Vermählungen hier. Napoleon Bonaparte logierte hier 1805 und 1809 und kannte keine Gnade für den deutschen Freiheitsschwärmer, dem das Attentat im Ehrenhof auf ihn misslang. Napoleons und Marie Louises Sohn Napoleon II. starb 1832 mit 21 Jahren in Schönbrunn. Franz Joseph war in seinen letzten Lebensjahren nur noch hier zu Hause. Sein Großneffe, Kaiser Karl, unterzeichnete im Blauen Salon die Abdankungsurkunde. Heute lädt die Republik Österreich zu Staatsempfängen in die Große Galerie ein.

Zu den Räumen, die in Schönbrunn zu besichtigen sind, gehört auch das eheliche Schlafgemach von Kaiser Franz Joseph I. und Kaiserin Elisabeth

162 Ehrenhof mit Schlosstheater

Eindringlinge in der Schönbrunner Adler-Familie der Spezies Habsburg sind die französischen Kaiseradler auf den *Eingangsobelisken*. Napoleon brachte sie mit. Und Franz I. ließ sie gelassen droben, weil sie »niemandem schaden und gar viel erzählen«. Die *Brunnen*, die dem großen **Ehrenhof** konzentrische Symmetrie geben, figurieren allegorisch Donau, Inn und Enns (rechts, Franz Anton Zauner) sowie die Vereinigung der Königreiche Galizien und Lodomerien mit Siebenbürgen (links, Johann Baptist Hagenauer), beide 1776. In den Gardetrakt unmittelbar links vom Eingang zieht Ende 2012 das Besucherzentrum von Schönbrunn ein.

Das Schönbrunner **Schlosstheater** rechts des Eingangstors ist das einzige noch bestehende Barocktheater Wiens. Heute ist es Übungsbühne des *Max-Reinhardt-Seminars* (Tel. 01/711 55 28 02, www.maxreinhardtseminar.at). 1747 gebaut, 1767 im Rokokostil ausgestattet, war es ein Hätschelkind Maria Theresias, die hier höchstselbst auf der Bühne stand – eine barocke Regentenpassion. Joseph II. beauftragte Wolfgang Amadeus Mozart mit einer Kurzoper (›Der Schauspieldirektor‹), die er zusammen mit einem Salieri-Stück hier aufführen ließ.

163 Schauräume

Tel. 01/81 11 32 39
Führungen (Imperial Tour mit 22 Räumen oder Grand Tour mit 40 Räumen, auf den Eintrittskarten sind feste Einlasszeiten vermerkt)
Juli–Aug. tgl. 8.30–18, April–Juni, Sept./Okt. 8.30–17, Nov.–März 8.30–16.30 Uhr

Von den insgesamt 1441 Räumen des Schlosses Schönbrunn sind 40 **Repräsentations-** und **Wohnräume** zu besichtigen. Ihre Dekorationen schufen erste Rokoko-Künstler wie Nikolaus Pacassi, Albert Bolla, Isidor Canevale, Thaddäus Adam Karner.

Doch darf man vom Rokoko Schönbrunns, überhaupt Wiens, nicht schäumende Pracht und schwelgerische Verspieltheit erwarten. Distinguierte Eleganz ist ihr Kennzeichen. Das gilt für die astartig gezogene und geschlungene Stuckornamentik in Gold auf Weiß wie für die imperial gestimmten Fresken, das gilt nicht minder für die kaiserliche Wohnkultur, die sich weit eher zurückhaltend und pragmatisch als luxuriös zeigt. Bei **Franz Joseph I.** ist die Bescheidenheit ins Extrem getrieben: Stehpult, Soldatenbett, spießiges Nachtkästchen kontrastieren mit Matschs feierlichem Gemälde seiner ›Huldigung durch die Fürsten‹, 1908.

In **Maria Theresias Gemächern**, später von Elisabeth bewohnt, hängen bekannte *Porträts* der Familienmitglieder von van Meytens und Amerling und die feinen *Kinderpastelle* des dem Hof verbundenen Genfer Bohemien Jean-Etienne Liotard. Die geschmackvollen **Rosa-Zimmer** sind benannt nach den eingelassenen Spätrokoko-*Landschaftsbildern* des Kammermalers Joseph Rosa. Rokokomodische *Chinoiserien* entzücken im **Rund-** und im **Ovalkabinett**, das erstgenannte war das Geheimkabinett mit Geheimtreppe für Konferenzen Maria Theresias mit Staatskanzler Kaunitz.

Die durch Arkaden verbundene **Kleine** und **Große Galerie**, jene zum Park, diese zum Ehrenhof gerichtet, bilden den brillant-festlichen Mittelpunkt des Schlosses. Guglielmis *Deckenfresken* allegorisieren in der Kleinen Galerie das milde Regiment Maria Theresias, in der Großen die Kronländer und ihre Reichtümer, den Ruhm der Heere und die Segnungen des Friedens. Bollas nobler Goldstuck verwendet Motive aus Musik und Heraldik. Im **Zeremoniensaal** fesselt u. a. die detailversessene Monumental-›Reportage‹ der ›*Hochzeit Josephs II. mit Isabella von Parma*‹ aus der Meytens-Schule.

Die beiden Privatgemächer der Regentin, das **Vieux-Laque-Zimmer** und das **Millionenzimmer** (Renovierung bis 2013) sind höchst luxuriöse Demonstrationen des so beliebten Rokoko-Orientalismus: Jenes ist mit fernöstlichen *Lacktafeln* mit Goldmalerei verkleidet, dieses mit einer *Wandtäfelung* aus erlesenen exotischen Hölzern ausgelegt, in die 260 persisch-indische *Miniaturen* in Deckfarbenmalerei mit Goldauflage eingefügt sind. Der Name ›Millionenzimmer‹ spielt auf die gewaltigen Kosten an.

Die Große Galerie, rund 40 m lang und 10 m breit, ist einer der prächtigsten erhaltenen Rokoko-Festsäle. Unter dem Deckenfresko von Guglielmi kam es 1961 zum historischen Treffen von John F. Kennedy und Nikita Chruschtschow. Auch heute finden hier Staatsempfänge und Konzerte statt

164 Bergl-Zimmer

Schloss Schönbrunn, Osttrakt,
Erdgeschoss

Diese leider nur selten zugänglichen Räume des Schlosses Schönbrunn links vom Foyer sind auf Wunsch Maria Theresias als Übergang zwischen Schloss und Park konzipiert. Johann Bergl aus Böhmen schuf durch seine reizvollen illusionistischen *Wandmalereien* romantischer Landschaften mit exotischen Elementen eine Art Gartenappartement (1769–77). In Vitrinen wird die *Schlossgeschichte* dokumentiert.

165 Schlosskapelle

Schloss Schönbrunn, im Ehrenhof
links neben der Freitreppe
Tel. 06 64/515 52 36
www.schlosskapelle.at
Besichtigung nach tel. Anmeldung

Die Ende des 17. Jh. erbaute Kapelle versammelt Werke großer Wiener Spätbarockkünstler. Die **Deckenfresken** im Tonnengewölbe (›Apotheose Maria Magdalenas‹) malte der Wiener Daniel Gran im Jahr 1744. Der **Hochaltar** stammt von Donner-Schüler Franz Kohl, dessen Altarblatt (›Vermählung Marias‹) von Paul Troger, das Relief der Pietà an der Tabernakeltür von Donner. Die Bleigussplastiken an den Seiten (*Mater Dolorosa* und *hl. Johannes*) sind weitere Arbeiten des Künstlers Kohl.

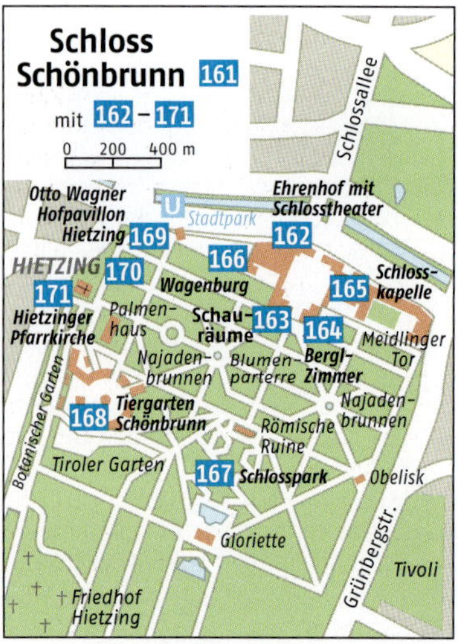

166 Wagenburg

Herrschaftliche Prunk- und Gebrauchtwagen von 1690 bis 1918.

Schloss Schönbrunn, Eingang
vom Ehrenhof rechts
Tel. 01/525 24 40 25
www.khm.at
Mai–Okt. tgl. 9–18 Uhr,
Nov.–April Di–So 10–16 Uhr,
Führungen So 11 Uhr
U-Bahn Schönbrunn (U4), Hietzing (U4)

So distinguiert die Schlossräume den Prunk zurückhalten, so triumphal breiten ihn die barocken *Staatskarossen* aus. Acht Schimmel in kostbaren Galageschirren zogen das güldene, 4000 kg schwere, von dem Maler Wagenschön (!) fein bemalte Wunderwerk, in dem Franz Stephan von Lothringen 1745 zur Kaiserkrönung in Frankfurt einzog (Maria Theresia wurde *nicht* gekrönt). Die *Karussellwagen* und *-schlitten*, in denen die Gemahlin in Reitschule und Burghof durch ihre Künste brillierte, entwarfen berühmte Künstler wie der Barockbildhauer Balthasar Moll. Das Neobarock hundert Jahre später gerierte sich noch etwas neopathetischer, zu sehen an dem schwarzen *Trauerwagen*. Ein historistischer *Schlitten* jener Zeit ziert sich martialisch-symbolisch mit knochenwürgenden Leoparden und Greifenklauen.

Dazwischen fuhr man klassizistisch streng oder schnittig – sogar zur Krönung. Die Biedermeier-*Reisesänfte* sorgte für ein Klo. Auch Sisi, geehrt mit einem eigenen Themenschwerpunkt, darf hier nicht fehlen. Das Publikum zeigt sich angeregt wie in einer Autoschau.

167 Schlosspark

Weitläufiger Spätbarockpark, seit 1996 Weltkulturerbe der UNESCO.

13., Eingänge Schönbrunner
Schlossstraße, Grünbergstraße,
Hietzinger Tor und Hohenbergstraße
Tel. 01/877 50 870
www.bundesgaerten.at
April–Okt. tgl. 6 Uhr bis Einbruch der
Dunkelheit, Nov.–März ab 6.30 Uhr,
Hunde und Tiere nicht erlaubt
U-Bahn Schönbrunn oder Hietzinger
Zoo (U4)

Schnurgerade Wände aus gestutzten und geschnittenen Bäumen und Taxushecken, die in der Hauptachse die Geo-

Im Achtspänner zur Kaiserkrönung – der Wagen, in dem Franz Stephan von Lothringen 1764 vorfuhr, ist in der Wagenburg zu bestaunen

metrien des Blumenparterres zwischen sich nehmen, setzen die Schlossarchitektur als Gartenarchitektur nach französischer Art fort, wobei die Gliederung in viele Komplexe eher österreichischen Neigungen entspricht. Den von Jean Trehet 1705 nach Fischer-Entwurf angelegten **Park** erweiterten Adriaen van Steckhoven und Hetzendorf von Hohenberg 1765–80 zu heutiger Gestalt, die auch freie Natur zuließ. Hetzendorf gab ihm die Fülle architektonischer Akzente, viele davon im Geiste des romantischen ›poetischen Gartens‹. Bereits im Jahr 1779 wurde der Park öffentlich gemacht.

Die das **Blumenparterre** flankierenden 32 *Steinstatuen* mythologischer Gestalten stammen von der Hand verschiedener Bildhauer (namentlich Wilhelm Beyers und Hagenauers) und waren damals noch auf den ganzen Park verteilt.

Wie eine Barockbühne mit bewegtem Figurenaufbau steht der **Neptunbrunnen** im Hintergrund des Gartenparterres: Thetis fleht Neptun an, ihren Sohn Achill auf See zu schützen. Rosse, Tritonen, Nymphen umgeben die Szene (Entwurf Hetzendorf, Figuren Zauner, 1780).

Serpentinenwege führen von hier zum Scheitel der Anhöhe, dem die **Gloriette** (April–Juni, Sept. tgl. 9–18, Juli/Aug. tgl. 9–19, Okt. tgl. 9–17 Uhr) als graziöse Krone aufgesetzt ist. Die Halle mit dreibogigem Triumphtor und vierbogigen Flügeln ist ein Denkmal an den Sieg über Preußenkönig Friedrich bei Kolin, 1757, darum die

Trophäenfiguren und Siegessymbole allenthalben. Architektonisch aber bildet das Meisterwerk Hetzendorfs (1775) ein auf Fernwirkung angelegtes ›Echo‹ des Schlosses. Wundervoller Rundblick vom Dach auf Wien, dazu im verglasten Mittelteil ein Café. Links Pavillon der **Kleinen Gloriette**, einst Frühstückssalon des Hofs, rechts **Tiroler Garten**, den Erzherzog Johann um 1800 anlegen ließ.

In den Zentren der beiden Diagonalachsen entsteigen wohlgeformte Nymphen den Becken der beiden **Najadenbrunnen** (Figuren von Hagenauer).. Am Ende der Diagonalachse steigt eine bizarre Kaskadenanlage mit Felsen, Flussgöttern und einem von Schildkröten getragenen **Obelisk** empor (Hetzendorf, 1777), und an der Querachse rechts davon gerät man zur **Römischen Ruine** (Hetzendorf, 1778), einem wie verwunschen wirkenden, auf Verfall getrimmten Palast, in dessen Schilfwildnis ein steinernes Götterpaar still verharrt, Moldau und Elbe verkörpernd.

168 Tiergarten Schönbrunn

Ältester Zoo der Welt und willkommene Abwechslung zu barocker Pracht.

13., Maxingstraße 13 b,
Tel. 01/877 92 940
www.zoovienna.at
April–Sept. tgl. 9–18.30, März, Okt. tgl. 9–17.30, Nov.–Jan. tgl. 9–16.30, Febr. tgl. 9–17 Uhr
U-Bahn Hietzing (U4); Tram 10, 58, 60

Der Schönbrunner Zoo ist vom Hietzinger Tor direkt zu erreichen. Die ›Menagerie‹ war das Hätschelkind Franz' I., der ihr 1752 durch Jadot de Ville-Issey eine kreisförmige Anlage bauen ließ, um mit Gemahlin Maria Theresia vom Frühstückspavillon aus die Raubtierkäfige zu beobachten. Damit ist der Tierpark Schönbrunn der älteste aller Zoos (!), zwar im Kern erhalten, aber auf 12 ha erweitert und mit Freigehegen, Polarium, Regenwald- und Mexikohaus ganz auf dem neuesten Stand der Zoogestaltung.

Östlich davon, zwar im Park von Schönbrunn, aber dem Zoo angegliedert, liegt der 1848 angelegte **Botanische Garten**, nahebei das **Wüstenhaus** (Mai–Sept. tgl. 9–18, Okt.–April tgl. 9–17 Uhr) sowie das dreiteilige, unterschiedlich klimatisierte **Palmenhaus** (Mai–Sept. tgl. 9.30–18, Okt.–April tgl. 9.30–17 Uhr, letzter Einlass jeweils 30 Minuten vor Schließung). Dessen Eisen-Glas-Konstruktion ohne Mauerteile von F. Segenschmid gehörte 1882 zu den bewunderten Ingenieurleistungen des 19. Jh. Sensationell wirkte damals auch die durch eigens ausgeschickte Expeditionen hier zusammengebrachte exotische Flora. Weitere Attraktionen sind der nahe *Japanische Garten* und der *Irrgarten*.

169 Otto Wagner Hofpavillon Hietzing

Otto Wagners Haltestellen-Prunkstück mit Dekorationen von Joseph Maria Olbrich.

13., Schönbrunner Schlossstraße,
östlich der Kennedybrücke
Tel. 01/8771571
www.wienmuseum.at
wegen Renovierung geschl.
U-Bahn Hietzing (U4); Tram 10, 58, 60

Oben: *Blick vom 1705/06 angelegten Park auf die Hofseite von Schloss Schönbrunn, seit 1996 UNESCO-Weltkulturerbe*
Unten: *Possierliche Wasserspiele der etwas anderen Art sieht der Besucher im Tiergarten*

Ein bisschen sakral und überaus feudal, ein wenig barock und ausbündig secessionistisch ist der weiß-gold-grüne **Kaiserpavillon** (1894–98) der Stadtbahn geraten, der auf viereckigem Unterbau mit luftigem, zierlichem *Eisenportalvorbau* eine prangende, okulibefensterte *Kuppel* trägt. Er war allein als Haltestelle für den

Hof bestimmt, entsprechend nobel war sein zentraler Wartesalon mit Seidenbespannung und allerhand Komfort ausgestattet. Aber Kaiser Franz Joseph I. nutzte Stadtbahn und mithin die hiesige Station nur zwei Mal, 1899 und 1902.

170 Hietzing

Von der Nähe zum Schloss Schönbrunn emporgehobener Stadtteil.

U-Bahn Hietzing (U4); Bus 56B;
Tram 58

Das alte Dorf Hietzing wurde durch den Bau des nahen Schlosses Schönbrunn Sommersitz des Adels. Entsprechend herausgeputzt wirkt bis heute die Hietzinger Hauptstraße, wo man beim **Dommayer** Kaffee trinken und bei **Plachutta** köstlich einkehren kann.

In den Gassen um diese Straße stößt man immer wieder auf ansprechende Häuser. Besonders repräsentativ ist das **Haus Primavesi** in der Gloriettegasse 14. Josef Hoffmann, der den Jugendstil in harten Rechteckformen handhabte (daher sein Spitzname ›Quadratl-Hoffmann‹), schuf diesen Gartenpalast für den Großindustriellen Robert Primavesi in seiner beginnenden neoklassischen Phase 1913–15: ein massiger Bau mit wulstigen Pilastern und Dreiecksgiebeln an den Ecken, besetzt mit Figuralplastik von Anton Hanak. Er ist in Privatbesitz und nur von außen zu begutachten.

Die nahe Maxingstraße führt vorbei am äußerst gepflegten, unmittelbar an den Schönbrunner Park anschließenden **Friedhof Hietzing** mit Grabsteinen und Mausoleen aus Empire, Biedermeier, Historismus, Jugendstil sind viele **Berühmte** begraben: die Tänzerin *Fanny Elßler*, der Dichter *Franz Grillparzer*, die Schauspielerin *Katharina Schratt*, die Maler *Gustav Klimt* und *Kolo Moser*, der Architekt *Otto Wagner*, der Komponist *Alban Berg*, Bundeskanzler *Engelbert Dollfuß* oder Fußballspieler und Architekt *Gerhard Hanappi*, der das Stadion von Rapid Wien plante, und viele andere. An den Eingangsportalen befindet sich ein Gräberplan.

Bekannt ist Hietzing auch für sein *Cottage-Viertel.* Exemplarisch sei hier die Ostmarksiedlung rund um die Wattmannstraße, die parallal zur Maxingstraße verläuft genannt. Die meist zweistöckigen Häuser verzichteten auf allen Prunk, wirken aber sehr behaglich.

171 Hietzinger Pfarrkirche

Gotische Dorfkirche mit feiner barocker Ausstattung.

13., Am Platz 1
Tel. 01/877 34 940
www.pfarre-maria-hietzing.at
U-Bahn Hietzing (U4); Bus 56B;
Tram 58

13., Gloriettegasse 14–16
U-Bahn Hietzing (U4); Tram 60, 61

Rund um die gotische Spitzturmkirche am Hietzinger Platz ist noch dörfliche Aura spürbar, auch wenn die gedrehte **Mariensäule** eine höfisch-feine *Immaculata* trägt (1730) und die innen barockisierte **Kirche Mariae Geburt** sich mit *Altären* Steindls und *Gemälden* Rottmayrs durch ranghohe Kunst auszeichnet. Die Lieblingskirche Maria Theresias wurde seit der ersten Türkenbelagerung 1529 ein viel besuchter Wallfahrtsort durch ihr *Marien-Gnadenbild* (15. Jh.), das vier von Türken bedrohten Männern Rettung gebracht haben soll und dessen Silberblech-Kleid des 19. Jh. eine Rarität ist.

172 St. Petrus in Ketten

Die letzten Rokoko-Fresken Wiens in frühklassizistischem Ambiente.

23., Kalksburger Kirchenplatz
Tel. 01/888 51 61
S-Bahn Liesing (S1, S2); Bus 253, 254

Der weite Weg an die äußerste Stadtgrenze lohnt sich für Liebhaber des Ausgefallenen. Immerhin stellt diese 1793–1801 von Johann Zobel errichtete Pfarr- und Wallfahrtskirche ein besonderes Kuriosum dar, denn es wurden Stiltendenzen verschiedener Zeiten parallel angewendet und wirken dabei zu einem durchaus ›homogenen‹ Raumbild zusammen. So haben **Grundriss** und **Raumtypus** des Zentralbaus typisch barocken Zuschnitt, vermittelt die **Wandgliederung** mit granitgrauem Kunststein bereits eine klassizistisch kühle Strenge, während die schwungvollen **Deckenfresken** des Allgäuers Josef Anton Keller von 1799 noch gänzlich den Geist des späten Rokoko atmen (›*Erschaffung der Welt*‹, ›*Letztes Abendmahl*‹). Vor allem in dem lichten Hauptkuppelbild mit dem ›*Jüngsten Gericht*‹ zog der routinierte Meister nochmals alle Register seines barocken Illusionismus.

Mit kubischen Grundformen plante Fritz Wotruba seine Dreifaltigkeitskirche in Mauer

173 Wotruba-Kirche

TOP TIPP

Außergewöhnlicher Kirchenbau eines bedeutenden Wiener Bildhauers der Moderne.

23., Mauer, Georgsgasse/Rysergasse 3
Tel. 01/888 50 03
www.georgenberg.at
Sa 14–20, So 9–16.30 Uhr
S-Bahn Liesing (S1, S2); Bus 60A

Dolmenhaft archaisch liegt die Kirche ›Zur Heiligsten Dreifaltigkeit‹ auf dem St. Georgenberg: eine ins Monumentale gesteigerte Wotruba-Plastik aus 152 asymmetrisch aufgetürmten glatten Betonblöcken mit eingefügten Glasflächen. Der Bildhauer Fritz Wotruba (1907–1975), der nach seinem Schweizer Exil als Akademieprofessor in Wien ein Pionier der Internationalen Moderne war, hat die schon bei den alten Ägyptern wirksame Vorstellung, Skulptur in Architektur zu verwandeln, in diesem Bau einzigartig verwirklicht. Sein Modell führte Fritz Gerhard Mayr 1976 aus. Als »scheinbares Chaos zur harmonischen Einheit« (Wotruba) geführt, bietet das dynamische Raum-Körper-Gebilde wie eine Skulptur von jedem Standpunkt andere Perspektiven. Durchblicke, Licht- und Schattenwirkungen, außen wie innen – die Kirche zeichnet sich durch eine in hohem Maße zur Meditation auffordernde Sakralarchitektur aus. Dazu passen der schlichte Marmorblock des *Altars* und das herbe *Wotruba-Kreuz*.

174 Hermesvilla und Lainzer Tierpark

Sisis lustlos bewohnte Lustgartenvilla und Franz Josephs Jagdrevier.

13., Zugang über Lainzer Tor
Lainzer Tierpark: Tel. 01/400 04 90 32, www.wald.wien.at, Febr.–Okt. offen
Hermesvilla: Tel. 01/804 13 24, www.wienmuseum.at, April–Okt. Di–So 10–18 Uhr, Nov.–März Fr–So 10–16.30 Uhr
Tram 60, 62 bis Speising, dann Bus 60B

Die Hermesvilla liegt am südöstlichen Rand des **Lainzer Tiergartens**, wo die Habsburger seit dem Mittelalter auf die Jagd gingen. Um die umliegende Landwirtschaft zu schützen, wurde der Tiergarten 1787 ummauert, sieben Tore gewähren bis heute Einlass. Seit 1941 steht er unter Naturschutz. Er hat stellenweise alte Buchen- und Eichenbestände, vor allem am – gesperrten – Johannser Kogel.

Durch das 2450 ha umfassende Gelände führen 80 km Wanderwege, etwa zur 18 m hohen *Hubertuswarte* am Kaltenbründlberg, zu *Tiergehegen, Rasthäusern* und *Kinderspielplätzen*.

Vom Lainzer Tor leitet ein *Naturlehrpfad* zur **Hermesvilla**. Als Franz Joseph 1882–86 sie als Jagdhaus für sein Lieblingsrevier Lainzer Tiergarten bauen ließ, wünschte er, die rastlose Elisabeth durch ein auf sie zugeschnittenes *Buen Retiro* fester an Wien zu binden. Vergebens. Die Gemahlin fühlte sich in der schwülen

Opulenz der Interieurs nicht wohl. Sogar Makarts ›Sommernachtstraum‹-Fresko – ihr Lieblingsmotiv – in ihrem von einem exaltierten Bett beherrschten *Schlafzimmer* hatte wenig Erfolg. Nur das ›pompejanisch‹ ausgemalte *Turnzimmer* fand Gnade. Diese Feudalvilla Carl von Hasenauers, ein Renaissance-Barock-Konglomerat mit Türmen, Mansardelementen, Eisenarkadenloggien, ist durch asymmetrischen Aufbau und farbige Akzente außen betont ›gemütlich‹ gestaltet und innen reich dekoriert mit Vertäfelungen, Reliefs, Tapeten, Wandmalereien von Hans Makart, Rudolf Hermann Eisenmenger, Gustav Klimt, Franz Matsch. Taufpate der Villa war der *Marmor-Hermes* im Garten.

175 Werkbundsiedlung

Mustersiedlung der Klassischen Moderne: Reihenhäuser berühmter Architekten.

13, Jagdschloss-, Veitinger-, Woinovichgasse
U-Bahn Ober St. Veit (U4), von dort Bus 54B, 55B

Anlässlich der Wiener Werkbundausstellung 1930–32 lud die Gemeinde Wien die einheimische **Architekten-Avantgarde** sowie ausländische Gäste zum Bau einer Modell-Anlage von 70 Einfamilienhäusern ein, u. a. Josef Frank, Oswald Haerdtl, Josef Hoffmann, Clemens Holzmeister, Ernst Lichtblau, Adolf Loos, dazu die Franzosen André Lurçat und Gabriel Guevrekian, den Holländer Gerrit Rietveld, den ›Wiener‹ Amerikaner Richard Neutra. Ihre verschiedenen Haustypen in Flachbauweise, ebenerdig, zwei-, höchstens dreigeschossig, demonstrierten neue Wohnformen im rationalistischen Geist.

Hervorhebenswerte Beispiele: **Veitingergasse** Nr. 115/117 *Haerdtl*, Nr. 107/109 *Plischke*, Nr. 87–93 *Lurçats* puristische Baublöcke, die der Straße eine schroff fensterlose Front zuwenden, die Bandfenster schauen dabei zum Garten, Nr. 79–85 *Hoffmanns* niedrig gelagerte Reihenhäuser, durch Dachterrassen-Aufgänge vertikal akzentuiert, Nr. 71/73 *Häring*. **Woinovichgasse** Nr. 32 frei stehendes Haus von *Frank* mit durchgehendem Wohnraum (daneben Dokumentationszentrum), Nr. 13–19 elegante Doppelhäuser von *Loos* mit perfekt funktionalem ›Raumplan‹, Nr. 9 und 11 frei stehende Häuser von *Neutra* und *Vetter*, Nr. 14–20 *Rietvelds* schmale, abgetreppte, durch Fensterflächen aufgelockerte Reihenhäuser. **Jagdschlossgasse** Nr. 88/90 *Lichtblau*, Nr. 72/74 *Breuer*.

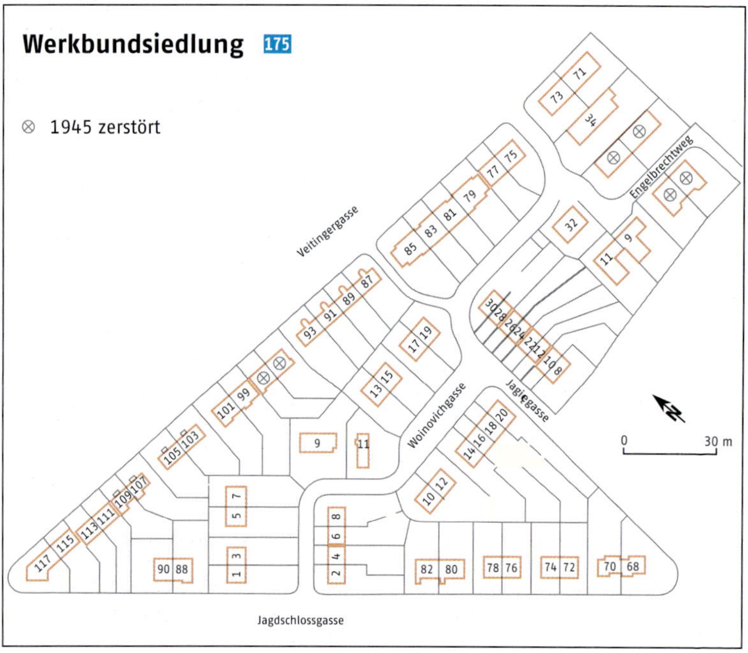

Die Kirche am Steinhof – sakrales Hauptwerk des Wiener Jugendstils

176 Kirche am Steinhof

Bedeutendste Jugendstilkirche Wiens.

14, Baumgartner Höhe 1
Tel. 01/91 06 01 10 07
www.wienkav.at
Sa 16–17 Uhr, Führungen Sa 15 Uhr
U-Bahn Ottakring (U3), dann Bus 48A

Die Lage ist spektakulär: Der orientalisch anmutende Bau der St. Leopold geweihten Kirche am Steinhof thront blockhaft und licht auf einer Höhe über der Heil- und Pflegeanstalt für Nervenkranke. Sie wurde 1905–07 als Teil der von Otto Wagner geplanten ›Niederösterreichischen Landesirrenanstalt‹ errichtet, axial zwischen den damals getrennten Frauen- und Männerpavillons. Der kreuzförmige **Zentralbau** mit goldschimmernder *Riesenkuppel* und niedrigen *Glockentürmen* ist mit weißen Marmorplatten verkleidet, die mit den für Wagner charakteristischen Metallbolzen angenagelt sind. Sparsame Zier sind *Kranzfries, Portalpfeiler-Engel* (Othmar Schimkowitz) und *Sitzfiguren* der niederösterreichischen Patrone St. Severin und St. Leopold auf den Türmen (Richard Luksch).

Die pure Schönheit entpuppt sich innen als perfekter Funktionalismus. Die Kirche wurde für 900 »ruhige und halbruhige« Patienten gebaut (1916 gab es hier 4000 Kranke!): Zum Altar hin fällt der Fliesenfußboden etwa ab, um ihn leichter reinigen zu können, man rundete die Bänke ab, um Verletzungen zu vermeiden, leitete Weihwasser durch tropfende Jugendstil-Hähne, um Infektionen zu verhindern, baute Ärztezimmer und Notausgänge ein. Der helle **Raum** unter flacher, aufgehängter Kuppel ist ungewöhnlich jugendstilrein. Die realistischen *Glasfenster* – hier weibliche, dort männliche Heilige – stammen von Kolo Moser, den *Hochaltar* unter vergoldetem Baldachin schuf Remigius Geyling, der neben Kolo-Moser-Schüler Leopold Forstner auch für das große *Mosaikbild* des hl. Leopold inmitten Heiliger verantwortlich zeichnete, die *Seitenaltarmosaike* steuerte Rudolf Jettmar bei.

177 Otto-Wagner-Villen

Palladio und Stahlbeton: zweimal Otto Wagner.

14., Hüttelbergstraße 26 und 28
Tel. 01/914 85 75
www.ernstfuchs-zentrum.com
Führungen Di–Fr, So 10–18 Uhr nach tel. Anmeldung und ab 10 Personen
U-Bahn Hüttelbergstraße (U4, auch Tram 49), dann Bus 148 oder 152 bis Camping West

1888 baute Otto Wagner (1841–1918) hier seine eigene **erste Villa** (Nr. 26). Freitreppe, Säulen-Portikus und beidseitige Säulenhallen geben sich neo-palladianisch; für die linke Pergola schuf Adolf Böhme prunkende *Jugendstilglasfenster*. Die üppig geschwellte *Hausgöttin* im Portikus

Für sich baute Otto Wagner 1888 eine aparte Mischung aus Villa und lichtem Sommerhaus

lockt mit Rose, Schlange und Apfel: Sie gehört dem heutigen Besitzer, dem Maler Ernst Fuchs, nicht minder berühmt als der Erbauer. Die farbigen Elemente am Haus fügte Fuchs hinzu, auch den bizarren *Tempelbau* im Garten. Die Villa beherbergt das **Ernst-Fuchs-Museum**. Fuchs ist für seine von fantastischen, teils an Dalí erinnernden Werke bekannt.

Seine **zweite Villa** setzte Wagner 1912/13 daneben (Nr. 28), sein letztes Werk übrigens. Inzwischen war er ein aufrührerischer Moderner geworden und entwickelte aus dem damaligen Einfamilienhausschema einen asymmetrischen Kubus aus Stahlbeton mit schmal gereihten Fenstern und glatter Fassade, nur ornamental akzentuiert durch Aluminiumnägel, Mosaiken und Kolo-Moser-Fenster.

178 Geymüller-Schlössel

TOP TIPP

Architektur-Preziose des Spätempire mit Biedermeier-Ausstattung und berühmter Uhrensammlung.

18., Pötzleinsdorfer Straße 102
Tel. 01/479 31 39
www.mak.at
Mai–Nov. Sa/So 11–18 Uhr,
Führungen jeden 1. So im Monat 13 Uhr, sonst So 15 Uhr
Tram 41 bis Plötzleinsdorf, dann Bus 41A bis Khevenhüllerstraße

Pötzleinsdorf begann sich zum Nobelvillenort zu entwickeln, als die Bankiers-Brüder Geymüller nach 1808 dies feine **Gartenschlösslein** bauen ließen. Barock im Grundriss, spielt es *à la mode* außen wie innen so liebenswürdig wie geschmackvoll mit gotischen und orientalischen Elementen (um 1808, Architekt unbekannt). 1946 erwarb es der Sammler Dr. Franz Sobek, Unternehmer aus Mähren, Nazi-Verfolgter, Generaldirektor der Staatsdruckerei, der es 1965 Österreich schenkte.

Zur Schenkung gehörte auch seine **Uhrensammlung**, rund 200 in den Jahren 1780–1850 in Wien entstandene Stücke des Empire, Biedermeier und Historismus. Zu bestaunen ist nicht nur Präzision, die sich höchstens drei Sekunden Ungenauigkeit im Monat leistet, sondern auch Fantasie bei Gehäusen, die als Architekturen, Ruinen, Vasen, Ampeln geformt sind, oder denen Flöten- und Orgeltöne von Haydn entfleuchen.

179 Wiener Höhenstraße

Wienerwaldperspektiven: Wirtshäuser und Wanderwege.

17.–19., Neuwaldegg bis Leopoldsberg
S-Bahn Hernals (S45); dann Tram 43 und Bus 43B, 243, 443

Der Wienerwald ist ein Alpenausläufer, der Wien im Westen in die Arme nimmt und dadurch zu einer ›grünen Großstadt‹ adelt. Dass er in den 1870er-Jahren nicht ruchlos abgeholzt und für die leeren

Staatskassen umgemünzt wurde, verhinderte der unerschrockene Landtagsabgeordnete Josef Schöffel. Schutzmaßnahmen gegen Zersiedlung, wenn in Notzeiten auch immer wieder übertreten, haben den Wald- und Wiesengürtel dennoch einigermaßen intakt gehalten. Heute bereiten eher die Schadstoffemissionen Kummer.

Im Zuge eines Arbeitsbeschaffungsprogramms entstand 1934–38 die von Neuwaldegg im Westen bis zum Leopoldsberg im Osten verlaufende **Höhenstraße,** durch Zufahrtsstraßen mit den Weindörfern Salmannsdorf, Neustift am Walde, Sievering, Grinzing, Heiligenstadt verbunden. Ein Bus befährt den prachtvollen Aussichtsweg (38A ab Heiligenstadt).

Wer Landpartien vorzieht, kann z.B. von Salmannsdorf aus (Bus 35A) über die Gastwirtschaft **Häuserl am Roan** am Dreimarkstein (454 m) zur Habsburg-Warte (Sa/So offen) am **Hermannskogel** wandern, dem Hauptgipfel des Kahlengebirges und mit 542 m höchster Punkt des Stadtgebiets. Höhenstraße wie Wanderwege umrunden dann den **Cobenzl** (Latisberg), benannt nach Staatskanzler Philipp Graf Cobenzl, der um 1780 hier ein Schloss und köstliche Gärten anlegte (nicht mehr vorhanden). Viel frequentiert werden die gemütlichen Gastronomiebauten **Am Cobenzl**. Von hier führt die Himmelstraße zur aussichtsreichen **Bellevuehöhe** (368 m), wo »sich am 24. Juli 1895 dem Dr. Sigm. Freud das Geheimnis des Traumes enthüllte«, wie eine Gedenktafel auf der grünen Wiese rührend altmodisch bekannt gibt.

Der **Kahlenberg** (484 m) eröffnet einen so wundervollen Blick auf die mit zarten Akzenten weit und sanft ausgebreitete Stadt, dass man mittels dem unabdingbar dazugehörenden Wein gelassen der hier herrschenden historischen Verwirrungen Herr wird. Die eine: Der Berg hieß zuerst wegen der Wildschweine in seinen Eichenwäldern ›Sauberg‹, dann vornehmer ›Leopoldsberg‹, wohingegen sein Nachbar ›Kahlenberg‹ genannt wurde. Als dort 1693 die Leopoldskirche entstand, tauschten beide Berge ihre Namen. Die andere: Beide rühmen sich, Sammelpunkt zu jener Entsatzschlacht gewesen zu sein, die Wien 1683 von den Türken befreite, eingeleitet durch eine Messe des päpstlichen Legaten Marco d'Aviano, bei der Polenkönig Sobieski ministrierte. Inzwischen weiß man zwar, dass das Ereignis auf dem Leopoldsberg stattfand, doch die polnischen Resurrektionisten, die seit 1906 die barocke *Josefskirche* betreuen, nehmen weiterhin den Kahlenberg dafür in Anspruch. Die Sobieski-Kapelle in der Kirche (1930) ist ein polnisches Nationalheiligtum.

Ausg'steckt is – das Heurigendorf Grinzing

Für Wienbesucher sind die einfachen Schankwirtschaften in den Weinbergen am Wiener Stadtrand echte Pilgerziele. Besondere Beliebtheit bei Auswärtigen genießt die bis 1891 selbstständige Weinbauergemeinde Grinzing im Nordwesten der Stadt. Hier reiht sich ein Heuriger an den anderen, die reiche Auswahl an Rebensaft und nahrhaften Schmankerln bereichert zünftige Musikbegleitung und viel Trubel.

Dazwischen, etwas versteckt, liegen Oasen weinseliger Gemütlichkeit wie etwa der Heurige von Franz Rauscher oder Hengl-Haselbrunner [s. S. 168]. Interessante Weingartenführungen bietet der Winzer Zum Berger, in der Himmelstraße 19 (Tel. 01/320 58 93, www.zumberger.at, Mo/Di geschl., Mi–Sa ab 15, So ab 12 Uhr).

Bequem erreichbar ist Grinzing mit der Tram 38 und dem Bus 38A, zudem liegt es an der Route der Bummelbahn Vienna Heurigen Express (Tel. 01/479 28 08, www.heurigenexpress.at).

Gemütliche Schänken finden sich im allseits beliebten Weindorf Grinzing in jeder Straße

Ein Windstoß trug einen Brautschleier vom **Leopoldsberg** (425 m) zu Tal – wo man ihn fand, entstand Stift Klosterneuburg. Er gehörte der Gemahlin des Babenbergerherzogs Leopold III. des Heiligen, der um 1135 hier seinen Regierungssitz hatte. Inmitten der Ruinen der 1529 von den Türken gesprengten Burg steht der schlichte, doch auf Fernwirkung angelegte Zentralbau mit Doppelturmfassade der *Leopoldskirche*, 1679–93 gebaut und Mitte des 18. Jh. ausgestattet.

Der **Rundblick** von diesem letzten Gipfel des Kahlengebirges reicht im Süden bis zu den Voralpen, im Südosten bis zum Leithagebirge, im Nordosten übers Marchfeld bis zu den Kleinen Karpaten. Ein müheloser Wanderweg führt nach Klosterneuburg im Norden, ein steiler, kurvenreicher über die ›Nase‹ nach Kahlenbergdorf und Nussdorf im Süden.

180 Eroica-Haus

Eines von Beethovens Sommerquartieren.

19., Döblinger Hauptstraße 92
Tel. 01/369 14 24
www.wienmuseum.at
Öffnung auf Anfrage unter
Tel. 01/50 58 74 78 51 73
Tram 37 (Pokornygasse)

Nach Döbling, seit dem 18. Jh. bevorzugte Sommerfrische der Wiener Gesellschaft, zog es auch Ludwig van Beethoven (1770–1827) häufig, wobei er seine Stadtwohnung stets kündigte, um zu sparen. 1803 bezog er sommers Quartier in der Döblinger Hauptstraße 92. Die vier von ihm bewohnten Räume des im 19. Jh. aufgestockten Baus sind als **Gedenkstätte** rekonstruiert und sparsam mit *Mobiliar* jener Epoche, reichlich mit *Fotografien* nach zeitgenössischen Aquarellen und Zeichnungen mit Döblinger Motiven bestückt worden.

Im Mittelpunkt stehen die *Erstdrucke* (fotografische Vergrößerungen) der drei Werke, die hier entstanden: die 3. Symphonie ›Eroica‹, deren Widmung für Napoleon der Komponist wieder löschte, als sich der Korse 1804 selbst zum Kaiser proklamierte; die dem Freund und Förderer Ferdinand Graf Waldstein dedizierte ›Waldstein-Sonate‹ sowie das schwierige ›Tripelkonzert für Violine, Violoncello und Klavier‹, das dem Fürsten Franz Joseph Lobkowitz zugeeignet ist.

181 Beethoven Wohnung Heiligenstadt

TOP TIPP

Verknüpft mit Beethovens bitterer Selbsterkenntnis seiner beginnenden Taubheit.

19., Probusgasse 6
Tel. 01/370 54 08
www.wienmuseum.at
Di–So 10–13 und 14–18 Uhr
Tram 38A (Armbrustergasse)

Am 6. Oktober 1802 hatte Beethoven aus der Kur in Heiligenstadt seinen Brüdern Carl und Johann einen Brief mit Testamentscharakter geschrieben, den er jedoch nicht abschickte. Es handelt sich um das sog. ›*Heiligenstädter Testament*‹, ein erschütterndes Dokument der Verzweiflung über Beethovens seit dem 28. Lebensjahr fortschreitende Schwerhörigkeit und die dadurch bedingte Einsamkeit und Misanthropie. Das malerische Häuschen in der Probusgasse, damals Herrengasse, in dem dies angeblich geschah, ist als **Erinnerungsstätte** hergerichtet. Um das Heiligenstädter Testament in Druck und vergrößerter Handschrift sind *Ortsansichten*, Josef Danhausers *Beethoven-Büste* von 1827 und eine *Skizze* der hier komponierten 2. Symphonie arrangiert.

Beethoven-Spuren allenthalben: In der **Grinzinger Straße 64** wohnte er 1808 zugleich mit dem jungen Grillparzer, an der ›Pastorale‹ arbeitend; im schönen Doppelhaus am **Pfarrplatz 2** war er 1817 in Logis und weiter nördlich in **Nussdorf** liegt sein Spazierweg am Schreiberbach, heute *Beethovengang* genannt.

Der **Heiligenstädter Pfarrplatz** mit gekrümmten Häuserfronten, der barocken Jakobskirche, Pfarrhaus, Bäumen, Bänken, Heurigenschänken hat seine kostbare Weindorf-Aura behalten.

182 Villa Wertheimstein
(Bezirksmuseum Döbling)

Erinnerung an einen Salon des jüdischen Großbürgertums des 19. Jh.

19., Döblinger Hauptstraße 96
Tel. 01/368 65 46
www.bezirksmuseum.at
Sa 15.30–18, So 10–12 Uhr
Tram 37 (Pokornygasse)

»Sie träumte reicher und schöner als zahlreiche Menschen«, charakterisierte

Im Karl-Marx-Hof ist das ehrgeizige sozialdemokratische Wohnraumprogramm der Ersten Republik beispielhaft verwirklicht

Hofmannsthal die umschwärmte Mäzenin Josefine von Wertheimstein, die mit ihrer Tochter Franziska in dieser Villa einen berühmten Künstlersalon unterhielt. Bei der Familie Wertheimstein, prototypisch gesellschaftlich aufgestiegen, verkehrten oder wohnten die Dichter Eduard von Bauernfeld, Ferdinand von Saar, der junge Hofmannsthal, die Maler Lenbach und Makart, der Philosoph Franz Brentano, das Wunderkind Feruccio Busoni und viele mehr.

Finanzexperte Leopold von Wertheimstein hatte die **Biedermeiervilla** mit altem Wirtschaftshof (›Nonnenstöckl‹) und großem *Park* 1870 von dem Großindust-riellen und Kunstsammler Rudolf Arthaber erworben, den Amerling porträtierte und dem Schwind Fresken ins *Stiegenhaus* malte (erhalten). Franziska Wertheimstein vermachte die Anlage 1907 der Stadt Wien, die sie als **Bezirksmuseum Döbling** eingerichtet hat. Die historischen Räume sind weitgehend authentisch erhalten: Dem Besucher bietet sich ein von stilvoller Eleganz weit entferntes Möbel- und Bilder-Durcheinander. Es gibt außerdem *Gedenkzimmer* für Saar und Bauernfeld, Heimatkunde-Dokumente von Döbling sowie ein kleines Weinbaumuseum.

183 Karl-Marx-Hof

Denkmalgeschützter Gemeindebau.

19., Heiligenstädter Straße 82–92
U-Bahn Heiligenstadt (U4);
Bus 37A, 38A; Tram D

›Bassenas‹ (Wasserzapfstellen im Hausflur), ›indische Klos‹ (jenseits des Ganges) oder ›Bettgeher‹ (Stundenmieter eines Bettes) kennzeichneten das Wiener Wohnungselend um 1900. In der Zwischenkriegszeit stampfte der vergleichslose Sozialbau des **›Roten Wien‹** dann 60 000 Wohnungen aus dem Boden. Drakonische Steuern auf Luxusgüter (sogar auf Dienstmädchen) und hohe Schulden machten es möglich.

Das Monumental-Denkmal jener Gemeindebau-Epoche ist der **Karl-Marx-Hof**, 1 km lang, bestehend aus 1325 Kleinwohnungen mit Vorraum, WC, Wohnküche, dazu Ehrenhof, Gartenhöfe, Spielplätze und Kindergärten. Die ziegelrot-ockerfarbene ›Superblock‹-Burg mit vorgeschichteten kubistischen Turmaufbauten scheint Fritz Langs Filmen entlehnt: Wagner-Schüler Karl Ehn hat diesen Aufbruch zur neuen Klassensolidarität 1927–30 optisch mit Pathos inszeniert.

Als 1934 der Bürgerkrieg zwischen christlich-sozialem Dollfuß-Regime und entmachteten Linken tobte, die sich hier verschanzten, wurde der Karl-Marx-Hof beschossen und musste sich nach drei Tagen unter Opfern ergeben.

184 Nussdorfer Wehr- und Schleusenanlage

Eindrucksvolle Anlage Otto Wagners.

19./20., Brigittenauer Lände 340
U-Bahn Heiligenstadt (U4);
S-Bahn Nussdorf (S40); Tram D

Die Donauregulierung von 1875 machte es notwendig, dass am Beginn des Donaukanals gelegene Nussdorf mit seiner Umgebung vor Überschwemmung zu schützen. Also wurde Otto Wagner 1894 beauftragt, hier eine Wehranlage zu bauen. Mit immensem Kostenaufwand entstand ein technisch anspruchsvollesBauwerk von feierlicher Schönheit. Man sieht ein brückenförmiges **Nadelwehr** über den Kanal (›Schemerlbrücke‹), beidseitig flankiert von herrscherlichen **Bronzelöwen** auf hohen Pylonen (Rudolf Weyr), am Ufer begleitet von zwei niedrigen **Gebäuden** mit Verwaltung, Beobachtungsstation, Kettenmagazin.

185 Donaupark mit Donauturm

Vergnügungen für Bader und Bummler.

22., zwischen Wagramer Straße und Donauturmstraße
U-Bahn Alte Donau (U1);
S-Bahn Strandbäder (S1, S2, S3);
Bus 20B, 90A, 91A, 92A

Nach der Donauregulierung 1870–75 blieb am jenseitigen Ufer im Nordosten die ›Alte Donau‹ als bogenförmiger, mit dem Fluss nicht mehr verbundener See zurück. So entstand auch eine Art Insel zwischen Donaukanal und Alter Insel. In ihrer nordwestlichen Ecke steht das auf Initiative des Saudi-Arabischen Königreiches 1979 errichtete **Islamische Zentrum** (Am Hubertusdamm 17–19, www.izwien.at) mit seiner weithin sichtbaren Moschee. Auch Nicht-Muslime dürfen es auf Anfrage besichtigen.

Weiter südlich folgt der **Donaupark**. Er wurde anlässlich der ›Wiener Internationalen Gartenschau‹ von 1964 angelegt. Die Gartenlandschaft durchziehen Spazier- und Radwegen. Es gibt eine Kleinbahn, Sport- und Spielplätze, Streichelzoo und Sommerbühne. In seiner Mitte ragt der 252 m hohe **Donauturm** (Tel. 01/263 35 72, www.donauturm.at, tgl. 10–23 Uhr) auf. Hannes Lint baute ihn für die IGA 1964. Von der Aussichtsterrasse in 150 m Höhe kann man Bungeesprünge in die Tiefe machen. Noch weiter oben gewähren (Dreh-)Restaurants stetig wechselnde Fernblicke bis zu den Alpen und in die Ungarische Tiefebene.

An den Donaupark schließt sich südlich die **DonauCity** an. Hier hat Wien alle Bindungen zu barocker k.u.k.-Herrlichkeit gekappt und durch glas- und stahlglänzende Hochhausmonumentalität ersetzt. Mit dem DC Tower entsteht außerdem bis 2013 der mit 220 m höchster Wolkenkratzer Österreichs. Er wird Wiens Skyline nachhaltig verändern.

Die DonauCity mit ihren verglasten Hochhäusern ist Wiens Tribut ans 21. Jh.

Der weite Bogen der Alten Donau bietet Wasserfreuden nahe den Hochhäusern der Donaucity

Vom glitzernden Geschäftsviertel sind es nur wenige Hundert Meter zu entspannten Badefreuden im beliebten **Strandbad Gänsehäufel** (www.gaensehaeufel.at, Moissigasse 21).

186 UNO-City

Internationales Zentrum Wien

Internationale und exterritoriale Arbeits- und Kongressstadt.

22., zwischen Wagramer Straße und Donaupark
United Nations Visitors' Center
Wagramer Str. 5
Tel. 01/260 60 33 28
www.unis.unvienna.org
Führungen Mo–Fr 11 und 14 Uhr (amtlicher Lichtbildausweis erforderlich)
U-Bahn Kaisermühlen-Vienna International Center (U1);
Bus 90A, 91A, 92A

Die UNO-City in Wien wurde 1979 eröffnete. Sie breitet sich auf einem 180 000 m² Areal von exterritorialem Status aus. Sechs konkav geschwungene Bürotürme stehen um ein kreisrundes **Internationales Konferenzzentrum** und das dreieckige **Österreichisches Kongresszentrum**. Die Türme bilden Y-Formen, wodurch 90 Prozent der Räume Tageslicht erhalten. Die Empore in der Konferenzrotunde umfasst den Radius des Prater-Riesenrads (Architekt Johannes Staber, Wien). Die Wiener UNO-City ist der Hauptsitz der *Internationalen Atomenergiebehörde* (IAEO) und der *Organisation für Industrielle Entwicklung* (UNIDO).

Zwillingstürme der UNO-City: Donauturm und Moschee des Islamischen Zentrums

GEMÄLDE
GALERIE
]a[
akademie der
bildenden künste
wien
Meisterwerke
der europäischen
Malerei.
1010 Wien | Schillerplatz 3 | Di – So 10 – 18 Uhr | www.akademiegalerie.at

Wien aktuell A bis Z

Vor Reiseantritt

ADAC Info-Service:
Tel. 018 05/10 11 12 (0,14 €/Min.)

Über diese Nummer oder bei den ADAC-Geschäftsstellen können ADAC-Mitglieder kostenlos umfangreiches **Informations-** und **Kartenmaterial** anfordern.

Über Buchhandel, Internet und die ADAC Geschäftsstellen sind zudem der **ADAC Reiseführer** *Österreich* sowie das ADAC Reisemagazin *Wien* erhältlich.

ADAC im Internet:
www.adac.de
www.adac.de/reisefuehrer

Wien im Internet:
www.wien.info

Österreich im Internet:
www.austriatourism.com

Wien Hotels & Info,
Tel. 01/245 55, tgl. 9–19 Uhr,
info@wien.info

Informationen, Prospektversand, etc.:
Deutschland
Österreich Werbung, Tel. 018 02/10 18 18 (0,06 € je Anruf)

Österreich
Österreich Werbung, Hotline: 08 10/10 18 18, www.austria.info

Schweiz
Österreich Werbung, Tel. 08 42 10 18 18, www.austria.info

Allgemeine Informationen

Reisedokumente

Reisepass oder Personalausweis, unter 16 Jahren der Eintrag im Pass eines Elternteils, Kinderausweis, Kinderreisepass und Personalausweis.

Kfz-Papiere

Führerschein, Zulassungsbescheinigung Teil 1 (ehem. Fahrzeugschein) und Internationale Grüne Versicherungskarte.

Krankenversicherung

Die Europäische Krankenversicherungskarte ist in die Versicherungskarte integriert. Sie garantiert in EU-Europa die medizinische Versorgung. Sicherheitshalber empfiehlt sich der Abschluss einer zusätzlichen Auslands-Krankenschutz-Versicherung mit Krankenrücktransport.

Hund und Katze

Erforderlich ist der EU-Heimtierausweis mit Kennzeichnung des Tieres durch Mikrochip (Pflicht ab 3.7.2011) und gültiger Tollwutimpfung (Erstimpfung mindestens 21 Tage vor Grenzübertritt). Auf öffentlichen Wegen, Straßen, in Parks usw. sowie in öffentlichen Verkehrsmitteln müssen Hunde an der Leine geführt werden oder einen Maulkorb tragen.

Zollbestimmungen

Waren für den persönlichen Bedarf dürfen innerhalb der EU unbegrenzt mitgeführt werden. Als Richtmengen gelten: 800 Zigaretten, 400 Zigarillos, 200 Zigarren, 1 kg Tabak, 10 l Spirituosen, 20 l Zwischenerzeugnisse, 90 l Wein (davon max. 60 l Schaumwein), 110 l Bier.

Reisende von und durch Drittländer (Schweiz) dürfen abgabenfrei mitführen: 200 Zigaretten oder 100 Zigarillos oder 50 Zigarren oder 250 g Tabak, 1 l Spirituosen und 2 l Wein.

Geld

Gängige Kreditkarten werden in Banken, Hotels und Geschäften akzeptiert. An EC-/Maestro-Geldautomaten kann rund um die Uhr Bargeld abgehoben werden.

Tourist Info

Tourist-Info, 1., Albertinaplatz /Maysedergasse, tgl. 9–19 Uhr

Hier sowie an den Informationsstellen der Wiener Linien kann man für 18,50 € die Wien-Karte/Vienna Card (www.wienkarte.at) kaufen. Von auswärts ist sie auch über das Internet erhältlich (mit Kreditkarte). Sie gilt am Ausstellungstag und den drei folgenden Tagen und ermöglicht u.a. 72 Stunden lang freie Fahrt mit U-Bahn, Bus und Tram.

Dazu kommen weitere Vergünstigungen im Nahverkehr oder beim Eintritt zu vielen Museen und Sehenswürdigkeiten, Theatern und Konzerten, beim Einkaufen, in Cafés, Restaurants oder beim Heurigen.

Weitere Informationsstellen

Tourist-Info Flughafen Wien, Ankunftshalle, tgl. 6–23 Uhr

wienXtra – jugendinfo, 1., Babenbergerstr. 1, Tel. 01/400 08 41 00, Mo–Sa 12–19 Uhr, www.wienxtra.at. Informationsschriften: ›Reiseinfoblatt‹, ›Kultur & Co‹, ›Wien City Spy‹ u.a.

Jewish Welcome Service, 1., Infopoint, Judenplatz 8 (im Jüdischen Museum), www.jewish-welcome.at, So-Do 10-18 Uhr, Fr 10-14 Uhr.

Informationsschriften

In Informationsstellen, Reisebüros und Hotels liegen die Broschüren des Wiener Tourismusverbands aus, etwa ein Stadtplan mit ausführlicher Museumsliste, das monatliche ›Wien-Programm‹, ›Einkaufen, Essen und Trinken‹ oder der ›Queer-quide‹ für Schwule und Lesben. Auf Anfrage und im Internet erhältlich ist die umfassende Schrift ›Wien für Gäste mit besonderen Bedürfnissen‹ u.v.m.

Außerdem informiert die *Stadtzeitung* ›Falter‹ (www.falter.at) über Restaurants, Veranstaltungen und Szenetreffs.

Notrufnummern

Notruf: Tel. 112 (EU-weit, auch mobil: Polizei, Unfallrettung, Feuerwehr)

Ärztenotdienst: Tel. 141

Zahnärztlicher Notdienst:
Tel. 01/512 20 78 (20–1 Uhr, Sa/So/Fei 9–18 Uhr)

ÖAMTC-Pannenhilfe : Tel. 120 (rund um die Uhr)

ADAC Notrufstation Wien:
Tel. 01/251 20 60 (ganzjährig)

ADAC-Notrufzentrale München:
Tel. 00 49/89/22 22 22 (rund um die Uhr)

ADAC Ambulanzdienst München:
Tel. 00 49/89/76 76 76 (rund um die Uhr)

ÖAMTC Schutzbrief-Nothilfe:
Tel. 01/251 20 00, www.oeamtc.at

TCS Zentrale Hilfsstelle:
Tel. 00 41/(0)224 17 22 20, www.tcs.ch

Fundbüros

Auf der Web-Site www.fundamt.gv.at können Sie Verlorenes elektronisch suchen, oder unter Service-Line 0900 600 200 (1,36 € / Min), Mo–Fr von 8–18 Uhr.

Fundservice der Wiener Linien, 3., Erdbergstr. 202, Tel. 01/790 91 88, Mo–Mi, Fr 8–15, Do 8–17.30 Uhr

Fundbüro der ÖBB (Österreichische Bundesbahn), Lost- & Found-Sammelstelle Franz-Josef-Bahnhof, 9., Nordbergstraße 5 (Tram D, 5, 33), Tel. 93 000 -22 222, lost.found@oebb.at, Mo - Do 7.30–12 und 14–16.30, Fr 7.30–13.30

Diplomatische Vertretungen

Botschaft der Bundesrepublik Deutschland, 3., Metternichgasse 3, Tel. 01/71 15 40, www.wien.diplo.de

Botschaft der Schweiz, 3., Kärntner Ring 12, Tel. 01/795 05, www.eda.admin.ch/wien

Besondere Verkehrsbestimmungen

Tempolimits (in km/h): Innerorts 50, außerorts 100, auf Autobahnen 130 (auf den Autobahnen A10, A12, A13 und A14 gilt von 22 bis 5 Uhr ein Tempolimit von 110).

Die *Promillegrenze* liegt in Österreich bei 0,5.

Vorfahrtsberechtigte verlieren durch Anhalten die Vorfahrt. An Schulbussen darf nicht vorbeigefahren werden, wenn die Warnblinkanlage und die gelb-roten Warnleuchten eingeschaltet sind.

Das Tragen einer reflektierenden Warnweste beim Verlassen des Fahrzeuges im Falle einer Panne oder eines Unfalls außerhalb geschlossener Ortschaften ist vorgeschrieben.

Im *eingeschränkten Halteverbot* darf max. 10 Min. gehalten werden, *gelbe Zickzacklinien* bedeuten Halte- und Parkverbot.

Bei winterlichen Straßenverhältnissen zwischen dem 1.11. und 15.4. sind *Winter-*

reifen vorgeschrieben. Sie müssen immer mit M+S gekennzeichnet sein. Die Mindestprofiltiefe beträgt 4 mm.

Anreise

Auto

Anreise aus Deutschland und aus der Schweiz erfolgt entweder über die Westautobahn (A1) oder über die landschaftlich reizvolleren Landstraßen des Donautals. Schnellstraßen und Autobahnen sind gebührenpflichtig.

Die Erkundung Wiens mit dem Auto ist wegen Parkplatznot und Staus nicht sinnvoll. Wer nicht auf das eigene Fahrzeug verzichten will, beachte: In den markierten *Kurzparkzonen* (Stadtzentrum, Mariahilfer Straße, Rathaus, Bahnhof- und Flughafenvorplätze) ist Parken an Werktagen nur mit Parkscheinen für 30 Minuten bis 3 Stunden gestattet. *Parkscheine* sind in Tabak-Trafiken, Tankstellen, am Bahnhof sowie Vorverkaufsstellen der Verkehrsbetriebe erhältlich. Man zeichnet Jahr, Monat, Tag und Uhrzeit auf dem Parkschein an. Generelles *Parkverbot* besteht 15. Nov.–30. März 20–5 Uhr in allen Straßen mit Straßenbahnschienen.

Am besten ist in der Inneren Stadt die Besichtigung zu Fuß und/oder mit öffentlichen Verkehrsmitteln [s. S. 184].

Bahn

Ankunft am *Westbahnhof* (für Reisende aus Deutschland und der Schweiz). Von dort weiter mit der U-Bahn (U3, U6).

Nach der Teileröffnung Ende 2012 wird der der neue Hauptbahnhof im Süden der Innenstadt 2014 endgültig in Betrieb gehen. Züge aus dem Westen werden ihn durch einen Tunnel unter der Stadt anfahren. Der Westbahnhof verliert dann seine Bedeutung für den Fernverkehr.

Fahrplanauskunft:
Deutsche Bahn, Tel. 018 05/99 66 33 (0,14 €/Min.), Tel. 08 00/150 70 90 (sprachgesteuert, gebührenfrei), www.bahn.de

City Night Line, Tel. 018 05/99 66 33 (0,14 €/Min.), www.citynightline.de

Österreichische Bundesbahn, Tel. 05 17 17, www.oebb.at

Schweizerische Bundesbahnen, Tel. 09 00 30 03 00 (max. 0,68 €/Min.), www.sbb.ch

Bus

Busse der Deutsche Touring fahren von mehreren deutschen Städten nach Wien.

Deutsche Touring, Am Römerhof 17, 60486 Frankfurt/Main, Tel. 068/790 35 01, www.touring.de

Blaguss, Erdbergstraße 200a, 1030 Wien, Tel. 01/798 29 00, www.blaguss.at

Flugzeug

Flughafen Wien, 19 km südöstlich von Wien. Fahrzeit zur Stadt 16 Min. mit der Schnellbahn CAT (City Airport Train), der S7 (ca. 20 min) oder mit dem Bus ab Wien-West-, Südbahnhof und Schwedenplatz. Taxis fahren von und nach Schwechat mit Zuschlag, sind also um einiges teurer als bei Stadtfahrten.

Info: Tel. 01/700 70, www.viennaairport.com

Bank, Post, Telefon

Bank

Öffnungszeiten: meist Mo–Fr 8–12 und 13–15, Do bis 17.30 Uhr. Zentralen in der Regel durchgehend geöffnet.

Post

Öffnungszeiten: in der Regel Mo–Fr 8–12 und 14–18, Hauptpostämter der Wiener Bezirke außerdem Sa 8–10 Uhr, Hauptpostamt, Fleischmarkt 19, tgl. 24 Std.

Briefmarken und Telefonkarten erhält man auch in den Tabak-Trafiken.

Telefon

Internationale Vorwahlen:
Österreich 00 43
Deutschland 00 49
Schweiz 00 41

Bei Benutzung von Mobiltelefonen sollte man sich vor Reiseantritt über den günstigsten Netzanbieter vor Ort informieren.

Öffentliche Telefone funktionieren mit Münzen oder Telefonwertmarken, die in Postämtern und Trafiken erhältlich sind.

Einkaufen

Öffnungszeiten: In der Regel Mo–Fr 9–18.30, Sa 9–17 Uhr, an zwei Wochentagen darf ein Ladenbesitzer in Wien bis 21 Uhr öffnen. Außerhalb dieser Zeiten gibt es beispielsweise in Bahnhöfen und

Elegante Geschäfte findet man beispielsweise entlang des Grabens

an Tankstellen Läden mit täglichen Öffnungszeiten bis 23 Uhr.

Entlang der Kärntner Straße, Graben, Kohlmarkt, Tuchlauben und der Wollzeile reihen sich Wiens elegante Geschäfte. aneinander.
Preiswerteres findet man im Stadtinneren, vor allem in der Mariahilfer Straße.

Antiquariate

Aichinger, Bernhard & Comp., 1., Weihburggasse 16, Tel. 01/512 85 30

Heck, 1., Kärntner Ring 14, Tel. 01/505 51 52

Inlibris Gilhofer, 1., Rathausstr. 19, Tel. 01/40 96 19 00, www.inlibris.at

Löcker, 1., Annagasse 5, Tel. 01/512 73 44, www.loecker.at

Nebehay Christian, 1., Annagasse 18, Tel. 01/512 18 01, www.lebehay.at

Antiquitäten

Adil Besim, 1., Graben 30, Tel. 01/533 09 10, www.adil-besim.at. Antike und neue Teppiche aus dem Orient.

Bednarczyk, 1., Dorotheergasse 12, Tel. 01/512 44 45, www.bednarcyk.at. Gemälde, Porzellan, Kunsthandwerk, Möbel.

TOP TIPP **Dorotheum**, 1., Dorotheergasse 17, Tel. 01/51 56 00, www.dorotheum.com; Auktionen, Freiverkauf Mo–Fr 10–18, Sa 9–17 Uhr [Nr. 46]

Entzmann & Sohn, 1., Seilerstätte 21, Tel. 01/512 18 90. Grafiken und Stiche.

Galerie bei der Albertina, 1., Lobkowitzplatz 1, Tel. 01/513 14 16, www.galerie-albertina.at. Österreichische Kunst des 20. Jh.

Galerie St. Lucas, 1., Josefsplatz 5, Tel. 01/513 32 03. Gemälde 16.–19. Jh.

Kunstsalon Kovacek, 1., Stallburggasse 2, Tel. 01/512 86 36, www.kovacek-zetter.at. Gemälde 19. und erste Hälfte 20. Jh.

Mautner, 1., Herrengasse 2–4, Tel. 01/533 12 24, www.ikonen-mautner.com. Russische Ikonen.

Reinhold Hofstätter, 1., Bräunerstraße 12, Tel. 01/533 50 69, www.kunsthandel-hofstaetter.com. Skulpturen, Gemälde, Möbel, Kunstgewerbe.

Wiener Kunstauktionen, 1., Freyung 4, Tel. 01/532 42 00, www.imkinsky.com. Gemälde, Jugendstil, zeitgenössische Kunst.

Wissenschaftliches Kabinett Dr. Weber-Unger, 1., Spiegelgasse 23, Tel. 01/512 41 26, www.wisskab.com. Antike Globen, Mikroskope, Fernrohre, Astrolabien, medizinische Instrumente.

Feinkost

Julius Meinl am Graben, 1., Graben 19, Tel. 01/532 33 34, www.meinlamgraben.at. Feinschmeckerparadies auf drei Etagen, mit Restaurant, Café und Weinbar. [Nr. 4]

Kleidung

Intimissimi, 1., Rotenturmstraße 14, Tel. 01/512 46 59. Feine italienische Unterwäsche für jeden Geldbeutel.

Tlapa, 10., Favoritenstraße 73, Tel. 01/60 17 00, www.tlapa.com. Seit jeher: schicke Anzüge für den Mann von Welt.

TOP TIPP **Tostmann**, 1., Schottengasse 3a (Melkerhof), Tel. 01/533 53 31, www.tostmann.at. Traditionsgeschäft für Trachtenfreunde.

Kunst

Chobot, 1., Domgasse 6, Tel. 01/512 53 32, www.galerie-chobot.at. Penck, Gironcoli, Droese, Fleck.

Faber, 1., Brahmsplatz 7, Tel. 01/505 75 18, www.jmcfaber.at. Fotokunst.

Grita Insam, 1., An der Hülben 3, Tel. 01/512 53 30, www.galeriegritainsam.at. Video, Performance, Installationen.

Heike Curtze, 1., Seilerstätte 15, Tel. 01/512 93 75, www.heikecurtze.com. Attersee, Brus, Nitsch, Rainer.

Hilger, 1., Dorotheergasse 5, Tel. 01/51253150, www.hilger.at, Objektkünstler.

Julius Hummel, 1., Bäckerstr. 14, Tel. 01/5121296. Österreichische Junge Wilde ›gegen‹ Klassische Moderne.

Knoll, 1., Gumpendorfer Str. 18, Tel. 01/5875052, www.knollgalerie.at. Österreicher und Künstler aus dem Osten.

Krinzinger, 1., Seilerstätte 16, Tel. 01/5133006, www.galerie-krinzinger.at. Arrivierte Österreicher und Internationale.

Lobmeyer, 1., Kärntner Straße 26, Tel. 01/51205080, www.lobmeyr.at. Moderne Glaskunst.

Martin Janda, 1., Eschenbachgasse 11, Tel. 01/5857371, www.martinjanda.at. Raumbezogene Arbeiten.

Nächst St. Stephan, 1., Grünangergasse 1, Tel. 01/5121266 0, www.schwarzwaelder.at. Berühmt geworden als Forum der Wiener Nachkriegsavantgarde. Auch heute noch progressiv.

Ulysses, 1., Opernring 21, Tel. 01/5871226, www.kunstnet.at/ulysses. Arrivierte Internationale Künstler darunter Pichler, Lassnig, Rainer, Merz, Rabinowitch.

Märkte

Wochenmärkte, Gemüsemärkte und Bauernmärkte werden meist Mo–Fr 6.30–18 und Sa 6–14 Uhr abgehalten.

Naschmarkt, 4., erstreckt sich zwischen Linker und Rechter Wienzeile von der Höhe Getreidemarkt bis zur Kettenbrückengasse [Nr. 132]

Rochusmarkt, 3., Landstraßer Hauptstraße, Platz vor der Rochuskirche (Lebensmittel)

Flohmarkt

Naschmarkt, Tandelmarkt Einheimischer wie Ausländer am Südende des Naschmarktes, Sa 6–13 Uhr

Weihnachtsmärkte

Adventzauber und Christkindlmarkt, 1., Rathausplatz, www.christkindlmarkt.at. Mitte Nov.–24. Dez. tgl. 9–20 Uhr

Altwiener Christkindlmarkt, 1., Freyung, www.altwiener-markt.at, 1.–23. Dez., tgl. 10–21 Uhr

Krippenschau in der Peterskirche, 1., Petersplatz, Ende Nov.–Mitte Dez. tgl. 10–18.30 Uhr

Weihnachtsmarkt am Schloss Schönbrunn, 13., www.weihnachtsmarkt.co.at, Ende Nov.–Weihnachten, tgl. 10–20.30 Uhr

Weihnachtsmarkt am Spittelberg, 7., Spittelberggasse, www.spittelberg.at, Anfang Dez.–Weihnachten, Mo–Fr 14–21, Sa/So 10–21 Uhr

Kleinere Weihnachtsmärkte gibt es auch am *Michaelerplatz* und im *Heiligenkreuzerhof*, Advent-Wochenenden Sa 10–19, So 10–18 Uhr

Naschereien

Altmann & Kühne, 1., Graben 30, Tel. 01/5330927, www.altmann-kuehne.at. Echte Handarbeit – feine Zuckerl werden hier traumhaft schön verpackt angeboten.

Café Sacher, 1., Philharmonikerstraße 4, Tel. 01/5121487. Die Erbtante in den USA mit einer Kalorienbombe erfreuen? Kein Problem, denn Sacher verschickt die legendäre Torte in alle Welt.

Die Wiener Konditoreien, hier das Demel, sind für ihre süßen Köstlichkeiten berühmt

TOP TIPP **Konditorei Demel**, 1., Kohlmarkt 14, Tel. 01/53 51 71 70, www.demel.at. Mit dem berühmten Sacher im Kuchen-(Wett)streit: Wer hat die wirklich originale Sachertorte? Hingehen und probieren! [Nr.57]

Schokov, 7., Siebensterngasse 20, Tel. 0664/88 51 31 45, www.schokov.com. Rund 200 verschiedene Schokoladensorten aus 15 Ländern, dazu Schoko to go und Süßwein.

Schuhe

Lajos Bálint, 1., Singerstr. 30, Tel. 01/ 512 27 14, www.balint.at. Schuheleganz nach Maß in orthopädisch richtiger Form.

Ludwig Reiter, 4., Wiedner Hauptstraße 41, Tel. 01/505 82 58, www.ludwig-reiter.com. Auf Schritt und Tritt ein Vergnügen.

Materna, 1., Mahlerstraße 5, Tel. 01/ 512 41 65, www.materna-schuhe.at. Schöne Schuhkleider mit Tradition und nach Maß.

Essen und Trinken

Gulasch und Germknödel, Paprikahuhn und Powidldatschgerl, Tafelspitz und Topfennockerl, nicht zu vergessen Sachertorte und Salzburger Nockerln – alles klar? Die österreichische **Esskultur** ist Teil jener Lebensqualität, die zur Stadt gehört wie das Prater-Riesenrad, der Stephansdom und die unzähligen Kaffeehäuser.

Wie ist die typisch österreichische Küche? Ganz einfach: Man nehme einen großen Topf und werfe Exzellentes aus allen Himmelsrichtungen hinein – Palatschinken aus Ungarn, Cotoletto aus Italien (heute besser bekannt als Wiener Schnitzel), herzhafte Knödel aus Böhmen. Fertig ist die Küche der Köstlichkeiten. Und k. und k. lässt grüßen. Spätestens zum Dessert, wenn als *Nachspeis* der traumhafte Kaiserschmarrn serviert wird. Genießen Sie es!

Viele, wenngleich nicht alle Speiselokale erheben auf der Rechnung pro Person einen Zuschlag für das *Gedeck*.

Wiener Küche

Eckel, 19., Sieveringer Straße 46, Tel. 01/320 32 18, www.restauranteckel.at. Küche wie das Publikum: gehoben und solide (So/Mo geschl.).

Griechenbeisl, 1., Fleischmarkt 11, Tel. 01/533 19 41, www.griechenbeisl.at. Im legendären Wirtshaus sind Touristen bei Wiener Musik fast unter sich [Nr. 20].

Gustl Bauer, 1., Drahtgasse 2 (Am Hof), Tel. 01/533 58 89, www.gustl-bauer.at.tc. Köstliche regionale Küche in traditionellen Ambiente (So/Fei geschl.).

Marienhof, 8., Josefstädter Straße 9, Tel. 01/408 89 05, www.m-eventcatering.at. Insider-Treff für Schauspieler und Theaterbesucher.

Meixner's Gastwirtschaft, 10., Buchengasse 64, Tel. 01/604 27 10, www.meixners-gastwirtschaft.at. Vorzüglich sind die Spezialitäten der Wiener und österreichischen Regionalküchen sowie die Weinkarte.

Lehmberg, 6., Esterházygasse 9, Tel. 01/585 77 23, www.lehmberg.at. Feine Kost für den Gaumen und mit schönem Gastgarten samt Holzkohlegrill (So/Mo geschl.).

Pfudl, 1., Bäckerstraße 22, Tel. 01/512 67 05, www.gasthauspfudl.com. Traditionelles Beisl, seit einigen Jahren edel renoviert.

Plachutta, 1., Wollzeile 38, Tel. 01/512 15 77, www.plachutta.at. Der von der Wiener Wirtshausdynastie betriebene Innenstadt-Ableger. Tafelspitz in allen Varianten

TOP TIPP **Plachutta Hietzing**, 13., Auhofstraße 1, Tel. 01/877 70 870, www.plachutta.at. Gourmets genießen hier im Stammhaus die Vielfalt der altösterreichischen Rindfleischküche, angeführt vom Tafelspitz.

TOP TIPP **Schnattl**, 8., Lange Gasse 40, Tel. 01/405 34 00, www.schnattl.com. Schlichtes Ambiente, aber Küche, Weinkarte und Service haben den Schnattl längst zum Gourmet-Treff gemacht (Sa/So/Fei geschl.).

Weibels Wirtshaus, 1., Kumpfgasse 2, Tel. 01/512 39 86, www.weibel.at. Gute Küche und eine sehr große Auswahl offener Weine.

Zu den 3 Buchteln, 5., Wehrgasse 9, Tel. 01/587 83 65. Die beste böhmische Küche Wiens wird in diesem kleinen, urgemütlichen ›Wohnzimmer‹ serviert (So geschl.).

Zu den 3 Hacken, 1., Singerstraße 28, Tel. 01/512 58 95, www.vinum-wien.at. Sehr beliebtes und uraltes Gasthaus, in dem schon der Musiker

Erlesen speist man im Nebenzimmer des ›Schwarzen Kameel‹, vorne gibt es Stehimbisse

Schubert und der Maler Schwind verkehrten (So geschl.).

Zu ebener Erde und erster Stock, 7., Burggasse 13, Tel. 01/523 62 54, www.zu-ebener-erde-und-erster-stock.at. Von außen Biedermeier, innen entzückend und winzig, trotz der zwei Stockwerke. Wer sich über den Namen wundert: Das Altwiener Lokal ist nach einer Posse Nestroys benannt (Sa/So geschl.).

Zum Herkner, 17., Dornbacher Straße 123, Tel. 01/485 43 86. Das bescheidene Vorstadtgasthaus ist bei der feinen Wiener Gesellschaft ›in‹ (Sa/So geschl.).

Zum Renner, 19., Nussdorfer Platz 4, Tel. 01/37 85 85 80, www.zum-renner.at. Ein Dorado für Fleischliebhaber: Hier gibt es die wohl größten, dicksten und köstlichsten Wiener Schnitzel, am besten im verträumten Biergarten zu essen (So geschl.).

Zum Scherer, 1., Judenplatz 7, Tel. 01/533 51 64, www.zumscherer.at. Hausmannskost in einem gemütlichen Steh- und Sitzbeisl an einem der ältesten Plätze Wiens (So geschl.).

Gourmet-Tempel

Do & Co, 1., Stephansplatz 12 (Haas-Haus), Tel. 01/535 39 69, www.doco.com. Feine internationale Fisch- und Fleischgerichte. Gratis ist der Blick auf den Stephansdom.

Restaurant Imperial (im Hotel Imperial), 1., Kärntner Ring 16, Tel. 01/50 11 03 56, www.luxurycollection.com/imperial. Perfektion und gediegene Vornehmheit des Abendrestaurants entsprechen dem Stil des besten Hotels in Wien (Mitte Juli–Mitte Aug. geschl.).

Korso (im Hotel Bristol), 1., Mahlerstraße 2, Tel. 01/51 51 65 46, www.restaurantkorso.at. Erlesene kreative Küche von Gerald Angelmahr (Sa mittags geschl.).

TOP TIPP **Steirereck**, 3., Am Heumarkt 2A/im Stadtpark, Tel. 01/713 31 68, www.steirereck.at. Die Qualität der Küche und ihre Liebe zu saisonalen heimischen Produkten brachte dem Restaurant einen Stern (Sa/So/Fei geschl.).

Walter Bauer, 1., Sonnenfelsgasse 17, Tel. 01/512 98 71. Die Wiener Gourmets lieben die Küche, den persönlichen Service und die Atmosphäre in diesem alten Gewölbe (Sa/So, Mo mittags geschl.)

TOP TIPP **Zum Schwarzen Kameel**, 1., Bognergasse 5, Tel. 01/533 81 25, www.kameel.at. Das eigentliche Delikatessengeschäft ist seit 1618 prominenter ›In‹-Treff von Wien. Wer nicht stehen will, isst nobel im Jugendstil-Nebenzimmer (So geschl.).

Vegetarische Küche

Wrenkh Wiener Kochsalon, 1., Bauernmarkt 10, Tel. 01/533 15 26, www.wiener-

Bei Wein und Musik laden Heurigenlokale zu geselliger Runde

Im Trauben-Taumel

Heuriger ist Wein der letzten Ernte: an Martini (11. November) des nächsten Jahres gilt er dann als ›alter Wein‹. Wo der Föhrenbusch ›ausg'steckt‹ ist, wird selbst gekelterter Heuriger ausgeschenkt. Eine Tafel im Zentrum des jeweiligen Weinorts zeigt, welche **Buschenschenken** gerade geöffnet sind. Der Wein wird in Henkelgläsern serviert, das Essen holt sich der Gast am Buffet. Die meisten Schenken haben Höfe oder Gärten. Empfehlenswert die Konsultation der kostenlosen Broschüre ›Heurige‹ des Wiener Tourismusverbands.

Touristische Weinorte sind Grinzing, Heiligenstadt-Nussdorf, Neustift-Salmannsdorf und Sievering. Natureller geht's zu in Stammersdorf, Strebersdorf, Jedlersdorf, Oberlaa oder Mauer.

kochsalon.at. Besonders die Salate sind zu empfehlen und auch Fleischhaltiges steht auf der Karte (So geschl.).

Heurige

Hier einige beliebte Weinstätten. Da Heurige nur einige Monate im Jahr geöffnet sind und meist erst ab 15 oder 16 Uhr öffnen, empfiehlt es sich, vor einem Besuch telefonisch die Öffnungszeiten zu erfragen.

Grinzing

Franz Rauscher, 19., Langackergasse 5a, Tel. 01/320 54 65. Öffnungszeiten nach tel. Auskunft. Klein und ursprünglich.

Hengl-Haselbrunner, 19., Iglaseegasse 10, Tel. 01/320 33 30, www.hengl-hasel brunner.at. Weinseligkeit mit Weinbergführungen.

TOP TIPP **Heuriger Reinprecht**, 19., Cobenzlgasse 22, Tel. 01/32 01 47 10, www.heuriger-reinprecht.at. Heurigenmusik, süffige Weine, typische Atmosphäre und als Dreingabe gibt es Österreichs größte Korkenziehersammlung zu bewundern.

Heiligenstadt-Nussdorf

Hirt, 19., Eisernenhandgasse, Tel. 01/318 96 41, www.zurschildkrot.com. (Mo/Di geschl.). Der Buschenschank am Osthang des Kahlenberges.

Kierlinger, 19., Kahlenberger Straße 20, Tel. 01/370 22 64, www.kierlinger.at. Öffnungszeiten nach telefonischer Auskunft, oder im Ausg´steckt-Kalender im Internet.

Mayer am Pfarrplatz, 19., Pfarrplatz 2 (im Beethovenhaus), Tel. 01/370 33 61, www.pfarrplatz.at. Anziehungspunkt für große Gruppen. Heurigenmusik und üppige Speisekarte.

TOP TIPP **Sirbu**, 19., Kahlenberger Straße 210, Tel. 01/320 59 28, www.sirbu.at. Aussicht über Weinberge, die Donau und das östliche Wien (So/Fei geschl.).

Welser, 19., Probusgasse 12, Tel. 01/318 97 97, www.werner-welser.at. Wohlige Gemütlichkeit.

Jedlersdorf

Bernreiter Peter, 21., Amtsstraße 24–26, Tel. 01/292 36 80, www.bernreiter.at. Nur in geraden Monaten – Febr., April etc.

TOP TIPP **Heuriger Christ**, 21., Amtsstraße 10–14, Tel. 01/292 51 52, www.weingut-christ.at. Ambitionierter Weinbauer mit exquisiten Rebensäften in modern-traditionsbewusstem Ambiente.

Lentner Karl, 21., Jedlersdorfer Platz 10, Tel. 01/292 42 51, www.karl-lentner.at. Nur in ungeraden Monaten – Jan., März etc.

Mauer

Stadlmann, 23., Maurer Lange Gasse 30, Tel. 01/889 28 48. Hier wird an 100 Tagen im Jahr ausgeschenkt.

Neustift

Buschenschank Eischer`s Kronenstüberl, Neustift am Walde 87, Tel. 01/440 29 38, www.eischer.at.

Wolff, 19., Neustift am Walde, Rathstraße 50, Tel. 01/440 23 35, www.wienerheuriger.at. Weingenuss ohne Trubel.

Neustift-Salmannsdorf-Ottakring

Friseurmüller, 19., Hameaustraße 30, Tel. 01/440 14 14, www.friseurmueller.at

Huber, 19., Roterdstr. 5, Tel. 01/485 81 80, http://sissi-huber.at (So/Mo geschl.)

Rath, 19., Hameaustraße 11, Tel. 01/440 29 44, www.buschenschank-rath.at

Zeiler am Hauerweg, 19., Rathstraße 31, Tel. 01/440 13 18, www.zeileramhauerweg.at (So geschl.)

Oberlaa

Bruckner, 10., Liesingbachstraße 49, Tel. 0676 336 84 26, www.brucknerschurli.at

Frauneder, 10., Oberlaaer Straße 73, Tel. 01/688 16 80, www.frauneder-oberlaa.at. Saisonbetrieb.

Sievering

Haslinger, 19., Agnesgasse 3, Tel. 01/440 13 47, www.buschenschank-haslinger.at (Mo geschl.).

Koller, 19., Sieveringer Straße 269 a, Tel. 01/440 22 24, www.heuriger-koller.at

Stammersdorf

Klager Franz, 21., Stammersdorfer Straße 14, Tel. 01/292 41 07, www.weingutklager.at

TOP TIPP **Olszewski**, 21., Stammersdorfer Straße 23, Tel. 01/292 55 77. Mediterranes Flair. Im Innenhof dieser Buschenschänke sitzt man unterm Steinmarterl und genießt (Mo/Di geschl.).

Stehimbiss

Trzesniewski, 1., Dorotheergasse 1, Tel. 01/512 32 91, www.trzesniewski.at. Die besten Brötchen (Brot mit Aufstrich) von Wien zu einem Achtel Wein oder ›Pfiff‹ Bier (So geschl.).

Brauereien, Bierlokale

Brandauer's Schlossbräu, 13., Am Platz 5, Tel. 01/879 59 70, www.bierig.at. Selbstgebrautes Bier, Wiener Küche und ein Biergarten am Schlosspark Schönbrunn. Täglich geöffnet von 10 morgens bis 1 Uhr früh.

Bierhof, 1., Naglergasse 13, Tel. 01/533 44 28, www.bierhof.at. Empfehlenswert ist der ruhige Schanigarten vor dem Eingang im Haarhof. Innen auf drei Etagen 16 Biersorten, davon sieben vom Fass.

Fischer-Bräu, 19., Billrothstraße 17, Tel. 01/369 59 49, www.fischerbraeu.at. Ab 16 Uhr trinkt man drinnen oder an den Stehtischen im schattigen Kastaniengarten das eigene Bier der ›1. Wiener Gasthofbrauerei‹. Sonntags um 11 Uhr Jazz-Frühschoppen.

Gösser Bierklinik, 1., Steindlgasse 4, Tel. 01/533 75 98 12, www.goesser-bierklinik.at. Der Name sollte niemand abhalten, in dem seit 1566 bestehenden Lokal einzukehren (So geschl.).

Krah Krah, 1., Rabensteig 8, Tel. 01/533 81 93, www.krah-krah.at. Hier beginnt das Bermuda-Dreieck der Nachtschwär-

Im Sommer ist ein kühles Bier etwa im Garten des Schweizerhauses einfach ›leiwand‹

mer. Es mischen sich Bier-Fans mit Studenten, Promis und schrägen Vögel.

Schweizerhaus, 2., Prater 116, Tel. 01/(0043-1), www.schweizerhaus.at. Wohl das prominenteste, sicher aber eines der beliebtesten Prater-Lokale.

Wieden Bräu, 4., Waaggasse 5, Tel. 01/586 03 00, www.wieden-braeu.at. Hier wird das Bier im Gasthaus selbst gebraut. Frischer geht's nicht.

Weinkeller

Esterházykeller, 1., Haarhof 1, Tel. 01/533 34 82, www.esterhazykeller.at. Uriges Labyrinth, Heurigen-Atmosphäre, Küche: Lecker-Deftiges in Selbstbedienung.

Melker Stiftskeller, 1., Schottengasse 3, Tel. 01/533 55 30, www.melkerstiftskeller.at. Bürgerliches Kellerlokal mit warmer Küche (ab 17 Uhr; So geschl.).

Zwölf-Apostelkeller, 1., Sonnenfelsgasse 3, Tel. 01/512 67 77, www.zwoelf-apostelkeller.at. Eine Sehenswürdigkeit im Hildebrandthaus: historische Spurensuche, weinbeschwingt. Wiener Küche, kaltes und warmes Büfett, ab 19 Uhr Heurigenmusik [s. S. 38].

Kaffeehäuser und Konditoreien

(s. a. Einkaufen – Naschereien, S. 165)

Alt Wien, 1., Bäckerstraße 9, Tel. 512 52 22. Kleine Speisen, hausgemachte Torten.

Alte Backstube, 8., Lange Gasse 34, Tel. 01/406 11 01, www.backstube.at [Nr. 143]

Bräunerhof, 1., Stallburggasse 2, Tel. 01/512 38 93. Früher Stammcafé Polgars, der Jeritza und Thomas Bernhards. Große Zeitungsauswahl, Sa und So klassische Wiener Musik live 15–18 Uhr.

Café Central, 1., Herrengasse 14, Tel. 01/533 37 64 24, www.palaisevents.at. Klaviermusik tgl. 17–22 Uhr [Nr. 4].

Café Hawelka, 1., Dorotheergasse 6, Tel. 01/512 82 30, www.hawelka.at. Die ›magische Botanisiertrommel‹ der Kunstszene der 60er- und 70er-Jahre des 20. Jh. von Artmann bis Hrdlicka. Heute: junge Leute, warme Buchteln, unnachahmlich quirlig-gelassene Atmosphäre (Di geschl.).

Eiles, 8., Josefstädter Straße 2, Tel. 01/405 34 10. Klassisches, großes, gemütliches Kaffeehaus.

Frauenhuber, 1., Himmelpfortgasse 6, Tel. 01/512 83 83, www.cafefrauenhuber.at. Ältestes Kaffeehaus Wiens, in dem schon Mozart zu Gast war. Spezialität: Haustorte mit Äpfeln und Nüssen.

Gerstner, 1., Kärntner Straße 13-15, Tel. 01/512 49 63, www.gerstner.at. Traditionsreiche ehem. Hofzuckerbäckerei, Spezialität: Othello-Tote.

Griensteidl, 1., Michaelerplatz 2, Tel. 01/535 26 92 0, www.cafegriensteidl.at. Ein Mythos, der zumindest als Name wieder auferstanden ist. Einst Wiege der Jahrhundertwende-Literatur: Bahr, Schnitzler, Hofmannsthal u.a. verkehrten hier. Internationale Zeitungen und Gesamtausgabe von Meyers Konversationslexikon dienen der Information und der Klärung von Streitfragen.

›Einspänner‹ als Kaffeedarreichungsform

Braun, verlängert oder lieber gleich einen Fiaker?

Einfach ›Kaffee‹ zu bestellen, wär' zu simpel. Lieber einen kleinen oder großen *Braunen* (Schwarzer, mit wenig Milch erhellt), eine *Melange* (mit Milch gestreckt), einen *Verlängerten* (mit Wasser gestreckt), einen *Einspänner* (mit Schlagobershaube im Glas serviert) oder *Fiaker* (mit einem Schuss Rum) wählen – um nur die schlichtesten der vielen **Kaffeespezialitäten** zu nennen. Wenn der ›Schani‹ (Hilfskellner) sommers Tische und Stühle ins Freie trägt, spricht man vom ›Schanigarten‹.

Immer gut besucht ist das Café ›Sacher‹ in der Wiener Innenstadt

Haas & Haas Teehaus, 1., Stephansplatz 4, Tel. 01/512 26 66, www.haas-haas.at. Innenhofromantik mit Fin-de-siècle-Meublement im Deutschordenshaus.

Konditorei Demel, 1., Kohlmarkt 14, Tel. 01/535 17 170, www.demel.at. Einstige K. u. k. Hofzuckerbäckerei [Nr. 57].

Kurkonditorei Oberlaa, 1., Neuer Markt 16, Tel. 01/513 29 36 0, www.oberlaa-wien.at. Tortentempel: Riesenauswahl in elegant-neuem Etablissement.

TOP TIPP **Landtmann**, 1., Dr.-Karl-Lueger-Ring 4, Tel. 01/24 10 01 00, www.landtmann.at. Großräumiges, elegantes beliebtes Ringstraßen-Café-Restaurant. Theaterpublikum, Schauspieler, Presse, Politiker.

Sacher, 1., Philharmonikerstraße 4, Tel. 01/514 56 66 1, www.sacher.com. Weltberühmte Torte [Nr. 92].

Schwarzenberg, 1., Kärntner Ring 17, Tel. 01/512 89 98, www.cafe-schwarzenberg.at. Ringstraßenkaffeehaus mit Tradition und Schanigarten.

TOP TIPP **Sperl**, 6., Gumpendorfer Straße 11, Tel. 01/586 41 58, www.cafesperl.at. Ausgezeichnet renoviertes Eck-Kaffeehaus mit charakteristischer Einrichtung, einst Stammcafé von Lehár und Kálmán. Billard. Schanigarten (Juli/Aug. So geschl.).

Sluka, 1., Rathausplatz 8, Tel. 01/405 71 72, www.sluka.at. Wohl beste Esterházytorte Wiens. Schanigarten (So geschl.).

Tirolerhof, 1., Führichgasse 8, Tel. 01/512 78 33. Traditionelles, gemütliches, preiswertes Kaffeehaus.

Weimar, 9., Währinger Straße 68, Tel. 01/317 12 06, www.cafeweimar.at. Kaffeehaus seit 1900. Hauseigene Mehlspeisen. Literaturabende.

Feiertage

Neujahr (1. Januar), Heilig-Drei-König (6. Januar), Ostermontag, Tag der Arbeit (1. Mai), Christi Himmelfahrt, Pfingstmontag, Fronleichnam, Mariä Himmelfahrt (15. August), Nationalfeiertag (26. Oktober), Allerheiligen (1. November), Mariä Empfängnis (8. Dezember), Christ- und Stephanitag (25. und 26. Dezember).

Festivals und Events

Januar/Februar

Neujahrskonzert (1.1.) der Philharmoniker (Karten werden ein Jahr im Voraus im Internet verlost, www.wienerphilharmoniker.at)

Hochsaison der *Bälle*: Kaffeesiederball, Blumenball, Opernball, Philharmonikerball, Bonbonball, Rudolfina-Redoute u.a. (*Ballkalender* ab Nov. über *WienTourismus*, www.wien.info, s. S. 161)

März

Hernalser *Kalvarienbergmarkt* (Aschermittwoch–Ostermontag) am Kalvarienberg. An den Ständen gibt es österliche Holzschnitzereien (www.kalvarienberg.at)

April

Vienna City Marathon (www.vienna-marathon.com)

Mai/Juni

Fronleichnamsprozession zum Stephansdom

Concordia Ball im Rathaus (www.concordiaball.at)

Wiener Festwochen: Eigen- und Koproduktionen des Schauspiels und der Oper, Gastspiele ausländischer Bühnen, symphonische und Kammerkonzerte einheimischer und internationaler Orchester und Solisten. Ausstellungen, Filmretrospektiven, Bezirksfeste (*Büro:* Lehárgasse 11, Wien, Tel. 01/589 22 22, www.festwochen.at).

Musikfilmfestival auf dem Wiener Rathausplatz (www.poolinale.de)

Donauinselfest (Ende Juni, www.donauinselfest.at). Ein Wochenende Konzerte und Party auf der Donauinsel. Höhepunkt des Wiener Sommers und größtes Freiluftfestival Europas.

Juli/August

Jazzfest (Anfang Juli, www.viennajazz.org)

Prater-Rummel am Prater (Mitte Aug., www.prater.at)

September

Oktober/November

Viennale, Filmfestival (Viennale, Siebensterngasse 2, Wien, Tel. 01/526 59 47, www.viennale.at)

Wien Modern, Festival zeitgenössischer Musik (Wiener Konzerthaus, Lothringerstraße 20, Wien, Tel. 01/24 20 02, www.wienmodern.at)

Dezember

Adventskonzerte im Rathaus (www.wien.gv.at)

Christmas in Vienna, Gala (www.christmasinvienna.com)

Kaiserball in der Hofburg (www.hofburg.com) und andere Silvesterbälle

Kultur live

Kartenvorverkauf

Kassen der Bundestheater (Wiener Staatsoper, Volksoper, Burgtheater, Akademietheater), 1., Goethegasse 1, Tel. 01/514 44-29 59 oder -2960, www.bundestheater.at. Restkarten ab 1 Std. vor Veranstaltungsbeginn zu stark reduzierten Preisen an den Kassen der jeweiligen Häuser.

Karten für Konzerte, Musicals und Theateraufführungen vermitteln auch:

Vienna Ticket Office, Kärntner Straße 51, Wien, Tel. 01/513 11 11, www.viennaticketoffice.com

Wien-Ticket, Herbert von Karajan Platz, Pavillon an der Staatsoper, Wien, Tel. 01/588 85, www.wien-ticket.at

Klassische Konzerte, Musiktheater, Ballett und Musical

Raimund Theater, 6., Wallgasse 18–20, Tel. 01/59 97 70, www.musicalvienna.at

Ronacher, 1., Seilerstätte 9, Tel. 01/51 41 10, www.musicalvienna.at [Nr. 36]

Theater an der Wien, 4., Linke Wienzeile 6, Tel. 01/58 83 02 00, www.theater-wien.at [Nr. 134]

Volksoper, 9., Währinger Straße 78, Tel. 01/514 44 36 70, www.volksoper.at

Wiener Kammeroper, 1., Fleischmarkt 24, Info-Tel. 01/512 01 00, Karten-Tel. 01/512 01 00 77, www.wienerkammeroper.at

Wiener Philharmoniker, 1., Musikverein, Bösendorferstr. 12, Tel. 01/505 81 90, www.wienerphilharmoniker.at. Karten- & Ballbüro, 1., Kärntnerring 12, Tel. 01/505 65 25, Sept.–Juni Mo–Fr 9–15.30 Uhr, Juli/Aug. 10–13 Uhr [Nr. 98]

Wiener Staatsoper, 1., Opernring 2, Info-Tel. 01/514 44 22 50, Karten-Tel. 01/513 15 13, www.wiener-staatsoper.at [Nr. 93]

Sprechtheater

Akademietheater, 3., Lisztstraße 1, telefonischer Kartenverkauf mit Kreditkarte Tel. 01/513 15 13, www.burgtheater.at

Ateliertheater Wien, 7., Burggasse 71, Tel. 01/524 22 45, www.come.to/ateliertheater

Brut, im Künstlerhaus, 1., Karlsplatz 5, sowie im Konzerthaus, 3., Lothringerstraße 20, Tel. 01/587 05 04, www.brut-wien.at

Burgtheater, 1., Dr.-Karl-Lueger-Ring 2, Tel.01/514 44 41 45, telefonischer Kartenverkauf mit Kreditkarte Tel. 01/513 15 13 www.burgtheater.at

Drachengasse 2 Theater, 1., Fleischmarkt 22, ab 15.30 Uhr, Tel. 01/513 14 44, www.drachengasse.at

Immer dasselbe Theater? Der Besuch einer Marionettenbühne bringt Abwechslung

Garage X Theater Petersplatz, 1., Petersplatz 1, Tel. 01/535 32 00 11, www.garage-x.at

Experiment am Liechtenwerd, 9., Liechtensteinstraße 132, Tel. 06 64 908 23 63, www.theater-experiment.com.

International Theatre, 9., Porzellangasse 8/Müllnergasse 6a, Tel. 01/319 62 72, www.internationaltheatre.at

Jugendstiltheater, 14., Baumgartner Höhe 1, Tel. 06 99/12 37 88 70, www.jugendstiltheater.co.at

Kammerspiele (Boulevardbühne des Theaters in der Josefstadt), 1., Rotenturmstraße 20, Tel. 01/42 70 03 00, www.josefstadt.org

Komödie am Kai, 1., Franz-Josefs-Kai 29, Tel. 01/533 24 34, www.komoedieamkai.at

Odeon, 2., Taborstr. 10, Tel. 01/216 51 27, www.odeon-theater.at

Schauspielhaus, 9., Porzellangasse 19, Tel. 01/317 01 01 18, www.schauspielhaus.at

Theater an der Gumpendorfer Straße, 6., Gumpendorfer Straße 67, Tel. 01/586 52 22, www.dastag.at

Theater Brett, 6., Münzwardeingasse 2, Tel. 01/587 06 63, www.theaterbrett.at

Theater in der Josefstadt, 8., Josefstädter Straße 26, Tel. 01/42 70 03 00, www.josefstadt.org

Die neue Tribüne, 1., Dr.-Karl-Lueger-Ring 4, Tel. 06 64/234 42 56 (mobil), www.tribuenewien.at

Theater-Center-Forum, 9., Porzellangasse 50, Tel. 01/310 46 46, www.theatercenterforum.com

Vienna's English Theatre, 8., Josefsgasse 12, Tel. 01/40 21 26 00, www.englishtheatre.at

Volkstheater, 7., Neustiftgasse 1, Tel. 01/52 11 10, www.volkstheater.at [Nr. 86]

WUK, Werkstätten- und Kulturhaus, 9., Währinger Str. 59, Tel. 01/40 12 10, www.wuk.at

Kabaretts

Akzent, 4., Theresianumgasse 18, Tel. 01/501 65 33 06, www.akzent.at

Kabarett Niedermair, 8., Lenaugasse 1a, Tel. 01/408 44 92, www.niedermair.at

Kulisse, 17., Rosensteingasse 39, Tel. 01/485 38 70, www.kulisse.at

Schmähstadl, 5., Hamburgerstraße 14, Tel. 01/941 00 54 www.schmaehstadl.at

Theater Kabarett Simpl, 1., Wollzeile 36, Tel. 01/512 47 42, www.simpl.at

Kinder- und Jugendtheater

Märchenbühne ›Der Apfelbaum‹, 7., Kirchengasse 41, Tel. 01/523 17 29 20, www.maerchenbuehne.at

Puppentheater Lilarum, 3., Göllnergasse 8, Tel. 01/710 26 66, www.lilarum.at

Schönbrunner Schloss-Marionettentheater, 13., Schloss Schönbrunn, Hofratstrakt, Tel. 01/817 32 47, www.marionettentheater.at

Theater der Jugend, zwei Spielorte: *Renaissancetheater*, 7., Neubaugasse 36; *Theater im Zentrum*, 1., Liliengasse 3, Info-Tel. 01/52110, www.tdj.at

Konzerte

Konzertsäle

Bösendorfer-Saal im Mozarthaus Vienna, 4., Graf Starhemberg-Gasse 14, Tel. 01/504 66 51 44, www.boesendorfer.com

Konzerthaus, 3., Lothringerstraße 20, Karten-Tel. 01/24 20 02, www.konzerthaus.at

Musikverein, 1., Bösendorferstr. 12, Tageskasse Tel. 01/505 81 90, www.musikverein.at [Nr. 98]

Palais Palffy, 1., Josefsplatz 6, Tel. 01/512 56 81 15, www.palais-palffy.at

Kirchenkonzerte (oft freier Eintritt)

Michaelerkirche, 1., Michaelerplatz/ Refektorium, Habsburgergasse 12, Tel. 01/533 80 00, www.michaelerkirche.at [Nr. 55]

Servitenkirche, 9., Servitengasse 9, Tel. 01/317 61 950, www.rossau.at [Nr. 152]

Stephansdom, 1., Stephansplatz, Tel. 01/515 52 530, www.stephanskirche.at [Nr. 1]

Votivkirche, 9., Rooseveltplatz 8, Tel. 01/406 11 920

Wiener Sängerknaben

In der **Hofburgkapelle** (1., Hofburg, Schweizerhof). Messe So 9.15 Uhr (außer Juli bis Mitte September).

Karten wegen starker Nachfrage mindestens 8 Wochen vorher schriftlich:

Hofmusikkapelle, Hofburg-Schweizerhof, 1010 Wien,
Fax 01/533 99 27 75
whmk@chello.at

Tageskasse (Schlange!) im Schweizerhof der Hofburg, jeweils am Fr vor der Messe 11–13 und 15–17 Uhr, sowie So ab 8.15 Uhr, Tel. 01/533 99 27

Jazz und Rock

Jazzland, 1., Franz-Josefs-Kai 29, Tel. 01/533 25 75, www.jazzland.at (So geschl.)

Miles Smiles, 8., Lange Gasse 51, Tel. 01/405 95 17, www.miles-smiles.at

Planet.tt, 11., Guglgasse 8 (im Gasometer), Tel. 01/33 24 64 10, www.planet.tt.

Porgy & Bess, 1., Riemergasse 11, Tel. 01/512 88 11, www.porgy.or.at

Szene Wien, 11., Haufgasse 26, Tel. 01/749 17 75, www.szenewien.com

Museen, Sammlungen, Schlösser und Gedenkstätten

Die wichtigsten Museen und Sammlungen sind im Hauptteil mit Kontaktdaten und Öffnungszeiten genannt.

Einige der großen Museen bieten an einem Tag pro Monat, manchmal auch in der Woche, freien Eintritt, das MAK etwa Sa und jeden 1. Di im Monat. Eine aktuelle Zusammenstellung bietet die Stadtinformation [s. S. 162].

Nachtleben

Bars und Klubs

Barfly's Club, 6., Esterházygasse 33, Tel. 01/586 08 25, http://barflys.at. Cocktail-Bar mit rund 360 Drinks zur Auswahl!

Bristol-Bar (Hotel Bristol), 1., Kärntner Ring 1, Tel. 01/515 16 535. Pseudo-Gründerzeitstil. Viele Geschäftsleute.

TOP TIPP **B 72**, 8., Hernalser Gürtel, U-Bahnbögen 72/73, Tel. 01/409 21 28, www.b72.at. Beliebter Szene-Treff, vor allem von jungen Leuten.

Donau-Bar, 7., Karl-Schweighofer-Gasse 10, Tel. 01/523 81 05. Auf der Nightlife-Welle mitschwimmen? Im ›Donau‹ bis in den Morgen hinein kein Problem. Musik und Diaprojektionen.

Eden-Bar, 1., Liliengasse 2, Tel. 01/512 74 50, www.edenbar.at. Edel und mit ›Gesichtskontrolle‹.

Loos American Bar, Kärntner Straße 10, Tel. 01/512 32 83, www.loosbar.at. Symbiose aus Gastronomie und Architektur.

Moulin Rouge, 1., Walfischgasse 11, Tel. 01/512 21 30, www.moulinrouge.at. Hier wird die Nacht zum Tag gemacht – Show ab 23 Uhr.

New York, New York, 1., Annagasse 8, Tel. 01/513 86 51, www.newyork-bar.at. Klein, aber oho! Am besten kommt man hierher zur *Happy Hour* und genießt die ruhigere Atmosphäre.

Nightfly's American Bar, 1., Dorotheergasse 14, Tel. 01/512 99 79, www.night

flys.at. Kellerbar – für gemütliche Abende genau richtig.

Onyx Bar, 1., Stephansplatz 12, 6. Stock, Tel. 01/535 39 69, www.doco.at. Allein schon der Blick auf den nächtlichen Stephansplatz ist bomastisch.

TOP TIPP **Reiss**, 1., Marco-d'Aviano-Gasse 1, Tel. 01/512 71 98, www.reissbar.at. Champagner-Treff mit lauschigem Schanigarten.

rhiz, 8., Lerchenfelder Gürtel, U-Bahnbögen 37/38, Tel. 01/409 25 05, http://rhiz.org. Täglich wechselndes Musikprogramm.

Roter Engel, 1., Rabensteig 5, Tel. 01/535 41 05, www.roterengel.at. Bar-Klassiker, von den Architekten Coop Himmelblau designt.

Sky Bar, 1., Kärntnerstraße 19, Zugang über Kaufhaus Steffl oder Panoramalift, Tel. 01/513 17 12, www.skybar.at. Gediegenes Ambiente, grandioser Blick über die Stadt und auf den Stephansdom.

Diskotheken

Empire Club, 1., Rotgasse 9, Tel. 06 64/392 99 89, www.empire-club.at. Vor allem bei den Teenies ist diese Großraum-Diskothek schwer angesagt. Hier läuft House, Techno und Soul.

Opera Club, 1., Mahlerstraße 11, Tel. 01/513 20 75, www.operaclub.at. Black, Hip Hop, Electronic.

Passage, 1., Babenberger Passage, Burgring/Ecke Babenbergerstrasse, Tel. 01/ 961 88 00, www.sunshine.at. Durchgestylter Tanztempel mit internationalen Live-Acts.

Take Five, 1., Annagasse 3a, Tel. 01/ 512 92 77, www.club-take5.at. Schicker Promi-Treff in der Innenstadt.

Roxy Club, 4., Operngasse 24/Ecke Faulmanngasse 4, Tel. 01/961 88 00, www.sunshine.at. Musikalische Überraschungen zwischen House und Hip Hop, leicht notalgisch.

TOP TIPP **U4**, 12., Schönbrunner Straße 222, Tel. 01/817 119 20, www.u-4.at. Der ›Schwarze Schlund‹, wie das U4 auch genannt wird, ist der Klassiker unter Wiens Diskotheken.

Kasino

Casino Wien, Palais Esterházy, 1., Kärntner Straße 41, Tel. 01/512 48 36, www.casinos.at. Tgl. ab 15 Uhr [s. S. 45]

Mega-Event Donauinselfest

Feste feiern auf der Donauinsel

TOP TIPP Bars und Diskotheken findet man auch auf der **Donauinsel**, dem 21 km langen Ufer der ›Neuen Donau‹ (U1 Donauinsel). Hier heißt es im Sommer nicht nur Schwimmen, Surfen und Sonnen – auch Freunde des **Nachtlebens** kommen auf ihre Kosten. An der **Copa Cagrana** (hier stand der benachbarte Stadtteil Kagran Pate!) zwischen Reichsbrücke und Nordbrücke kann man in Bars, Saison-Kneipen und Freiluft-Discos Wien von seiner südlichen Seite her kennenlernen. Absoluter Höhepunkt des sommerlichen Treibens ist das **Donauinselfest** (www.donauinselfest.at). Zum größten – und sogar kostenlosen – Freiluftfestival Europas kommen am letzten Juni-Wochenende bis zu 3 Mio. Besucher. Auf den Musikbühnen spielen Stars wie die Söhne Mannheims ebenso wie Newcomer.

Am Donaukanal mitten in der Altstadt liegt das **Badeschiff** (1., zwischen Schwedenbrücke und Urania, www.badeschiff.at, U1/U4 Schwedenplatz), ein umgebautes Donaulastschiff, vor Anker. Es lockt mit Pool und Sonnendeck. In der **Strandbar Herrmann** (1., nahe Urania, www.strandbarherrmann.at, U1/U4 Schwedenplatz, U3 Stubentor) kann man herrlich entspannen. Besonders vielfältig ist das Programm der **Summerstage** (9., nahe Roßauer Lände, www.summerstage.co.at, U4 Roßauer Lände).

Konzentrierte Momente, wenn der Barkeeper reinen Wein einschenkt

Wo Engel und Bengel abtauchen

Wenn Schiffe einfach abtauchen oder sich Flugzeuge auf Nimmerwiedersehen verfliegen, dann ist man gedanklich sogleich im Bermuda-Dreieck gelandet, jenem sagenumwobenen Fleckchen Meer im Atlantischen Ozean, das fliegende und fahrende Objekte – Simsalabim – verschwinden lässt. Weniger mysteriös, aber nicht minder wirkungsvoll (zeigt sich meist erst am Tag danach!) kann man im Barleben des **Wiener Bermuda-Dreiecks** untergehen. Im alten Judenviertel, rund um die Seitenstettengasse, findet man sie, die tolle **Kneipenkultur**, für Schmähtandler und Spaßhungrige, Anbandler und Ausgeflippte, Fesche, Faule und Feurige, Coole und Kahle, Smarte und Schwule. Für alle Geschmäcker gibt es im 1. Bezirk ›In-Places‹ im Überfluss.

Das war indes nicht immer so: Als Möglichkeit, auch international auf sich aufmerksam zu machen, aber auch aus Mitleid und Solidarität mit der einst bitterdüsteren Barszene, ließen **Wiener Architekten** und **Designer** ihre Kreativität im Dienste von Hochlaune mit Hochprozentigem sprudeln. Hermann Czech etwa oder das Duo Eichinger und Knechtl, nicht zu vergessen die originellen Architekten Coop Himmelb(l)au. Also gemmá, gemmá: Vom **Café Alt Wien** (Bäckerstraße 9) zum **Griensteidl** am Michaelerplatz und zum Klassiker **Hawelka** (Dorotheergasse 6). Gediegenen Charme gibt's auch im **Nightfly's American Bar** (Dorotheergasse 14). Postmodern und mit (lebender) Promiausstattung ist die **Onyx Bar** über dem Stephansplatz (6. Stock). Fest etabliert im Wiener Nachtleben sind das Kultlokal **Reiss** (Marco-d'Aviano-Gasse 1), wo sich schöne Menschen Champagner-Freuden hingeben, oder die **Loos American-Bar** (Kärntner Durchgang 10) sowie der **Rote Engel** (Rabensteig 5). Alles in allem: Wiens Bar-Wunder sind einfach wunderbar! Aber natürlich ist dem Entdeckerdrang des Nachtschwärmers keine Grenze gesetzt und ein Schiffbruch im Wiener Bermudadreieck sollte durchaus auf dem Programm des Wien-Besuchers stehen.

Live-Musik für Herz und Hirn im Jazzland unter der Ruprechtskirche

Sport

Eislaufen

Kunsteisbahn Engelmann, 17., Syringgasse 6–10, Tel. 01/40 51 42 50, www.engelmann.co.at (Ende Okt. bis Mitte März)

Wiener Eislaufverein, 1., Lothringer Straße 22, Tel. 01/71 36 35 30, www.wev.or.at (Ende Okt. bis Anfang März)

Fußball

Ernst-Happel-Stadion (Praterstadion), 2., Maiereistraße 7, Tel. 01/72 80 85 40, www.stadthalle.com

Franz Horr Stadion, 11., Matthias Sindelar-Tribüne, Fischhofgasse 14, FK Austria Memphis MAGNA, Tel. 01/688 01 50, www.fk-austria.at

Gerhard Hanappi-Stadion, 14., Keißlergasse 6, Tel. 01/727 43 0, www.skrapid.at

Pferderennen

Galopprennbahn Freudenau, 2., Pratergelände, Tel. 01/728 95 31, www.freudenau.at (Frühjahr bis Herbst)

Trabrennbahn Krieau, 2., Pratergelände, Tel. 01/728 00 46, www.krieau.at (Sept.–Juni)

Golf

Golfclub Wien, 2., Freudenau 65 a, Tel. 01/72 89 56 40, www.golf.at (für Nichtmitglieder: Mo–Do ganztägig, Fr letzter Abschlag 12 Uhr)

Hallenbäder

Amalienbad, 10., Reumannplatz 23, Tel. 01/607 47 47, www.wien.gv.at/baeder

Stadthallenbad, 15., Vogelweidplatz 14, Tel. 01/98 10 00, www.stadthalle.com

Städtisches Bad Simmering, 11., Florian-Hedorfer-Str. 5, Tel. 01/767 25 68, www.wien.gv.at/baeder

Thermalbad Oberlaa, 10., Kurbadstraße 14, Tel. 01/680 09, www.oberlaa.at

Freibäder

(geöffnet meist Mai–Mitte Sept., www.wien.gv.at/baeder)

Angelibad, 21., An der Oberen Alten Donau, Tel. 01/263 22 69

Gänsehäufel, 22., Moissigasse 21, Tel. 01/269 90 16, www.gaensehaeufel.at

Krapfenwaldbad, 19., Krapfenwaldgasse 65–73, Tel. 01/320 15 01

Laaerbergbad, 10., Ludwig-von-Höhnel-Gasse 2/Favoritenstr. 233, Tel. 01/688 23 35

Schafbergbad, 18., Josef-Redl-Gasse 2, Tel. 01/479 15 93

Stadionbad, 2., Prater, Tel. 01/720 21 02, www.stadthalle.com

Strandbad Alte Donau, 22., Arbeiterstrandbadstraße 91, Tel. 01/263 65 38

Tennis

Isfo-Tennis-Center, 10., Heubergstättenstraße 1, Tel. 01/615 55 35, www.isfo.at

Sportzentrum Marswiese, 17., Neuwaldegger Str. 57 a, Tel. 01/489 71 72,

Das Amalienbad besticht durch seine Innenausstattung im Art-Déco-Stil

Tennisplätze Arsenal, 3., Arsenalstraße 3, Tel. 01/799 01 01, www.tennis-arsenal.at

Tennistreff Achatzi, 2., Prater Hauptallee, Tel. 01/720 20 70, www.tennistreff-achatzi.at

Stadtbesichtigung

Stadtrundfahrten

Bus

Cityrama Sightseeing Tours, Tel. 01/53 41 30, www.cityrama.at. Buchungen bei Reisebüros, Touristeninformationen und Hotels.

Red Bus City Tours, Führichgasse 12, Tel. 01/512 40 30, www.redbuscitytours.at. Die roten Busse fahren alle wichtigen Sehenswürdigkeiten an.

Vienna Heurigen Express, 18., Sternwartestraße 69, Tel. 01/479 28 08, www.heuri genexpress.at. Bahn auf Rädern zwischen Nussdorf (Abfahrt Haltestelle Tram D), Kahlenberg und Grinzing (April–Okt. tgl. 12–18 Uhr, Abfahrt jeweils zur vollen Stunde).

Vienna Sightseeing Tours, Tel. 01/712 46 83 0, www.viennasight seeing.at. Halbtages- und Tagesausflüge, Hop-on-hop-off Busse. Tickets online, beim Fahrer oder vor der Staatsoper.

Fahrrad

Bike and Guide, 22., Gartensiedlung Mexiko/29, Tel. 01/212 11 35, www.bike andguide.com (April–Okt.)

Pedal Power, 2., Ausstellungsstraße 3, Tel. 01/729 72 34, www.pedalpower.at (Mai–Sept.)

Fiaker

Standplätze (im Sommer): Stephanskirche, Albertinaplatz und Heldenplatz. Preis vor Antritt der Fahrt vereinbaren!

Schiff

Mit der *MS Vindobona*, die der Künstler Friedensreich Hundertwasser in seinem typischen Stil gestaltete, auf der Strecke KunstHaus – Schwedenplatz – Nussdorfer Schleuse und retour (viermal tgl.; Frühling bis Ende Okt.).

Infos zu Themenfahrten erhält man bei: **DDSG – Blue Danube Schifffahrt** GmbH, 1., Friedrichstr. 7, Tel. 01/588 80, www.ddsg-blue-danube.at

Stadtrundgänge

Verein Wiener Spaziergänge, Tel. 01/489 96 74, www.wienguide.at

Anderthalbstündige Spaziergänge ab drei Personen zu 25 reizvollen Themen (Palais – Alte Häuser – Das Kaffeehaus – Kaiserin Elisabeth – Jüdisches Wien usw.) mit staatlich geprüften Fremdenführern. Themen, Daten und Treffpunkte siehe Website oder Prospekt ›Wiener Spaziergänge‹ in Touristeninformationen und Reisebüros.

Aussichtspunkte

Belvedere-Garten, Parterre vor dem Oberen Belvedere, 3., Prinz-Eugen-Str. 27 [Nr. 125]

Berge im Wienerwald, Hermannskogel 542 m, Kahlenberg 483 m und Leopoldsberg 423 m

Donauturm, 22., Donaupark. Aussichtsterrasse 150 m, Restaurants 160 und 170 m [Nr. 185]

Gloriette, 13., Schönbrunner Schlosspark, April–Juni, Sept. tgl. 9–18, Juli/Aug. tgl. 9–19, Okt. 9–17 Uhr [Nr. 167]

Riesenrad, 2., Prater, 67 m, Mai–Sept. tgl. 9–23.45, März/April und Okt. tgl. 10–21.45, Nov.–Febr. tgl. 10–19.45 Uhr [Nr. 109]

Stephansturm, 1., Türmerstube im Südturm, 72 m, nur zu Fuß (343 Stufen), tgl. 9–17.30 Uhr; Glocke ›Pummerin‹ im Nordturm mit Aufzug erreichbar, April–Okt. tgl. 8.30–17.30, Nov.–März tgl. 8.30–17 Uhr [Nr. 1]

Statistik

Bedeutung: Wien ist die *Hauptstadt* der Republik Österreich und zugleich als *Bundesland* politisches, wirtschaftliches, kulturelles und Verwaltungszentrum des Staates.

Lage: 16° 21' 03" östlicher Länge und 48° 14' 06" nördlicher Breite. Der höchste Punkt liegt im Norden auf dem Hermannskogel bei 542 m, der tiefste in der Lobau im Osten bei 151 m.

Fläche des Stadtgebiets: 41 500 ha, davon 20 600 ha Grün-, 13 400 ha Bau- und 5600 ha Verkehrsflächen.

Einwohner (Stand 2011): 1,73 Mio.

Verkehr: Der öffentliche Nahverkehr hat eine Linienlänge von 962 km und befördert jährlich 793 Mio. Personen. Straßenlänge: 2802 km. Kraftfahrzeugbestand: 802 209. Der Flughafen Wien zählt im Jahr etwa 18,1 Mio. Fluggäste.

Fremdenverkehr: 10,8 Mio. Übernachtungen im Jahr, davon 8,9 Mio. Ausländer.

Klima: Durchschnittliche Lufttemperaturen im Januar (tagsüber) 1 °C, im April 14 °C, im Juli 25 °C, im Oktober 14 °C, Temperaturmittel 2010: 11 °C.

Wirtschaft: Größtes Wirtschaftszentrum Österreichs, das ca. 30 % des Bruttosozialprodukts erarbeitet, davon 83,7 % im Dienstleistungssektor.

Kultur: 15 Universitäten und Akademien mit 130 000 Studierenden, 6000 Studierende an Fachhochschulen, 546 allgemeinbildende Schulen, 132 berufsbildende Schulen. 8 Tageszeitungen und 17 Wochenzeitungen und Wochenzeitschriften.

Wein: Weinbau auf einer Fläche von 600 ha, betrieben von rund 400 Weinbauerfamilien. 135 Buschenschenken. Jährliche Weinproduktion: 2,2 Mio. Liter, davon 80,3% Weißwein.

Stadtverwaltung: Gemeinderat (zugleich Landtag) mit 100 Abgeordneten, die alle 5 Jahre gewählt werden, und einem Bürgermeister (zugleich Landeshauptmann). Der geschäftsführende Ausschuss des Gemeinderats ist der *Stadtsenat* (die Landesregierung), zusammengesetzt aus Bürgermeister, zwei Vizebürgermeistern, dem Magistratsdirektor und (derzeit) acht amtsführenden Stadträten. Die 23 Bezirke Wiens haben *Bezirksämter* mit Vorstehern und Vertretungen.

Stadtwappen: Weißes Kreuz auf rotem Schild.

Unterkunft

Vorherige Reservierung empfiehlt sich unbedingt – in Wien ist immer Saison! Der Tourismusverband gibt einmal im Jahr ein umfangreiches Verzeichnis aller Hotels und Pensionen heraus, das dort oder bei den Zweigstellen der Österreich-Werbung angefordert werden kann [s. S. 161]. Gesonderte Prospekte über Jugendherbergen/Camping.

Luxushotels

Ambassador, 1., Neuer Markt 5, Tel. 01/96 16 10, www.ambassador.at. Seit 140 Jahren eine der ersten Adressen, wo schon Franz Lehár zum 5-Uhr-Tee aufspielte.

An standesgemäßen Unterkünften herrscht in Wien kein Mangel

Bristol, 1., Kärntner Ring 1, Tel. 01/515160, www.luxurycollection.com/bristol. In bester Lage gegenüber der Oper. Hier wohnten bereits Caruso und Puccini.

De France, 1., Schottenring 3, Tel. 01/313680, www.hoteldefrance.at. Trotz des modernen Ambiente eine Luxusherberge mit Tradition seit 1873.

Grand Hotel Wien, 1., Kärntner Ring 9, Tel. 01/515800, www.grandhotelwien.at. Eleganter Hotelneubau, der die Tradition des 1871 eröffneten Grandhotels wieder aufgenmmen hat.

TOP TIPP **Imperial**, 1., Kärntner Ring 16, Tel. 01/501100, www.hotelimperial wien.at. Das einstige k. und k. Hofhotel beherbergte und beherbergt Kaiser, Könige und Präsidenten aus aller Welt.

Le Meridien, 1., Opernring 13, Tel. 01/588900, www.starwoodhotels.com. ›Art & Tech‹ nennt sich das jüngste der innerstädtischen Luxushotels programmatisch.

Radisson Blu Palais Hotel, 1., Parkring 16, Tel. 01/515170. www.radissonsas.com. Ein modern geführtes Hotel in einem alten Ringstraßen-Palais.

Sacher, 1., Philharmonikerstraße 4, Tel. 01/514560, www.sacher.com. Legenden- und klatschgeschichtenumwobenes Hotel, das nicht nur wegen seiner Torte weltberühmt wurde [vgl. Nr. 92].

First-Class-Hotels

Amadeus, 1., Wildpretmarkt 5, Tel. 01/533 87 38, www.hotel-amadeus.at. Kleines, ruhiges Haus im Zentrum.

Am Schubertring, 1., Schubertring 11, Tel. 01/717 0 20, www.schubertring.at. Edles historisches Palais an der Ringstraße zwischen Staatsoper und Stadtpark.

Am Stephansplatz, 1., Stephansplatz 9, Tel. 01/53 40 50, www.hotelamstephansplatz.at. Der Name ist Programm: Nobelhotel gegenüber dem Stephansdom.

Biedermeier, 3., Landstraßer Hauptstraße 28, Tel. 01/71 67 10, www.mercure.com. Der Name sagt es schon: ein Haus für nostalgische Romantiker.

Capricorno, 1., Schwedenplatz 3–4, Tel. 01/53 33 10 40, www.schick-hotels.com. Schöne Lage am belebten Donaukanal.

Europa, 1., Neuer Markt 3, Tel. 01/515 94 0, www.austria-trend.at. Nachfolger des berühmten Jahrhundertwende-Hotels Meißl & Schadn.

Gartenhotel Glanzing, 19., Glanzinggasse 23, Tel. 01/47 04 27 20, www.gartenhotel-glanzing.at. Freundliches, mit 14 Zimmern familiäres Komforthotel in Hanglage in einem Villenvorort mit Blick über Wien.

Hilton Vienna Danube, 2., Handelskai 269, Tel. 01/727 77 0, www.hilton.de/wiendanube. Beliebt ist der Sonntagsbrunch in diesem Hotel am Donau-Ufer.

K+K Hotel Maria Theresia, 7., Kirchberggasse 6–8, Tel. 01/521 23, www.kkhotels.com. Schickes Haus inmitten des Künstlerviertels Spittelberg, unweit von Hofburg und Stephansdom entfernt.

Im Luxushotel ›Imperial‹ nächtigten bereits Kaiser, Könige und Präsidenten

K+K Palais Hotel, 1., Rudolfsplatz 11, Tel. 01/533 13 53, www.kkhotels.com. Ruhiges, gepflegtes Haus, nur wenige Minuten vom Stephansplatz entfernt.

Kaiserin Elisabeth, 1., Weihburggasse 3, Tel. 01/515 26 0, www.kaiserinelisabeth.at. Hier, nahe der Kärntner Straße, wohnten schon Wagner, Liszt, Grieg und Clara Schumann.

Kaiserpark-Schönbrunn, 12., Grünbergstraße 11, Tel. 01/813 86 10 0, www.kaiserpark.at. Renoviertes Traditionshotel. Die Kaiserzeit läst grüßen!

TOP TIPP **Mercure Josefshof**, 8., Josefsgasse 4–6, Tel. 01/404 19, www.josefshof.com. Kleines, ruhiges, gepflegtes Hotel im ›Theaterbezirk‹.

Rathauspark, 1., Rathausstraße 17, Tel. 01/40 41 20, www.austria-trend.at. Traditionsreiches Palais-Hotel im einstigen Wohnhaus des Autors Stefan Zweig.

Regina, 9., Rooseveltplatz 15, Tel. 01/40 44 60, www.kremslehnerhotels.at. Zentral gelegenes Traditionshotel.

Römischer Kaiser, 1., Annagasse 16, Tel. 01/512 77 51 0, www.hotel-roemischer-kaiser.at. Stilvolles Barockpalais nahe der Oper.

Royal, 1., Singerstraße 3, Tel. 01/515 68 0, www.kremslehnerhotels.at. Vorgänger war der Gasthof ›Zum roten Apfel‹, in dem 1758 die Speisekarte erfunden wurde.

TOP TIPP **Zum König von Ungarn**, 1., Schulerstraße 10, Tel. 01/515 84 0, www.kvu.at. Wer vorbestellt, kann mitten im Zentrum in einem der schönsten Hotels von Wien wohnen.

Mittelklassehotels

Am Brillantengrund, 7., Bandgasse 4, Tel. 01/523 36 62, www.brillantengrund.at. Charmantes kleines Stadthotel.

Am Schottenpoint, 9., Währinger Str. 22, Tel. 01/310 87 87, www.schottenpoint.at. Zweckmäßige Zimmer in ruhiger Lage.

Beim Theresianum, 4., Favoritenstraße 52, Tel. 01/505 16 06, www.austria-trend.at. 54 Zimmer, großer, ruhiger Garten, nachmittags kostenloses Kuchenbüfett.

Kärntnerhof, 1., Grashofgasse 4, Tel. 01/512 19 23, www.karntnerhof.com. Zentral in einer ruhigen Seitengasse gelegen.

Viktoria, 13., Eduard-Klein-Gasse 9, Tel. 01/877 11 50, www.hotelviktoria.co.at. Freundlicher Familienbetrieb mit 25 Zimmern unweit des Schlosses Schönbrunn.

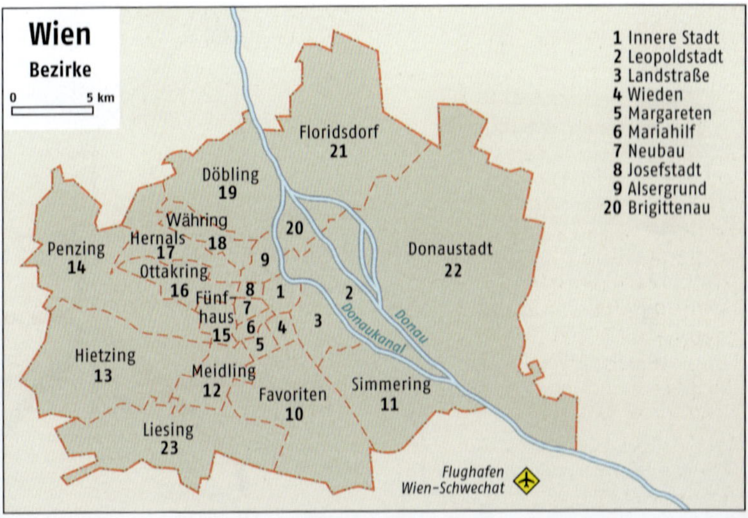

Wandl, 1., Petersplatz 9, Tel. 01/534550, www.hotel-wandl.com. Das einladende Familienhotel liegt nahe dem Stephansdom.

Zur Wiener Staatsoper, 1., Krugerstr. 11, Tel. 01/5131275, www.zurwienerstaatsoper.at. Gemütliches Haus im Zentrum.

Gediegene Pensionen

Arenberg, 1., Stubenring 2, Tel. 01/5125291, www.arenberg.at. Gehobene Hotel-Pension der Best-Western-Gruppe.

Domizil, 1., Schulerstraße 14, Tel. 01/5133 19 90, www.hoteldomizil.at. 40 funktional eingerichtete Zimmer in zentraler Lage.

Mariahilf, 6., Mariahilfer Straße 49, Tel. 01/5861781, www.mariahilf-hotel.at. Freundliche Atmosphäre, ein wenig in die Jahre gekommene Ausstattung.

TOP TIPP **Pension Pertschy**, 1., Habsburgergasse 5, Tel. 01/534490, www.pertschy.com. Ruhige Zimmer im 1734 erbauten Barockpalais Cavriani. Mit Möbeln im Stil der Zeit Ludwigs XV. eingerichtet.

Pension Suzanne, 1., Walfischgasse 4, Tel. 01/5132507, www.pension-suzanne.at. Charmante mit Möbeln im Alt-Wiener-Stil eingerichtete Zimmer.

Preiswerte Pensionen

City, 1., Bauernmarkt 10, Tel. 01/5339521, www.citypension.at. Günstige Unterkunft in Grillparzers Geburtshaus.

Nossek, 1., Graben 17, Tel. 01/53370410, www.pension-nossek.at. 30 gemütliche Zimmer im Zentrum.

Privatzimmer

Versand von Adressen über *Wien Hotels und Information*, Tel. 01/24555, wienhotel@wien.info

Saisonhotels

Preiswert und gut kann man im Sommer (Anfang Juli bis Ende Sept.) auch in den zu **Saisonhotels** umgerüsteten *Studentenwohnheimen* übernachten, die im Hotelverzeichnis des Wiener Tourismusverbandes aufgeführt sind.

Jugendherbergen/Hostels

Infos auch über Österreich. Jugendherbergsverband: www.jugendherberge.at

Jugendgästehaus Brigittenau, 20., Friedrich-Engels-Platz 24, Tel. 01/3328294

Hostel Hütteldorf-Hacking, 13., Schlossberggasse 8, Tel. 01/8771501, www.hostel.at

Jugendherberge Myrthengasse, 7., Myrthengasse 7, Tel. 01/5236316

Campingplätze

Eine detaillierte Beschreibung geprüfter Campingplätze bietet der jährlich aktualisierte **ADAC Camping Caravaning Führer**, Band Südeuropa (auch als CD-ROM erhältlich, www.adac.de).

U1 U-Bahn-Linie
S 1 S-Bahn-Linie
CAT City Airport Train
Lokalbahn Wien–Baden
vib International Vienna International Busterminal
Kundenzentrum der Wiener Linien (U3 Erdberg)
Informationsstelle der Wiener Linien
Tickets-Verkaufsstelle der Wiener Linien
P+R Park & Ride
S40
S3
S5
Nußdorf
Heiligenstadt
U4
Oberdöbling
Krottenbachstr.
Spittelau
Jäger-straße
Dres
Stra
Gersthof
Nußdorfer Straße
Währinger Straße-Volksoper
Friedens
S40
Michelbeuern-AKH
Franz-Josefs-Bahnhof
Alser Straße
Hernals
Schottenring
Ottakring
U3
Josefstädter Straße
Kendlerstraße
Hütteldorfer Straße
Thaliastraße
Schottentor
John-straße
Burggasse-Stadthalle
Rathaus
Breitensee
Schwegler-straße
Zieglerg.
Herrengasse
Penzing
Westbahnhof
Volks-theater
S50
Neubaug.
Purkersdorf-Sanatorium
Weidlingau
Hadersdorf
Wolf in der Au
S45
S15
Gumpendorfer Straße
Museums-quartier
Unter St. Veit
Braunschweig-gasse
Margareten-gürtel
U2
S50
P+R
U4
Hütteldorf
Ober St. Veit
Hietzing
Schönbrunn
Meidling Hauptstraße
Längenfeldg.
Pilgram-gasse
Kettenbrücken-gasse
Niederhof-straße
Speising
Philadelphiabr. (Bhf. Meidling)
Matzleinsdorfer Platz
Südtiroler Platz
Hetzendorf
Tscherttegasse
Schedifkaplatz
Schöpfwerk
Am Schöpfwerk
Atzgersdorf
Gutheil-Schoder-Gasse
Kep
U6
Alterlaa
Inzersdorf Personenbahnhof
In
Erlaaer Straße
Neu Erlaa
P+R Liesing
Schönbrunner Allee
Perfektastraße
Vösendorf-Siebenhirten
S9
P+R U6
Siebenhirten
WLB Wiener Neudorf, Baden (Endstation)
SCHNELLVERBINDUNGEN IN W
www.wienerlinien.at

S 2
Gerasdorf
sdorf
dlersdorf
Brünner Straße
U6
au
Floridsdorf
Siemens-
straße
U1 P+R
Leopoldau
Süßenbrunn
S 1
Großfeldsiedlung
Aderklaaer Straße
Rennbahnweg
Kagraner Platz
kai S 45
Kagran P+R
Alte Donau
Traisengasse
Kaisermühlen-
VIC
Donauinsel
Erzherzog-
Karl-Straße
S 80
Vorgartenstraße
U2
borstraße
Aspern-
straße
Messe-Prater
Nestroypl.
Praterstern
Stadlau
Krieau
Hardeggasse
Donauspital
Stadion
Donaustadt-
brücke
P+R
Stubentor
CAT
Landstraße
(Bhf. Wien Mitte)
Donaumarina
Lobau
platz
Rochusgasse
Kardinal-Nagl-Platz
Schlachthausgasse
Erdberg
vib International
P+R
Praterkai
Stadt-
park
Gasometer
Zipperer-
straße
Rennweg
men-
Enkplatz
Haidestraße
St.Marx
Geiselbergstr.
Simmering
U3
hof
n
Süd-
bahnhof
Ostbahn
S 60 S 80
Grillgasse
Zentralfriedhof
Reumannplatz
U1
Kaiserebersdorf
Kledering
nental
Schwechat
S 6
S 60
S 7 CAT
© Wiener Linien, Jänner 2011

Campingplatz Wien-West, 14., Hüttelbergstraße 80, Tel. 01/914 23 14, www.wiencamping.at (Febr. geschl.)

Aktiv Camping Neue Donau, 22., Am Kleehäufel, Tel. 01/202 40 10, www.wiencamping.at (Mitte Sept. bis Ende April geschl.)

Verkehrsmittel

Öffentliche Verkehrsmittel

Verkehrsnetz

Die **Wiener Linien** (Wiener Stadtwerke/Verkehrsbetriebe) bieten ein gut ausgebautes Verkehrsnetz mit U- und S-Bahnen, Straßenbahnen und Bussen. Ähnlich flächendeckend ist das Netz der Wiener *Autobusse*. Wien verfügt über fünf *U-Bahn-Linien* (U 1, U 2, U 3, U 4, U 6).

Die öffentlichen Verkehrsmittel verkehren ca. 5–24 Uhr. In der Zeit von 0.30–4 Uhr kann man Nachtbusse verwenden, die halbstündlich fahren.

Das Wiener Verkehrsnetz wird kontinuierlich umgestaltet bzw. modernisiert, Linien werden umbenannt und streckenführungen verändert.

Für eine Besichtigungstour besonders lohnend ist die gelbe **Vienna-Ring-Tram**, die täglich von 10–18 Uhr zwischen Oper und Schwarzenbergplatz unterwegs ist. Während der Fahrt erhält man interessante Informationen über die Sehenswürdigkeiten entlang der Strecke per Kopfhörer. Die Tickets sind im Vorverkauf oder im Online-Shop der *Wiener Linien* (www.wienerlinien.at) erhältlich.

Fahrkarten

In der Regel berechtigen alle Fahrkarten zum Fahren auf dem gesamten Streckennetz des Stadtgebiets.

Bereits außerhalb des Bahnsteigbereichs benötigt man eine Karte, die vor der Fahrt entwertet werden muss. **Einzelfahrscheine** für Busse und Straßenbahnen kann man auch zu erhöhtem Preis an den Münzautomaten in den Wagen lösen.

Es lohnt sich, auf die Angebote der Wiener Linien zurückzugreifen: So gibt es die Netzkarten **24 Stunden Wien, 48 Stunden Wien** oder **72 Stunden Wien**.

Interessant, weil günstig, ist auch die **Wiener Einkaufskarte**, eine nur Mo–Sa jeweils 8–20 Uhr gültige Tagesnetzkarte. Für Besucher, die länger in der österreichischen Hauptstadt bleiben wollen, empfiehlt sich die **Wochenkarte**.

Mit der **Wien-Karte/Vienna Card** [s. S. 162] kann man neben anderen Ermäßigungen auch 72 Stunden lang mit U-Bahn, Bus und Tram fahren. **Fahrscheine** für die Wiener Linien erhält man bei den Tabak-Trafiken, Vorverkaufsstellen der Verkehrsbetriebe, im Internet (s.u.) und an Fahrkartenautomaten.

Weitere Infos: **Wiener Linien Auskunft**, Tel. 01/790 91 00, www.wienerlinien.at

Fahrradverleih

Radverleih Hochschaubahn, 2., Prater bei der Hochschaubahn, Tel. 01/729 58 88, www.radverleih-hochschaubahn.com

Radsport Nussdorf, 19., Donaupromenade bei der DDSG-Anlegestelle, Tel. 01/370 45 98, www.donau-fritzi.at

Carsharing

Die Autos des Anbieters car2go sind über das ganze Stadtgebiet verteilt. Um sie nutzen zu dürfen, muss man sich einmalig anmelden, anschließend wird nach gefahrenen Minuten abgerechnet. Derzeit (Stand Januar 2012) braucht man dafür noch ein österreicherisches Bankkonto, im Lauf des Jahres soll ein Roamingtarif eingeführt werden.

Info: www.car2go.com

Mietwagen

Die **ADAC Autovermietung** bietet ADAC Mitgliedern Mietwagen zu günstigen Konditionen an. Buchungen (mind. 3 Tage vor Abreise) in jeder *ADAC Geschäftsstelle* oder unter Tel. 018 05/31 81 81 (0,14 €/Min.).

Europcar, 1., Schubertring 9, Tel. 01/714 67 17, www.europcar.at

AVIS, 10., Hertha-Firnberg-Str. 10, Tel. 01/587 62 41, www.avis.at

Buchbinder, 3., Schlachthausgasse 38, Tel. 01/717 50 00, www.buchbinder.co.at

Taxi

In Wien ist es unüblich, ein Taxi durch Winken heranzuholen. Besser ist es, zu einem *Taxistand* zu gehen. Man kann einen Wagen auch *per Funk* bestellen: Tel. 01/601 60, 01/814 00 oder 01/401 00. Wenn die Fahrt über die Stadtgrenzen hinausgeht, wird der Preis frei vereinbart.

Reiseziel	ADAC Reiseführer	ADAC Reiseführer plus
Ägypten	■	■
Algarve	■	■
Allgäu	■	■
Alpen – Freizeitparadies	■	
Amsterdam	■	■
Andalusien	■	■
Australien	■	■
Bali & Lombok	■	■
Baltikum	■	■
Barcelona	■	■
Bayerischer Wald	■	■
Berlin	■	■
Bodensee	■	■
Brandenburg	■	■
Brasilien	■	
Bretagne	■	■
Budapest	■	■
Bulgarische Schwarzmeerküste	■	■
Burgund	■	
City Guide Germany	■	
Costa Brava und Costa Daurada	■	
Côte d'Azur	■	■
Dänemark	■	■
Deutschland – Die schönsten Autotouren		■
Deutschland – Die schönsten Orte und Regionen	■	■
Deutschland – Die schönsten Städtetouren	■	
Dominikanische Republik	■	
Dresden	■	■
Dubai, Vereinigte Arab. Emirate, Oman	■	■
Elsass	■	■
Emilia Romagna	■	■
Florenz	■	■
Florida	■	■
Franz. Atlantikküste	■	■
Fuerteventura	■	■
Gardasee	■	■
Golf von Neapel	■	■
Gran Canaria	■	■
Hamburg	■	■
Harz	■	■
Hongkong & Macau	■	
Ibiza & Formentera	■	■
Irland	■	■
Israel	■	■
Istanbul	■	■
Italien – Die schönsten Orte und Regionen	■	■
Italienische Adria	■	■
Italienische Riviera	■	■
Jamaika	■	
Kalifornien	■	■
Kanada – Der Osten	■	■
Kanada – Der Westen	■	■
Karibik	■	■
Kenia	■	■
Korfu & Ionische Inseln	■	■
Kreta	■	■
Kroatische Küste – Dalmatien	■	■
Kroatische Küste – Istrien und Kvarner Golf	■	■
Kuba	■	■
Kykladen	■	
Lanzarote	■	■
Leipzig	■	■
Lissabon	■	■
London	■	■
Madeira	■	■
Mallorca	■	■
Malta	■	■
Marokko	■	■
Mauritius & Rodrigues	■	■
Mecklenburg-Vorpommern	■	■
Mexiko	■	
München	■	■
Neuengland	■	■
Neuseeland	■	■
New York	■	■
Niederlande	■	■
Norwegen	■	■
Oberbayern	■	■
Österreich	■	■
Paris	■	■
Peloponnes	■	
Piemont, Lombardei, Valle d'Aosta	■	■
Polen	■	■
Portugal	■	■
Prag	■	■
Provence	■	■
Rhodos	■	■
Rom	■	■
Rügen, Hiddensee, Stralsund	■	■
Salzburg	■	■
St. Petersburg	■	■
Sardinien	■	■
Schleswig-Holstein	■	■
Schottland	■	■
Schwarzwald	■	■
Schweden	■	■
Schweiz	■	■
Sizilien	■	■
Spanien	■	■
Südafrika	■	■
Südengland	■	■
Südtirol	■	■
Sylt	■	■
Teneriffa	■	■
Tessin	■	■
Thailand	■	■
Thüringen	■	■
Toskana	■	■
Trentino	■	■
Tunesien	■	■
Türkei – Südküste	■	■
Türkei – Westküste	■	■
Umbrien	■	
Ungarn	■	■
USA – Südstaaten	■	
USA – Südwest	■	■
Usedom	■	■
Venedig	■	■
Venetien & Friaul		■
Wien	■	■
Zypern	■	■

■ **ADAC Reiseführer**
144 bzw. 192 Seiten

■ **ADAC Reiseführer plus**
(mit Extraplan)
144 bzw. 192 Seiten

Mehr erleben, besser reisen ... mit ADAC Reiseführern!

Register

Impressum

Chefredakteur: Dr. Hans-Joachim Völse
Textchefin: Dr. Dagmar Walden
Chef vom Dienst: Bernhard Scheller
Aktualisierung: Thomas Paulsen
Kartografie: Kartographie Huber
Layout: Martina Baur
Herstellung: Ralph Melzer
Druck, Bindung: Rasch Druckerei und Verlag
Printed in Germany

Ansprechpartner für den Anzeigenverkauf:
Kommunalverlag GmbH & Co KG,
MediaCenterMünchen, Tel. 089/92 80 96-44

ISBN 978-3-89905-497-2

Neu bearbeitete Auflage 2012

Bildnachweis

Titel: Fiakerfahrt durch Wien.
Foto: laif (Marc-Oliver Schulze)

Titelseite:
Oben: Agentur Anzenberger (Wh.)
Mitte: Ralf Freyer (Wh.)
Unten: Ralf Freyer

Titel (plus-Karte): Österreichs Parlament mit Rathaus. Foto: Agentur Anzenberger (T. Anzenberger)

Agentur Anzenberger: 6 (Herbert Lehmann), 2.1 (Wh.), 2.2 (Wh.) 4.2 (Wh.), 7.1, 7.2, 8.2, 9.3, 15.2, 16/17, 24, 27, 29, 32, 33.1, 33.2, 35.1, 37, 38, 43, 49.1, 49.2, 51, 55, 56, 58, 59, 64, 66, 71, 73, 75, 77, 81.2, 83.1, 83.2, 85, 86, 88, 89, 90, 91, 92.2, 95, 98, 101, 102, 108, 113, 114, 117, 121, 126, 130, 131, 133, 134, 135.2, 136, 140, 141, 145, 147, 149, 151, 157, 158, 159.1, 159.2, 160.2, 160.5, 165, 167, 173 (Toni Anzenberger), 9.2, 31, 65 (Manfred Horvath), 10.2 (Josef Polleross), 78 (Wolfgang Kraus), 124 oben (Polleross), 137 (Michael Appelt), 139 (Georg Lemberg), 143 (Polleross), 148/149 (Oliver Bolch), 160 oben links (Appelt), 160 unten rechts (D. Pechel) 176 oben (Reiner Riedler) – **AKG:** 12, 13, 14.1, 14.2, 15 oben – **fotolia:** U4.1 - Bildagentur Huber: 8/9, 124/125, 154 – **Hotel Sacher:** U4.2 - **Thomas Kliem:** 3.4 (Wh.), 10.3, 15.3, 25, 47, 80, 92.1, 120, 179 – **F1 Online:** 109 (Austrophoto), 171 (Prisma) – **Ralf Freyer:** 2.3 (Wh.), 3.3 8.1, 10.1, 11, 22, 34, 60, 61.2, 70, 79, 87, 93, 103, 107, 111, 113, 115, 119, 154, 160.3, 164, 169, 170 – **Haus der Musik:** 44 (Inge Prader) – **Peter Korrak:** 81 – **laif:** 3.1 (Wh.) 19 (Peter Rigaud), 180 (Gerald Haene) – **LOOK:** 50 (age footstock/Sylvain Grandadam), 96 (Sabine Lubenow), 105 (Rainer Martini), 142 (Tina und Horst Herzig) – **Mauritius:** 35.2 (Rene Truffy), 46 (Hiroshi Higuchi), 52, 153 (imagebroker/Ernst Wrba) – **Mozarthaus Vienna:** 41 – **Naturhistorisches Museum Wien:** 84 – **Österreichisches Museum für Volkskunde Wien:** 129 – **Palais Auersperg Wien:** 127 – **Photo Press:** 168, 175, 176.2 (Rainer Hackenberg) – **Theater an der Wien:** 122 (Wilfried Hösl) – **Ullstein Bild:** 21 (Purschke), 53 (imagebroker/Alfred Schauhuber), 57 (united archives/Fuhrmann) – **Verein der Freunde und Gönner der Wiener Karlskirche:** 94 Visum: 39, 177 (Rainer Hackenberg) – **Wien Museum:** 123 (Hertha Hurnaus)
Alle anderen Abbildungen stammen aus dem Archiv des Verlags

1 Tag in Wien

Natürlich gleich das Herz erobern: Nach dem Innenblick in den **Stephansdom** und dem Fernblick von seinem Nordturm (Lift) ins **Altstadtgewinkel** eintauchen und sich im großen Bogen über Franziskanerplatz, Heiligen-

kreuzerhof, Hohen Markt zum **Graben** treiben lassen. Shopping am Graben und Kohlmarkt. Essen in einem *Beisl* der Altstadt oder Imbiss in der vornehmen *Konditorei Demel*. Danach in einem gemächlichen Gang den **Hofburgkomplex** erkunden, auch ohne Besichtigung der Kaiserappartements ein Erlebnis an Architektur und Atmosphäre. Dann sollte man mit der Straßenbahn vom Ring aus zum **Schloss Belvedere** fahren, sich im *Park* ausruhen, wohl auch die Prunkräume im *unteren Schloss* oder in die bedeutenden Kunstsammmlungen oben einen Blick werfen. Abends dann **Oper** oder **Burgtheater**, danach im ›Griechenbeisl‹ oder ›Hietzinger Bräu‹ Wiener kulinarische Künste genießen. Und mit einem Stoßseufzer ins Bett: Himmel, 1 Tag Wien müsste verboten sein!

1 Wochenende in Wien

Freitag: Ein **Kaiserlich-Altwiener Tag** könnte mit einer *Fiakerfahrt* zur Einstimmung beginnen, an die sich ein Spaziergang durch den **Hofburgkomplex** mit Besichtigung der *Schatzkammer* und/oder der Morgenarbeit in der **Hofreitschule** anschließen sollte. Imbiss in einem der berühmten Kaffeehäuser *Griensteidl* oder *Central*. Am Nachmittag **Stephansdom** und **Altstadt**: Länger verweilen werden dabei die einen beim Shopping, die anderen bei **Mozarthaus Vienna**. Unterbrechung nur für die legendäre *Othello-Torte* beim Zuckerbäcker *Gerstner*. Der Weinabend gehört Wiens ›Unterwelt‹ im *Zwölf-Apostelkeller* oder im *Wein-Comptoir*.

Samstag: Diesen Tag nennen wir **Gründerzeit-Tag**, weil ein zusammenhängender Gang über die **Ringstraße** auf dem Programm steht, der zur Sohlenschonung nur vom *Rathaus* bis zur *Oper* empfohlen sei. Aber ein Blick im **Kunsthistorischen Museum** mindestens auf die *Bruegels* (oder im Naturhistorischen auf die Dinos) oder zum neuen **MuseumsQuartier Wien** ist so unumgänglich wie die Sachertorte im *Café Sacher*. Der Nachmittag bringt zwischen **Secession**, **Naschmarkt** und **Karlsplatz** edelsten Jugendstil, wienerischsten Markttrubel und

würdiges Großbarock. Wer da auf noch mehr Barockattitüde Lust bekommt: **Schloss Belvedere** ist nicht weit. Abends Theater, Konzert, Kabarett oder Eintauchen ins Nachtleben im *Bermuda-Dreieck*.

Sonntag: Heute ein **Schloss- und Heurigen-Tag**. Denn das strahlende **Schloss Schönbrunn** gehört ganz einfach zu diesem Wien-Besuch, sei dieser noch so kurz, sei jenes noch so überlaufen. Die Vielfalt der Anlage von den *Schauräumen* bis zum *Palmenhaus* bringt jedem etwas.
Am Nachmittag könnte der Abschied Nehmende dann auf der **Wiener Höhenstraße** (auch mit Bus) zum **Kahlenberg** oder **Leopoldsberg** fahren, um wundervolle Rundblicke zu genießen und in einem der *Heurigendörfer*

– Salmannsdorf, Neustift am Wald oder Grinzing – dem Wochenende einen garantiert heiteren Abschluss zu verschaffen.

RAIMUND THEATER
Elisabeth
DAS MUSICAL VON
MICHAEL KUNZE & SYLVESTER LEVAY
DER WELTERFOLG WIEDER IN WIEN
AB SEPTEMBER 2012
WWW.MUSICALVIENNA.AT

RONACHER
Bis Dezember 2012 Verlängert!
Sister Act
EIN HIMMLISCHES MUSICAL
™
Whoopi Goldbergs Kultfilm
als Musical in Wien!
vbw VEREINIGTE BÜHNEN WIEN
Ein Unternehmen der Wien Holding
In Zusammenarbeit mit
Stage ENTERTAINMENT
Austrian
WIENER STÄDTISCHE
VIENNA INSURANCE GROUP
WIEN-TICKET.AT
+43/1 58885